Mysteriöse Fabeltiere und geisterhafte Wesen

Mysteriöse Fabeltiere und geisterhafte Wesen

Vom Ungeheuer im Loch Ness bis zum Schneemenschen

mit 325 Abbildungen

Einführung von
Professor Dr. Hans Biedermann

Weltbild Verlag

Biographie

Prof. Dr. phil. Hans Biedermann, geboren 1930 in Wien, war jahrzehntelang im Verlagswesen tätig. Er unternahm Forschungsreisen in Südostafrika, nach Mexiko und in die Westsahara; widmete sich Studien über prähistorische Kulte und ungeklärte Phänomene aller Art. Publikationen: Medicina Magica (1973, 3. Aufl. 1987); Altmexikos heilige Bücher (1971); Materia Prima (1973); Hexen – Auf den Spuren eines Phänomens (1974); Bildsymbole der Vorzeit (1977); Lexikon der Felsbildkunst (1977); Wellenkreise (1977); Die versunkenen Länder (2. Aufl. 1980); Die Spur der Alt-Kanarier (1983); Höhlenkunst der Eiszeit (1984), Handlexikon der magischen Künste (3. Aufl. 1987); Das verlorene Meisterwort (1986) u.a.; Prof. Biedermann ist derzeit als Lektor an der Universität Graz tätig.

Buchclub-Lizenzausgabe

Titel des englischen Originals:
„Creatures of Fear and Fable“

Übertragung aus dem Englischen:
Claudia Pfisterer und Georgette Hauzenberger

Die deutsche Ausgabe wurde von der
Motovun ‹Schweiz› Verlagsgesellschaft AG,
Luzern, realisiert.
Redaktion: Dr. Wilhelm Ziehr
Gestaltung: Hannes Opitz

Genehmigte Lizenzausgabe für
Weltbild Verlag GmbH, Augsburg 1992

Printed in Italy
ISBN 3-89350-512-1

Inhalt

Wesen, die es „fast nicht gibt“

Wesen, die es nicht gibt (nicht geben darf; vielleicht irgendwo doch gibt) haben schon seit Jahrtausenden die Phantasie des Menschen beschäftigt. Zum Teil wurden sie in die Welt der religiösen Symbolik integriert, mitunter auch als Bestandteile der „harten Realität“ aufgefaßt, dann auch wieder augenzwinkernd als Fabelgeschöpfe aus Kindermärchen hingenommen. Wer sich mit solchen mysteriösen Wesenheiten beschäftigt, bewegt sich in einem nebelhaften Zwischenreich, am Kreuzungspunkt zwischen Wissen und Glauben, Kunst und Symbolik, Realität und Traum. Faszinierend ist diese Dämmerzone deshalb, weil es den Anschein hat, als könnten sich Wesen aus dem Bereich der Vorstellungen von Zeit zu Zeit mit einem Schimmer von realer Erfaßbarkeit umgeben, Fußspuren hinterlassen und – zumindest in Form von grauen Umrissen – auf Fotos auftauchen.

Die bekanntesten Fabelwesen sind die Drachen, die in den sagenhaften Überlieferungen vieler Völker und Kulturen eine große Rolle spielen. Das griechische Wort „drakon“ bezeichnet zunächst eine Riesenschlange, doch wurden ihre Eigenschaften bald durch die anderer Tiere angereichert. Wie jedermann „weiß“, ist der Drache ein großes Reptil mit Schuppenpanzer, hat Krokodilbeine und scharfe Zähne und kann, den meisten Berichten zufolge, auch fliegen. „Von allen Tieren, die kriechen“, schrieb vor fast 800 Jahren Guillaume le Clerc de Normandie, „ist der Drache bei weitem das größte. Der echte Drache wird im Königreich Äthiopien gefunden. Er hat ein kleines Maul, einen großen Körper, und in der Luft glänzt er wie reines Gold. Er hat einen langen Schwanz und einen mächtigen Kamm. Großes Ungemach bereitet er dem Elefanten, denn er schlägt ihm seinen Schwanz um die Beine und wirft ihn so nieder. Er hat kein tödliches Gift, aber er ist sehr groß, und mit seinem Schwanz peitscht er alles nieder, was in seiner Reichweite liegt.“ Wir könnten uns ein gewaltiges Reptil vorstellen, von der Art etwa der Dinosaurier des Erdmittelalters, die zum Teil in der Tat unüberwindliche Großtiere waren. Der Tyrannosaurus etwa wird als die „größte destruktive Maschine bezeichnet, die von der Natur jemals geschaffen wurde. Kein Säugetier der Gegenwart wäre einem solchen zweibeinigen, über 6 Meter hohen Monstrum mit seinen gewaltigen Reißzähnen gewachsen gewesen. Andere Saurier hatten Flughäute entwickelt und erreichten Flügelspannweiten von 12 Metern. Ihre Gehirne waren durchweg winzig, und an Intelligenz hätten sie sich nicht mit den Säugetieren messen können. Der Gedanke liegt nahe, die Drachen der Mythen, Sagen und Märchen mit den Dinosauriern gleichzusetzen.

In der Tat — es hat einst ganz „echte Drachen“ gegeben, aber sie waren nie Zeitgenossen des Menschen. Sie überlebten das Ende des Erdmittelalters nicht und starben zu Beginn der Erdneuzeit (des Tertiärs) aus. Oder doch nicht? – Von Zeit zu Zeit tauchen phantastische Pressemeldungen auf, die von riesigen Reptilmonstern erzählen. Die berühmte Seeschlange und auch „Nessie“, das fremdenverkehrsfördernde Ungeheuer des schottischen Loch Ness, entsprechen recht genau den mesozoischen (erdmittelalterlichen) Wasserdrachen Plesiosaurus und Mosasaurus. Ist es denkbar, daß einzelne Ungetüme vergangener Jahrmillionen die erdgeschichtlichen Umwälzungen überstanden haben und noch im Zeitalter der Raumflüge auftauchen können? Oder haben die Berichterstatter die Lehrbücher über das Leben der Vorzeit gut genug studiert, um ihre „Sichtungen“ wissenschaftlich glaubhaft auszustaffieren?

Jedenfalls gibt es Forscher, die sich ernsthaft mit „Kryptozoologie“ befassen, mit der Erforschung „verborgener Tierwelt“, und etwa im Kongogebiet nach dem „Mokele mbembe“ fahnden, nach einem angeblich in Sumpfgebieten lebenden pflanzenfressenden Dinosaurier vom Typ des Brontosaurus und Diplodocus. Bisher hat es, trotz wiederholter Expeditionen in diesen schwer zugänglichen Lebensraum, leider keine greifbaren Erfolge gegeben. Die Wahrscheinlichkeit, daß mesozoische Großreptilien die Wende zur Erdneuzeit überstanden haben, ist so gering, daß man sie mit Null gleichsetzen kann. Sollen wir uns mit dem Faktum begnügen, daß Riesenschlangen, Krokodile und Warane schließlich auch Reptilien sind, die Menschen gefährlich werden oder sie sogar töten können? Gab es etwa noch im Tertiär (als erste Vormenschen die Erde bevölkerten) Großwarane von der Art des indonesischen Komodo-Warans in unseren Breiten, die zu Prototypen des Drachens wurden?

Weitgehend vergessen ist heute die Theorie des Münchner Paläontologen Edgar Dacqué (1878–1945), die er in dem mehrfach aufgelegten Werk „Urwelt, Sage und Menschheit“ propagierte. Danach reicht der Seelentypus „Mensch“ als Urgestalt weit in die geologische Vergangenheit zurück, und der noch nicht mit dem heutigen Menschenbild vergleichbare Vor-Mensch habe nach vielen Wandlungen alle Möglichkeiten der Entwicklung des Tierreiches in sich geborgen und aus sich entlassen, um sich am Ende in reiner Form zu zeigen. Der noch reptilhafte Vor-Mensch des Erdmittelalters habe als Zeitgenosse auch die Dinosaurier erlebt, und ihr Bild habe sich daher auch unauslöschlich in das Artgedächtnis eingegraben. Das Bild des Drachens sei nicht bloße Phantasie, sondern archetypisch festgelegt – als Relikt aus längst vergangenen Epochen der Erdgeschichte. – Daqués Wiener Fachkollege Othenio Abel (1875 bis 1946) wandte sich strikt gegen die Phantastik derartiger Hypothesen und vertrat die Meinung, der gelegentliche Fund von großen Knochenresten ausgestorbener Tiere (Mammuten und eiszeitlicher Wollhaar-Nashörner) habe erklärende Sagen von Riesen und Drachen ins Leben gerufen. Dies scheint zumindest manchmal zuzutreffen. Der Lindwurmbrunnen von Klagenfurt in Kärnten wurde im 16. Jahrhundert von einem unbekannten Bildhauer gestaltet, und zwar nach dem Vorbild eines damals in Nähe von Klagenfurt gefundenen Knochenschädels des Eiszeit-Nashorns Collodonta antiquitatis. Dieses Fossil ist noch erhalten. Der übrige Körperumriß wurde frei hinzugefügt, vermutlich nach dem Vorbild des Drachenbuches von Conrad Gesner (1516–1565). Dacqué meinte dazu: Drachensagen seien zu lebendig und unmittelbar, sie fügten nicht bloßes „Friedhofsgut“ zusammen. Für die ebenso originelle wie exzentrische Theorie einer in Urzeiten zurückreichende Erinnerung an drachenartige Saurier mußte er mit dem Verlust seines Lehramtes büßen...

Gelegentlich können wir auch bei nüchterner Betrachtung des Basismaterials verblüffende, unerklärliche Übereinstimmungen zwischen Sage und ferner Realität feststellen. In vielen Alpengebieten wird vom Tatzelwurm oder Bergstutz (Birigstutz) erzählt – einem giftigen Reptil, das Menschen den Tod bringen könne. „Bergstutz" heiße es, so sagt man, deshalb, weil es sich zwar auf kurzen Beinen wie eine große Smaragdeidechse fortbewege, aber keinen langen Schwanz besitze. Das Tier wirke wie „abgestutzt". Der Biß oder auch der bloße Hauch des alpinen Reptils aber sei so giftig, daß ahnungslose Bergwanderer bei einem zufälligen Zusammentreffen todgeweiht seien. „Marterln" (Gedenkkreuze mit naiven Bildchen und Inschriften) berichten von Todesopfern, etwa in Lofer bei Salzburg. Vorstellbar ist, daß herzkranke Menschen große Eidechsen mit dem gefürchteten Bergstutz verwechselten und vor Schreck starben. Erstaunlich ist jedoch, daß es eine Giftechse, die der Beschreibung des alpinen Ungetüms entspricht, wirklich gibt, auch im Hinblick auf den „abgestutzten" Schwanz. Es handelt sich um die Gila-Krustenechse, die einen tödlich giftigen Biß hat. Kompliziert wird die Sachlage freilich dadurch, daß dieser „Bergstutz" nicht in den Alpen lebt, sondern in den Wüsten von Arizona im Südwesten der Vereinigten Staaten von Amerika! Ist es vorstellbar, daß es im mitteleuropäischen Bergland verwandte Tiere gab oder noch gibt? Im Salzburger „Haus der Natur" wird jedenfalls eine leere Vitrine für einen zoologisch noch unentdeckten Bergstutz freigehalten – für den Fall, daß er doch noch einmal aus dem Bereich des Sagenwesens in jenen der „harten Realität" eintreten sollte. Während viele bäuerliche Gewährsleute hartnäckig von der Existenz dieses Wesens überzeugt sind, nötigen alle sagenhaften Berichte dieser Art den Zoologen nur mildes Lächeln ab, und sie vergleichen den Bergstutz mit dem „Wolpertinger" Bayerns, dessen Sichtungen sie lediglich Halluzinationen infolge zu großen Alkoholgenusses zuschreiben.

Fabelwesen aus dem Grenzbereich zwischen Traum und Wirklichkeit sind aber nicht unbedingt nur Tiere – es kann sich auch um Menschengestalten oder menschenähnliche Wesen handeln. Immer wieder ist davon die Rede, daß es in entlegenen Gebieten der Erde auch verschiedene Arten von „Affenmenschen" geben könne, von nackten, zottigen Yetis oder Bigfoot-Wesen, im Nordwesten der USA „Sasquatch" genannt, die etwa jenem Erscheinungsbild entsprechen sollen, das populäre Bildbände von Vormenschen zeichnen. In der Tat wäre es faszinierend, einem solchen „fehlenden Kettenglied" aus der Urzeit der Menschheit leibhaftig begegnen zu können. Es scheint, als sei vor allem in der Sowjetunion der Wunsch besonders stark, ein Exemplar eines affenähnlichen Vormenschen in eine Vitrine des Moskauer Darwin-Museums zu stellen – als schlagenden Beweis gegen einen wörtlich genommenen „religiös-abergläubischen" biblischen Schöpfungsbericht von Adam und Eva. Chinesische und sowjetrussische Zoologen und Anthropologen sind sich offenbar in dem heißen Bemühen einig, endlich ein solches „darwinistisches" Beweisstück vorweisen zu können (wobei eigentlich ohnehin kaum ein wissenschaftlich gebildeter Mensch daran zweifelt, daß es einst Vormenschenformen gab). „Relikt-Hominiden", schrieb S. Klumow in „Sowjetunion heute" (Juli 1979), wären „schon keine Affen mehr, aber auch noch keine Menschen" und daher willkommenes Evolutions-Anschauungsmaterial. Dmitri Bajanow und Igor Bourtsew haben wiederholt nach solchen Affenmenschen gefahndet, aber noch nie greifbares Basismaterial erbringen können – von absonderlichen Fußspuren und Fellresten abgesehen. Handelt es sich etwa um überlebende Neandertaler? Diese waren jedoch keineswegs so wild und zottig, wie man sie sich vor einigen Jahrzehnten vorstellte, sondern konnten feingekerbte mandelförmige Faustkeile herstellen und bestatteten ihre Toten mit großer Sorgfalt. Es ist kein Zufall, daß sie nicht mehr wie einst als „Homo neandertalensis", sondern als „Homo sapiens neandertalensis" bezeichnet werden. Eher denkbar ist es, daß sich die sonderbar ungreifbaren Wildmenschen mit älteren oder an der Entwicklung zum Jetztmenschen vorbeiführenden Hominidenformen vergleichen lassen – mit Plesianthropus, Paranthropus oder dem Großaffen Gigantopithecus; immer natürlich vorausgesetzt, daß es derartige Hominiden tatsächlich gibt, was jedoch noch nie stichhaltig bewiesen werden konnte. Zwar gibt es Gipsabdrücke von Fußspuren und Fellteile – letztere erwiesen sich aber bei genauerer Untersuchung als Felle von Yaks oder Bergziegen, und die Fußabdrücke sprechen ebenfalls keine eindeutige Sprache. Sie wurden immer in Gegenden gefunden, wo es auch Bären gibt – und Bärenfährten können oft täuschen. Wenn nämlich der Bär bei bestimmten Gangarten mit den Hintertatzen auf die Abdrücke seiner Vordertatzen tritt, kommt eine sehr große (kombinierte) Fußspur zustande, die an menschliche Fußabdrücke erinnern, und zwar sogar an verkehrt eingeprägte. Diese Tatsache ist den Zoologen bekannt und wird auch in einschlägigen Nachschlagewerken erwähnt. Wenn in den Yeti-Sagen oft von Wildmenschen mit verkehrt angesetzten Füßen die Rede ist, so kann dies ein Hinweis darauf sein, daß die Fabelwesen eigentlich Bären waren. Bären spielen aber in den Mythen altertümlicher Volksstämme häufig eine ganz bestimmte Rolle: Sie sind nicht bloß Tiere wie alle anderen, sondern es wird auch erzählt, daß sie Menschenfrauen entführen und mit ihnen Kinder zeugen können. Oft sind „Mythenbären" auf diese Weise übernatürliche Ahnherren von Menschensippen. Wahrscheinlich geht dies auf die Beobachtung zurück, daß sich Bären oft auf die Hintertatzen aufrichten und zweibeinig wie Menschen stehen oder sogar ein paar Schritte gehen können.

Auch von den Wildmenschen wird oft berichtet, daß sie vitale Frauenräuber seien. In den sechziger Jahren grassierten Pressemeldungen über eine Amerikanerin namens Helen Westring, die erzählte, in den Wäldern von Minnesota von einem Affenmenschen vergewaltigt worden zu sein: von einem Wesen mit „riesigen haarigen Händen und rötlichen Augen", den sie jedoch dann mit ihrem Jagdgewehr erschossen habe. Dies erinnert stark an den alten Monster-Gruselfilm vom „King Kong", der ein blondes Mädchen auf das Empire State Building trug, aber (vermutlich wegen des Größenunterschiedes) auf Schändungsversuche verzichtete. Das Bild des vitalen Ungetüms wirkt wie eine Neuauflage antiker Mythen von Satyrwesen, die Nymphen und Mänaden nachstellen und ebenfalls tierisch-menschliche Mischwesen gewesen sein sollten, und an die in der Bibel vorkommenden „Feldteufel", die „Zottigen" (Se'irim) – ebenso an die haarigen Dämonengestalten, die im 13. Jahrhundert der Meister Mehmed Siyah Qalem im Bilderalbum des Topkapi Museums (Istanbul) darstellte.

Halten wir all diesen mysteriösen Wesen, für wie wahrscheinlich wir sie auch halten, aber auf jeden Fall, wie es für den Bergstutz im „Haus der Natur" von Salzburg geschehen ist, im Geist ein paar Vitrinen frei.

Prof. Dr. Hans Biedermann

Bestien und Ungeheuer

Heute glaubt die Naturwissenschaft, Magisches und Phantastisches von der realen Welt trennen zu können. Versuche und exakte Beweise entscheiden über das Aussehen und die Zusammenhänge unserer Welt. „Übernatürliche“ und parapsychologische Deutungen von realen Phänomenen werden verdächtigt oder als Volksglauben abgetan. Phönix und Einhorn antiker Sagen wird nicht mehr Glaubwürdigkeit zugebilligt als unheimlichen Wesen, über die es reiche Quellen gibt. Wer darüber urteilen will, sollte sich darüber vorher informieren.

Die blutrünstige Bestie

In einem kleinen, abgeschiedenen Ort Frankreichs trieb im 18. Jahrhundert eine blutrünstige Bestie ihr Unwesen. Hier wird von den Greueltaten der Bestie von Gévaudan berichtet.

Vor etwa 200 Jahren führten die Einwohner des Dörfchens Gévaudan im Südosten Frankreichs ein friedliches Leben. Sie waren meist Bauern und Schafhirten, die in den abgelegenen Dörfer ein bescheidenes Dasein fristeten und haben wohl kaum jemals daran gedacht, daß dieses Gebiet einmal als Jagdgrund eines furchterregenden wilden Tieres bekannt werden würde, das man die „Bestie von Gévaudan" nannte. Mehr als drei Jahre lang trieb dieses Ungeheuer sein Unwesen und brachte das ruhige Leben der Menschen völlig durcheinander, und auch heute noch läßt die bloße Erinnerung an dieses grauenhafte Wesen die Menschen erschaudern.

Es begann alles im Juni des Jahres 1764 im Wald von Merçoire, in der Nähe des Dörfchens Gévaudan. Eine junge Frau hütete gerade die Kühe, als sich auf einmal ein riesiges, scheußliches Tier auf sie stürzte. Die Hunde suchten sofort das Weite, und das Biest hätte die junge Frau sicherlich in Stücke gerissen und verschlungen, wenn nicht die Kühe das Untier mit ihren Hörnern in Schach gehalten hätten. Die junge Frau kam mit ein paar Kratzern, zerfetzten Kleidern und dem Schrecken davon.

Die herbeigeeilten Einwohner bekamen von der überfallenen Frau eine angsteinflößende Beschreibung des Untiers zu hören. Es hatte ungefähr die Größe einer Kuh, einen enormen Brustkorb, einen riesigen Kopf, einen gewaltigen Nacken, kurze gerade Ohren und die Nase eines Windhundes. Zwei lange Reißzähne ragten aus dem riesigen Maul. Der Schwanz war lang und ungewöhnlich dünn, und vom Kopf bis zur Schwanzspitze verlief ein schwarzer Streifen. Könnte es sich etwa um einen riesigen Wolf handeln?

Dieser Vorfall versetzte die ganze Gegend in Angst und Schrecken. Die Bestie griff nur die Schwächsten an: Frauen und Kinder, Männer, die allein das Vieh auf die Weiden trieben. Viele wurden verschlungen oder verschleppt. Manchmal wurde ein zerstückelter Körper gefunden, mit abgerissenen Glieder. Als aber von den Greueltaten kein Ende abzusehen war, glaubte man immer weniger daran, daß es sich um ein Tier handle, sondern viel eher um einen unverwundbaren Satan. Wenn man von

Unten:
Landschaft in der Nähe von Gévaudan (Margeride) in Südostfrankreich. Drei Jahre terrorisierte hier eine blutrünstige Bestie die Einwohner.

Unten rechts:
In den damaligen Zeitungen wurde viel über die Untaten der Bestie geschrieben.

FIGURE
DE LA BÊTE
FAROUCHE

ET EXTRAORDINAIRE, QUI DÉVORE LES FILLES
Dans la Province de Gévaudan, & qui s'échappe avec tant de viteſſe, qu'en très-peu de tems on la voit à deux ou trois lieues de diſtance, & qu'on ne peut l'attraper ni la tuer.

EXPLICATION.

ON écrit de Marvejols, dans la Province de Gevaudan, par une Lettre en date du premier Novembre mil ſept cent ſoixante-quatre; que depuis deux mois il paroît aux environs

ganisierte gewaltige Treibjagden mit allen zur Verfügung stehenden Bauern, die von seinen Dragonern angeführt wurden – 40 Mann zu Fuß, 17 Mann zu Pferd. Aber alle Mühe war umsonst. Die Bestie war viel zu schnell und intelligent, um in die Falle zu tappen. Oft glaubten die Soldaten, daß sie die Bestie gestellt hätten, aber jedesmal konnte sie entkommen. Für die Ergreifung des Untiers wurde eine hohe Belohnung ausgesetzt, was viele Jäger aus allen Teilen Frankreichs nach Gévaudan lockte. Monatelang dauerte die Hatz. Allmählich wurden die Bauern ungeduldig, sie hatten die Nase voll von den Dragonern, die sie ernähren mußten, die auf ihren Feldern herumtrampelten und in ihre Häuser eindrangen. Und es scheint so, als ob die Bestie die Feindseligkeit zwischen der Bevölkerung, den Soldaten und den Jägern gespürt hätte, denn gnadenlos raubte es

Oben:
Auch zwei bewaffnete Männer konnten die Bestie nicht davon abhalten, sich auf eine junge Frau zu stürzen.

Rechts:
Dragoner wurden zu Hilfe gerufen, um der Bestie endlich ein Ende zu bereiten. Aber sogar die besten Schützen und mutigsten Männer waren machtlos gegen dieses Ungeheuer.

der „Bestie“ sprach, wußte jeder, was dabei gemeint war.

In den Klauen der Angst

Angst machte sich in ganz Gévaudan breit, als die Bestie durch Margeride (Auvergne) zog und immer mehr Opfer fand. Panik brach unter der Bevölkerung aus. Die Menschen verbarrikadierten sich in ihren Häusern und wagten es nicht, ihr Vieh auf die Weiden zu lassen oder allein in den Wald zu gehen. Die Bauern besaßen keine Schußwaffen und sie wußten, daß sie mit Eisenspitzen beschlagenen Knüppeln, den dreizinkigen Gabeln und Bayonetten keine Chance hatten. Trotzdem bildeten sie Gruppen und versuchten tagtäglich, den Spuren des Untiers zu folgen und es in die Enge zu treiben.

Eine Handvoll privilegierter Bürger allerdings besaßen Gewehre, zu ihnen gehörten die Jäger der adligen Familien aus der Gegend. Aber allem Anschein nach waren auch diese machtlos, keine Kugel konnte der Bestie etwas antun. Jede neue Bluttat trug mehr zur Legende, aber auch zur Angst bei.

Am 8. Oktober 1764 sahen zwei Jäger die Bestie und schossen auf sie aus nur 10 Metern Entfernung. Diesmal stürzte das Tier, erhob sich aber unverzüglich wieder. Es stand zwar etwas unsicher auf den Beinen, schaffte es aber dennoch, in den nahegelegenen Wald zu fliehen. Die Jäger feuerten noch zwei weitere Male auf die Bestie, jedesmal fiel sie hin und stand wieder auf. Trotzdem gelang ihr die Flucht. Jeder war felsenfest davon überzeugt, daß sie schwer verwundet worden war und daß man den Kadaver am nächsten Tag finden würde. Aber zum großen Entsetzen der Bevölkerung wurden in den darauffolgenden Tagen mehrere Menschen getötet. Daraus entstand die Legende, daß die Bestie „Feuerwaffen verzaubern“ könne.

Im folgenden Monat nahm ein Offizier namens Duhamel die Sache in die Hand. Er or-

mehr Menschen als zuvor, vor den Augen der Dragoner.

Zu jenem Zeitpunkt erreichten die Geschichten über das Untier auch andere europäische Länder. Dies veranlaßte König Ludwig XV., etwas zu unternehmen, also entsandte er einen gewissen Denneval in die Gegend, der bereits 1200 Wölfe erlegt haben sollte. Im Februar 1765 machte er sich mit sechs seiner besten Bluthunde auf die Suche.

Nun trat die Familie Denis in Erscheinung, deren trauriges Schicksal eng mit der Geschichte der Bestie verbunden ist. Die Familie bestand aus Vater, Mutter, zwei Töchtern, Julienne und Jeanne, beide um die zwanzig, und zwei Söhnen, Jacques, sechzehn Jahre alt, und dem zehnjährigen Sylvain. Sie waren weder arm noch reich, besaßen ein paar Kühe, Schafe und Ziegen, auf die die Kinder aufpaßten. Sie lebten etwas außerhalb des Dorfes Saint-Privat-du-Fau, in der gleichen Gegend gelegen. Auch sie hatten von den Untaten der Bestie gehört und beteten, daß ihnen ein solches Schicksal erspart bleiben würde. Aber alles Flehen war umsonst. Im März 1765, Denneval durchstreifte genau seit einem Monat die Gegend, hüteten die drei ältesten Denis ihr Vieh in der Nähe von Malzieu. Jacques hatte unter einem Felsen Feuer gemacht, und Julienne ging ein wenig spazieren. Jeanne, die alleine zurückgeblieben war, stieß auf einmal einen gellenden Schrei aus. Die Bestie hatte sich von hinten auf sie geworfen und beim Kopf gepackt. Jacques, in einem Anflug von übermenschlicher Kraft, rettete sie, indem er die Bestie zum Feuer drückte und über die glühenden Kohlen hielt. Aber das heulende Tier vermochte abermals zu entkommen. Jeanne war nicht allzu schwer verletzt worden aber hatte ihren Verstand verloren.

Julienne verzweifelte darüber, daß sie ihr nicht helfen konnte. „Die Bestie oder ich“, sagte sie. Von nun an sah man sie des öfteren in den Hügeln von Malzieu herumwandern, als ob sie eine Konfrontation mit dem Wesen, welches das Leben ihrer Schwester zerstört hatte, heraufbeschwören wollte.

Jacques Denis schwor sich, Jeanne zu rächen, er schloß sich Dennevals Leuten an, sie wurden Freunde. Der berüchtigte Wolfsjäger hatte eine völlig andere Taktik als Duhamel. Er war der Meinung, daß die Treibjagden das Tier nur noch aggressiver machten. Er glaubte, man müsse sein Vertrauen gewinnen und es dann ins Freie locken. Dann müßten er und seine Männer versuchen, es einzukreisen und mit Hilfe der Hunde in eine Falle zu locken. Aber diese Taktik war auch nicht besser als die von Duhamel. Die Bestie kannte sich in der Gegend zu gut aus und war viel zu klever. Sie kroch durch das Gestrüpp, suchte Schutz im Dickicht des Waldes, versteckte sich in Schluchten und überquerte den Fluß. Man ließ sie keinen Augenblick aus den Augen, ganze Scharen von Männern mit ihren Hunden waren ihr ständig auf den Fersen. Sie mußten dieses wahnsinnige Wettrennen aber schon nach kurzer Zeit aufgeben, niemand vermochte der Bestie durch das unwegsame Gelände zu folgen. Sie schaffte es immer wieder zu entkommen, ihr Fluchtweg war gepflastert mit Leichen, sie machte alles nieder, was ihr in die Quere kam, zerfetzte Körper und abgetrennte Gliedmaßen wurden immer wieder gefunden. Dann am 29. April 1795, zwei Monate nach der Ankunft Dennevals, entdeckte ein Adliger namens De la Chaumette das Untier in der Nähe seines Hauses bei Rimeize. Er sah, wie sich das Monster an einen Schafhirten heranpirschte und rief sofort seine beiden Brüder zur Hilfe. Einer von ihnen wagte sich auf die Weide und durch einen Trick gelang es ihm, die Bestie in Richtung der beiden anderen zu treiben. Diese schossen sofort. Die Bestie brach zusammen. De la Chaumette feuerte noch ein weiteres Mal. Die Bestie torkelte in Richtung Wald, konnte sich irgendwo verkriechen und in Sicherheit bringen.

Blut bedeckte Boden und Sträucher. Jedermann hoffte, daß sie sich in den Wald zurückgezogen hatte, um zu sterben. Aber alles Hoffen war umsonst. Schon bald kam die Bestie zurück, um ihr blutiges Werk fortzusetzen.

Meistens schlich sich die Bestie von hinten an ihre Opfer an und packte sie beim Kopf. Es waren fast ausschließlich Frauen und Kinder.

Die Falle schnappt zu

Was ist das für ein Wesen, dem keine Kugel etwas zuleide tun kann, das sich sofort wieder aufrappelt, um weiter zu morden? Steckt ein Zauber dahinter? Das blutige Ende der Bestie von Gévaudan.

Der große Jahrmarkt im Mai 1765 gab Anlaß genug zu feiern, da man die gefürchtete Bestie, welche die Gegend nahezu ein Jahr terrorisiert hatte, für tot hielt. Aber die Freude war nur von kurzer Dauer. In all dem Trubel kam plötzlich ein Reiter angaloppiert und schrie: „Es hat Marguerite erwischt. Die Bestie ist zurückgekehrt!" Marguerite war eine Freundin von Jacques Denis, der Rache geschworen hatte für das Unglück seiner Schwester. Ohne auch nur einen Augenblick Zeit zu verlieren, machte er sich sofort auf die Suche nach ihr. Beim Dorfeingang, dort wo der Weg in die Felder einmündet, fand er Marguerite in einer Blutlache liegend. Die Bestie hatte ihr die Kehle durchgebissen.

An jenem Tag tötete die Bestie zwei weitere Menschen, aber sie war so übersättigt, daß sie ihre Opfer nicht einmal auffraß. Die reine Mordlust versetzte alle in Wut, die Bauern hatten genug, es mußte endlich etwas unternommen werden. Sie holten sich Mistgabeln und Bajonette, Jacques setzte die Hunde auf die Fährte. Er wollte die Bestie endlich zur Strecke bringen. Schon nach kurzer Zeit stand er dem Ungeheuer zum zweiten Mal Auge in Auge gegenüber. Mit aller Gewalt stieß er mit seinem Bajonett auf die Bestie ein. Es schien ihr nichts auszumachen. Sie fletschte mit den Zähnen und sprang mit einem gewaltigen Satz auf den zurückweichenden Jacques los. Zum Glück waren die anderen Jäger sofort zur Stelle und schlugen die Bestie in die Flucht.

Der König wütete, als er davon erfuhr. Die Geschichten über die Bestie machten ganz Frankreich lächerlich, besonders England konnte sich nun auf Kosten seines Erzrivalen lustig machen. Der Herrscher beauftragte seinen Waffenträger Antoine de Beauterne damit, dieser leidigen Angelegenheit ein Ende zu setzen.

Denneval, der erste Beauftragte des Königs, gab im Juni 1765 auf. Ironie des Schicksals ist es, daß just an jenem Tag die Bestie von neuem zuschlug. Am 16. Juni griff sie ein kleines Mädchen an, das erst im letzten Augenblick gerettet werden konnte. Am 21. Juni tötete sie einen 14jährigen Jungen, zerfleischte eine 45 Jahre alte Frau und verschleppte ein kleines Mädchen. Die Kirche sprach nun von einem „Boten des Teufels", der die Menschen für ihre Sünden strafte. Die Bauern redeten von Zauberei und bösen Geistern. Spukte es etwa nicht im Schloß Javois im Bezirk von Besseyre? Was ist mit dem Druidentempel in dieser Gegend und der seltsamen Familie Chastel? Ein Sohn, Jean, lebte in der Wildnis – und die Leute wagten es nicht, seinen Namen auszusprechen.

Drei Monate lang unternahm Antoine de Beauterne nichts. Er inspizierte die Umgebung, zeichnete ein paar Karten und stellte Gutachten an über die Wege, welche die Bestie gegangen war. Am 21. September schritt er zur Tat und organisierte eine Treibjagd mit 40 einheimischen Jägern und 12 Hunden. Als Ausgangspunkt wählte er das Dorf Pommier, nicht weit von Besseyre. Im Wald von Pommier liegt die Béal-Schlucht, auf deren Grund sich eine große Lichtung befindet. Ein sechster Sinn veranlaßte Beauterne dazu, die Schlucht einkreisen zu lassen, er und einige andere bewaffnete Männer legten sich in der Nähe der Lichtung auf die Lauer. Treibjäger mit Jagdhörnern und Hunden engten den Kreis immer mehr ein. Falls sich die Bestie wirklich in der Schlucht befand, dann konnte sie nur durch die Lichtung ins Freie gelangen.

Die Schützen wurden allmählich ungeduldig. Plötzlich fingen die Hunde ganz fürchterlich an zu bellen. Die Bestie erschien. De Beauterne hatte recht behalten. Man hetzte die Hunde auf die Bestie, sie war jetzt nur noch 50 Meter von ihnen entfernt. Wild rannte sie auf der Suche nach einem Fluchtweg bis zum Waldrand. Zögernd trottete sie ins Freie. De Beauterne legte das Gewehr an und feuerte. Das Schrot traf die rechte Schulter des Tieres. Ein zweiter Schuß ging durchs rechte Auge, durch den Schädel. Die Bestie fiel. Die Schützen bliesen schon voller Triumph die Jagdhörner.

Auf einmal, zu jedermanns Überraschung, stand die Bestie von Gévaudan wieder auf und

Die Einwohner von Gévaudan befürchteten, daß die Bestie vom Teufel besessen war.

Ein Holzschnitt aus jener Zeit zeigt, was für einen riesigen Kopf und einen langen Schwanz das Untier hatte. Die Bauern waren der Meinung, daß es übernatürliche Kräfte besaß.

kam unsicheren Schrittes direkt auf Antoine de Beauterne zu. Er schoß noch einmal, die Kugel traf den Schenkel. Aber wie von einer unerklärlichen Kraft angetrieben, drehte sich die Kreatur um und lief Richtung Waldrand. Doch plötzlich brach sie zusammen und verendete.

Bei der Bestie handelte es sich um eine seltene Art von Wolf. Er war riesig, vom Kopf bis zum Schwanz maß er 1,80 Meter, wog 65 Kilogramm, hatte einen übergroßen Kopf und Reißzähne von 3,5 Zentimetern Länge. Die Bestie wurde ausgestopft und zum Hof des Königs gebracht, wo sie für einige Zeit für Aufsehen sorgte. Bis zu Beginn des 20. Jahrhunderts wurde sie im Museum für Naturgeschichte in Paris aufbewahrt. „Die Bestie ist tot! Die Bestie ist tot!" riefen alle, die Freude in den Dörfern war riesig, was für eine Erleichterung. Aber viele Menschen glaubten noch nicht so recht daran.

Jacques Denis, der bei der großen Jagd in der Béal Schlucht dabei war, machte sich auf den Weg nach Hause, müde aber frohen Herzens. Auf dem Heimweg traf er seine Schwester Julienne, die rief: „Ah, du glaubst also auch, daß die Bestie tot ist. Für mich ist die Sache noch lange nicht erledigt, ich habe dir schon einmal gesagt, die Bestie oder ich, ich suche weiter. Jean Chastel weiß es auch. Die Bestie ist immer noch da, sie beobachtet uns. Ich gehe nach Besseyre, um sie zu suchen." Mit wehendem Haar machte sie sich eines Tages auf den Weg in Richtung Wald, völlig besessen vom Gedanken, das Untier zu finden. Jacques schaute ihr lange nach und ging weiter seines Weges. Julienne kehrte unversehrt wieder nach Hause zurück, wirkte aber noch immer sehr verstört.

In den nächsten zwei Monaten bis Ende November passierte anscheinend nichts. Doch der Schein trog. Das Morden ging in Wahrheit weiter, nur hatte der König verboten, darüber zu sprechen. „Diese Wiederauferstehung" der Bestie trug noch mehr zum Aberglauben bei. Die Menschen waren davon überzeugt, daß das Tier kein Wolf war, sondern ein Teufel, ein Bote der Hölle, wie die Priester sagten.

Der Dezember war ein Alptraum. Weihnachten schneite es. Die Menschen verschanzten sich in ihren Häusern, die Fensterläden geschlossen. Kein Laut war zu hören, nur das Muhen der Kühe. Jacques Denis machte sich auf die Suche nach Julienne, die seit dem Vortag nicht mehr gesehen worden war. Sie blieb für immer verschwunden. Eine Woche nach ihrem Verschwinden wurden menschliche Überreste in der schmalen Schlucht des Planchette Flusses gefunden – Hautfetzen, Knochen und einige Kleidungsstücke.

Das Morden dauerte den ganzen Winter

Antoine de Beauterne erschießt die Bestie, die endlich in die Falle gegangen ist. Auf diesem Holzschnitt ist er allerdings fälschlicherweise mit einer Pistole, anstatt mit einem Gewehr abgebildet.

Die Bestie wurde ausgestopft und zum Hofe Ludwig XI. gebracht, wo sie von den Menschen bestaunt wurde.

über. Der völlig verzweifelte Vater von Julienne machte sich zusammen mit seinem Sohn auf die Suche nach der Bestie. Sie untersuchten die Dolmen (steinzeitliche Grabkammern), die in dieser Gegend überall zu finden sind und seit jeher mit heidnischem Zauber und Ritualen in Verbindung gebracht wurden. Aber von der Bestie war weit und breit nichts zu sehen. Der Winter des Jahres 1766 war ruhiger, nur wenige Menschen verschwanden. Aber im Frühling ging das Morden von neuem los. Man weiß nicht genau wie viele Menschen getötet wurden, viele Familien gaben den Tod ihrer Angehörigen nicht bekannt, und die Behörden registrieten sie auch nicht mehr. Trotzdem sickerte durch, daß zwischen März und Juni 1767 mehr als 14 Tote zu beklagen waren, alle starben in einem Umkreis von 5 Kilometern.

Von Mai bis Juni pilgerten Hunderte von Bauern nach Notre-Dame-de Beaulieu. Sie ließen Messen lesen und nahmen die heilige Kommunion. Jean Chastel erschien bewaffnet. Er ließ sein Gewehr und drei Patronen segnen. Am 19. Mai 1767 organisierte ein Adliger aus der Gegend eine aufwendige Treibjagd. Dreihundert Jäger und Treiber nahmen daran teil. Eine innere Stimme sagte Chastel, daß er sich am Sogne d'Aubert auf die Lauer legen soll. Er öffnete sein Gebetbuch, begann zu lesen und wartete auf das Ungeheuer. Auf einmal hörte er ein Rascheln im Laub und sah einen flüchtigen Schatten. Die Bestie, von den Hunden ins Freie getrieben, stand auf einmal ein paar Meter vor ihm. Chastel beendete sein Gebet, machte das Buch langsam zu, nahm die Brille ab und steckte sie in die Tasche. Die Bestie wartete, völlig regungslos. Sie ahnte anscheinend, daß ihr Ende gekommen war. Chastel legte das Gewehr an und schoß. Das Untier stürzte nieder. „Gut“, sagte er mit ruhiger Stimme, „du tötest nicht mehr.“

De Beauterne erschießt die Bestie in der Béal-Schlucht. Aber der Alptraum ging weiter, denn schon kurz darauf ging das Morden von neuem los.

Geheimnisvolle Spuren im Schnee

An einem eiskalten Februarmorgen des Jahres 1855 entdeckte man im tiefen Schnee von Süd-Devon in England merkwürdige Fußspuren. Als sich niemand erklären konnte, wie sie dort hingekommen waren oder von wem sie stammen könnten, bekamen es die Einwohner mit der Angst zu tun.

Der Winter des Jahres 1855 schlug den Menschen des Viktorianischen Englands schwer aufs Gemüt. Im Krimkrieg ging eine ganze englische Armee allmählich durch Erfrieren zu Grunde. Ihr Todeskampf wurde in allen Einzelheiten von der „Times" und diversen Wochenillustrierten festgehalten. In Kingston war die Themse zugefroren. Einige entlegene Dörfer im Westen Englands waren durch Schneegestöber von der Außenwelt völlig abgeschlossen, die Bäcker in der Gegend konnten die Dörfer nicht mehr beliefern, und in Torquay waren Hunderte wegen der schlechten Witterung arbeitslos geworden. Im Februar war das Eis auf dem Fluß Exe so dick, daß ein paar Scherzbolde darauf ein Feuer machten und sich ein köstliches Mahl zubereiteten. Auch der Teign war an mehreren Stellen zugefroren, der Deich von Teignmouth eingestürzt, und die Eisenbahnverbindungen waren lahmgelegt. Unvorsichtige Reisende, die sich des Nachts hinauswagten, erfroren bei diesen eisigen Temperaturen.

Die Nacht des 8. Februars war für viele Einwohner der Dörfer und Städte entlang der Flußmündung sicher eine wie jede andere. Der Schneefall am Abend war äußerst stark, danach fing es an zu regnen, es wehte ein bitterkalter Wind. Gegen Morgen kam dann der Frost. Und obwohl die Einwohner an solche Wetterunbilden schon längst gewohnt waren, bot sich ihnen am Morgen des 9. Februars trotzdem eine Überraschung. In der „Times" vom 16. Februar hieß es:

„Die Entdeckung einer großen Anzahl gewaltiger Fußspuren von äußerst seltsamer Form und mysteriöser Herkunft haben in den Städten Topsham, Lympstone, Exmouth, Teignmouth und Dawlish für einiges Aufregung gesorgt. Die Abergläubischen der Bevölkerung glauben sogar, daß es die Fußstapfen des leibhaftigen Teufels sind. Daß sogar alle Schichten der Bevölkerung beunruhigt sind, läßt sich aus der Tatsache erkennen, daß dieses Thema während der sonntäglichen Messe erläutert wurde.

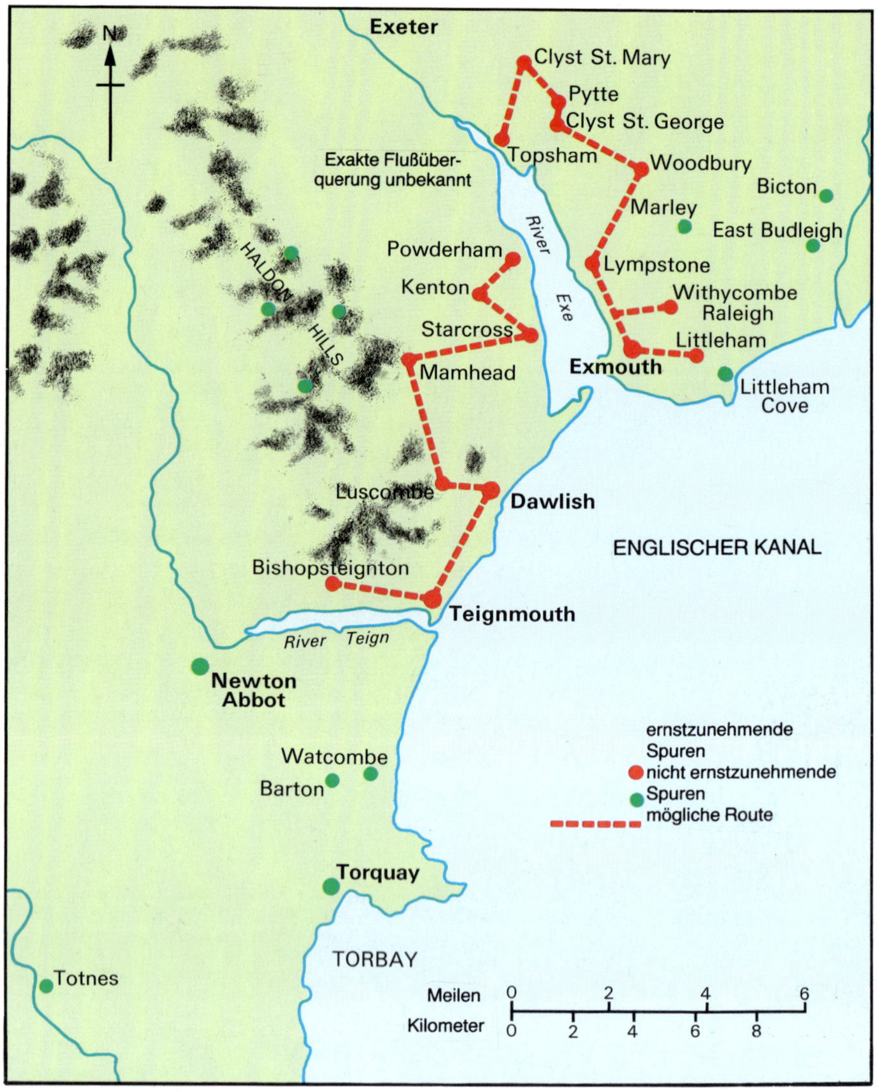

Unten: *Die gefrorene Themse bei Richmond im Jahre 1855. In England herrschte ein außergewöhnlich strenger Winter. Dörfer waren von der Außenwelt abgeschlossen, die Lebensmittel wurden rationiert und viele Menschen erfroren.*

Donnerstagnacht kam es in der Gegend von Exeter und Devon zu starken Schneefällen. Am folgenden Morgen entdeckten die Einwohner oben erwähnter Städte Spuren eines merkwürdigen Tieres. Es schien überall gewesen zu sein, denn die Fußspuren waren auch in den unzugänglichsten Stellen zu sehen – auf Hausdächern, an schmalen Mauern, in Gärten und Hinterhöfen. Es gab wohl kaum einen Garten in Lympstone, der nicht einen Fußabdruck aufwies."

Allem Anschein nach handelte es sich eher um ein zweibeiniges als ein vierbeiniges Wesen. Die Abdrücke waren im allgemeinen 20 Zentimeter von einander entfernt. Die Spuren wiesen eine große Ähnlichkeit mit Eselshufen auf und waren 4–6 Zentimeter lang. Manchmal sah es so aus, als ob sie gespalten seien, aber die Mehrzahl der Spuren waren geschlossen, der Schnee in der Mitte war unberührt, der Fuß muß konkav gewesen sein. Allem Anschein nach, ist das Wesen an verschiedene Türen herangeschlichen, muß sich dann aber wieder zurückgezogen haben. Nirgends jedoch konnte man eine Spur entdecken, die gezeigt hätte, wo sich der geheimnisvolle Besucher hätte ausruhen können.

Das alles scheint sehr merkwürdig, und viele

Links:
Orte in Süd-Devon, wo 1855 merkwürdige Fußspuren gefunden wurden, und die mögliche Route, die der „Gast" gegangen sein muß. Im Westen endet die Fährte in Bishopsteignton, im Osten von Littleham. Es ist nicht bekannt, wo der Fluß überquert wurde, sehr wahrscheinlich in Topsham, wo der Fluß nur ein paar Meter breit ist.

Einwohner dieser Gegend hatten Angst, ihre Häuser zu verlassen. Selbstverständlich sorgte die Entdeckung der Spuren für viel Aufsehen. In Dawlish, wo sie durch das Dorfzentrum führten, machte man sich auf die Jagd nach dem seltsamen Gast. Die Dorfbewohner, bewaffnet mit Gewehren und Stöcken, folgten den Fährten „bis die Hunde auf einmal laut bellend und völlig verängstigt aus dem Wald zurückkamen". Wenn man einigen Gerüchten Glauben schenken darf, so stammten die Abdrücke mit ziemlicher Sicherheit von einem Unpaarhufer, andere behaupten jedoch, es hätte Krallen gehabt. Für die Mehrheit der Bevölkerung war der Fall ganz klar, es war der Teufel. Die Weisen von Lympstone erklärten die Spuren als ein Zeichen des Satans, ein altes Weib sagte voraus, daß der Teufel nun für 1000 Jahre sein Unwesen in der Gegend treiben würde. Laut G. M. M., ein Korrespondent der „Illustrated London News", war die Folge von all dem, daß Arbeiter, deren Frauen und Kinder, alte Weiber und zitternde Greise sich nach Sonnenuntergang nicht mehr aus dem Hause wagten und auf Wege und Straßen trauten, in der Überzeugung, dies sei der Weg des Teufels, und es eine Sünde wäre, ihn herauszufordern.

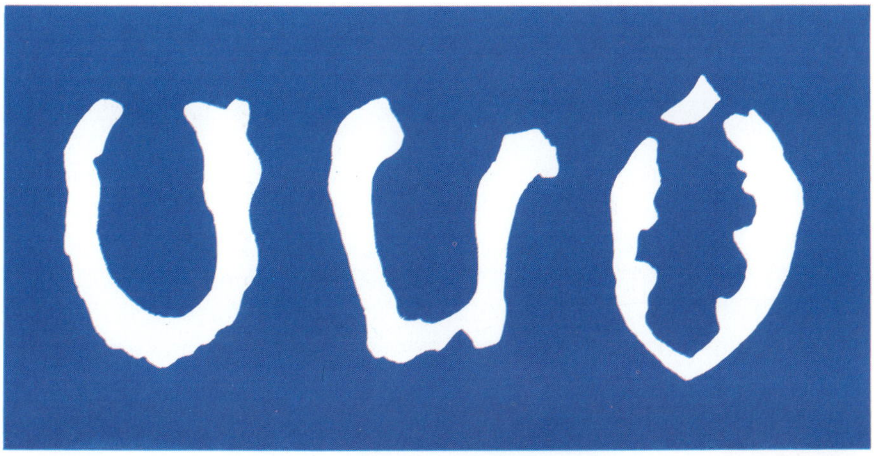

Oben:
M. G. Musgrave fertigte von den Fußspuren diese Zeichnung an und schickte sie mit einem Begleitbrief an die „Illustrated London News". Er versuchte, die verängstigten Einwohner zu beruhigen, indem er behauptete, die Spuren stammen von einem Känguruh, das aus einem nahegelegenen Privatzoo entlaufen war.

Rechts:
Ein gehufter Teufel, zu sehen auf einem Glasfenster von Hans Acker aus dem 15. Jahrhundert. Die Einwohner von Süd-Devon waren davon überzeugt, daß die Abdrücke vom leibhaftigen Teufel stammen.

Auf der Suche nach dem Geheimnis der Spuren

Zum Glück gab es unter der Bevölkerung auch einige, welche die Sache überlegt angingen und eine detaillierte Aufzeichnung dieses Phänomens hinterließen. Ein gewisser D'Urban, der Enkel jenes Mannes, nach dem Durban in Südafrika benannt wurde, befand sich zu jenem Zeitpunkt in dieser Gegend, und schrieb nieder, was er gesehen hatte:

> „Die Spuren glichen haargenau jenen eines Eselshufes und hatten eine Länge von 7–10 Zentimetern. Das Tier muß einen seltsamen Gang gehabt haben, denn anstatt einen Fuß vor den anderen zu setzen, links, rechts, links, verliefen die Spuren in einer geraden Linie, in einem Abstand von ungefähr 20 Zentimetern, vielleicht etwas mehr ... Dieser geheimnisvolle Besucher hatte fast jeden Garten, jedes Feld, auch die abgelegensten Bauernhöfe durchquert, seine Spur ging manchmal über Hausdächer, Heuschober oder hohe Mauern, ... ohne den Schnee zu verdrängen oder den Abstand zwischen den Schritten zu ändern. Er überwand Mauern, als ob sie für ihn keinerlei Hindernis darstellten."

G. M. Musgrave aus Exmouth (jener G. M. M. von dem vorher schon die Rede war) und H. T. Ellacombe aus Chyst St. George verbrachten einige Zeit und Mühe damit, das Geheimnis dieser Spuren zu lüften. Sie unterhielten sich mit Nachbarn über den nächtlichen Gast. Was sie über die seltsamen Abdrücke schrieben, darf man ruhig Glauben schenken. „In jener Nacht bellte mein Hund ganz fürchterlich, auch die Hunde meiner Nachbarn, bei denen solche Spuren gefunden wurden." Ermutigt durch derartige Aussagen, gab es immer mehr Berichte von Menschen, die glaubten, den Schlüssel zu dem Geheimnis zu besitzen. Vielfach wurde die Behauptung aufgestellt, daß es sich bei dem Besucher um einen Otter, Kranich, Schwan, um ein entflohenes Känguruh oder um eine Ratte handelte, die auf allen vieren sprang, und daß die seltsame Form der Spuren den atmosphärischen Bedingungen zuzuschreiben sei. Richard Owen, einer der führenden Naturwissenschaftler jener Zeit, befaßte sich eingehend mit den Zeichnungen Ellacombes und kam zum Schluß, daß es die Spuren eines Dachses seien. Viele waren der Meinung, bei dem seltsamen Besucher handle es sich um einen Vogel, da die Spur über Dächer und Mauern verlief. Die hufenförmigen Abdrücke wären durch das Eis an den Zehen entstanden. Obwohl diese Erklärung durchaus einleuchtend erscheint, denn riesige Vogelschwärme suchten in der Flußmündung Unterschlupf, konnte sie nicht überzeugen. D'Urban hatte erst kurz zuvor fünf Monate in den Wäldern von Kanada verbracht und viel Erfahrung im Aufspüren von wilden Tieren und Vögeln im Schnee, doch noch nie zuvor hatte er eine derart klare und deutliche Spur gesehen, die durch die äußeren Bedingungen kaum verändert worden war. Kein ihm bekanntes Tier hätte eine solche Distanz in einer Nacht zurücklegen können, kein Vogel hinterläßt den Abdruck eines Hufes und kein ihm bekanntes Tier hat einen derart seltsamen Gang.

Links:
Sir Richard Owen, einer der führenden Naturwissenschaftler jener Zeit. In einem Brief an die „Illustrated London News" vom 3. März 1855 äußerte er die Meinung, daß die Spuren von einem Dachs stammten (unten). Dieser, so sagt er, ist ein Nachttier. Im Winter treiben ihn Kälte und Hunger, seinen Bau zu verlassen. Er hinterläßt Abdrücke, die ineinander übergehen und so den Anschein geben, daß es sich um eine gerade Linie einzelner Fußspuren handle.

Ein abergläubischer Wahnsinn

Kann man noch nach 125 Jahren herausfinden, wer oder was in jener Winternacht des Jahres 1855 Devon besucht und eine derart abergläubische Hysterie ausgelöst hat? Durch sorgfältiges Überprüfen von zeitgenössischen Berichten ist es wenigstens möglich, ein besseres Bild über die Natur des Geheimnisses zu gewinnen. D'Urban, später ein anerkannter Altertumsforscher, war zum Zeitpunkt des Besuches des geheimnisvollen Gastes erst neunzehn Jahre alt, mag sein, daß seine Berichte von jugendlichen Enthusiasmus und Gerüchten beeinflußt sind. Es gibt keinerlei Beweise für seine Theorie, und es ist wohl eine reine Vermutung, daß die Spur durch Torquay verlief. Viele Zeugen sagten unabhängig von einander aus, daß sie westlich von Teignmouth anfing, dann durch Dawlish in Richtung Norden weiterging und dann wieder südlich außerhalb von Exmouth zu sehen war – eine viel kürzere Distanz als man angenommen hatte. Nur bei der Flußmündung ist die Exe drei Kilometer breit, und Berichte weisen darauf hin, daß der geheimnisvolle Besucher über den zugefrorenen Fluß bis nach Topsham gegangen ist, wo die Exe nur noch ein paar Meter breit ist. Die Tatsache, daß er versucht hat, nördlich der Flußmündung zu gehen, um Wasser zu vermeiden, läßt die These, daß es sich um ein „Meeresungeheuer" handle, ziemlich unwahrscheinlich klingen.

Thea Brown, eine Lehrbeauftragte der Universität Exeter und Mitarbeiterin der Devonshire Vereinigung zur Pflege des Volkstums, hat den Fall näher untersucht und auch die mündlichen Überlieferungen gesammelt. Sie ist der Meinung, daß man einige der Berichte nicht ernst nehmen kann. In Topsham tauchten die Spuren erst am Valentinstag auf. Ein paar Tage später in anderen Ortschaften. Dies ist ein Hinweis darauf, daß nicht alle Spuren zur gleichen Zeit entstanden sind, wie behauptet wurde. Auch die Zeichnungen unterscheiden sich oft wesentlich von einander – dies läßt die Schlußfolgerung zu, daß nicht alle Abdrücke den gleichen Ursprung haben. Ein paar gleichen einem Eselshuf, und man muß annehmen, daß sie in der Aufregung einfach für etwas Geheimnisvolleres gehalten wurden. Laut Ellecombe sehen einige aus, als ob man sie mit einem heißen Eisen oder mit einem Messer ins Eis gehauen hätte, was vielleicht das Werk von Scherzbolden gewesen war. Einige der betroffenen Dörfer hatten gerade Schwierigkeiten mit einer neokatholischen Gruppierung, die der römischen Kirche näher stand als der anglikanischen. Sie deuteten die Spuren an den Kirchentüren als Fingerzeig Gottes, eine Warnung an die Sektierer.

Oben:
Reverend H. T. Ellacombe aus Clyst St George. Er behauptete, daß die Spuren mit Hilfe eines Eisens oder eines Messers in den Schnee gedrückt wurden.

Es ist unmöglich, das Geheimnis dieses mysteriösen Besuchers zu lüften. Es gab Tausende von Spuren, die sich kilometerweit erstreckten, auch wenn man viele davon aus oben erwähnten Gründen nicht allzu ernst nehmen kann, so entstanden dennoch über Nacht genug geheimnisvolle Fährten, um die Einwohner – die sicherlich alle den Unterschied zwischen einem Dachs- und einer Rattenspur kannten, in Panik zu versetzen. Das „Große Geheimnis von Devon" wird wohl immer ein Geheimnis bleiben.

Dies war jedoch nicht der einzige Fall von rätselhaften Fußspuren im Schnee. Die Zeitung „Western Times" berichtete fünf Jahre zuvor (1850) über einen ähnlichen Vorfall.

Oben:
Edward Pusey, Gründer einer neokatholischen Bewegung im 19. Jahrhundert. Viele Gegner des Puseyismus deuteten die Fußspuren als Beweis dafür, daß die Anhänger dieser Sekte vom Teufel besessen waren.

Während einer Forschungsreise zur Antarktis entdeckte Kapitän Sir James Clark Ross auf der vereisten und unbewohnten Kerguelen-insel seltsame Spuren im Schnee, Abdrücke von Pferde- oder Eselshufen, 7,5 Zentimeter lang und 2,5 Zentimeter breit, tiefere Eindrükke an den Seiten, in Form eines Hufeisens. 1840 wurden in Schottland ähnliche Fährten entdeckt, in den Bergen, wo Glenorchy, Glenlgon und Glenochay zusammentreffen. Gleich nach dem Vorfall in Devon schrieb ein Reporter, daß auf Piashowagora (Sandhügel), eine schmale Erhöhung an der galizischen Grenze (Polen), derartige Spuren jedes Jahr im Schnee auftauchen und von der dort ansässigen Bevölkerung übernatürlichen Kräften zugeschrieben werden. Fußabdrücke, die anscheinend von einem einbeinigen, paarzehigen Wesen stammen, wurden in der Nähe von Inverness zur gleichen Zeit entdeckt wie die „Teufelsspuren“ in Devon, konnten aber später von einem durchreisenden Naturwissenschaftler als Fährte eines Hasens oder Iltis identifiziert werden. 1945 diente der Science-fiction-Schriftsteller Eric Frank Russel in der Armee. Während des Ardennenfeldzuges entdeckte er ähnliche Abdrücke im Schnee. Die einheimische Bevölkerung hatte keinerlei Erklärung dafür, leider hatte Russel nicht genug Filmaterial bei sich, um diese Spuren auf Zelloloid festzuhalten.

Die Frage bleibt offen. Wer oder was kann in einer tief verschneiten Landschaft große Distanzen in kurzer Zeit zurücklegen? Für wen sind Mauern und Dächer kein Hindernis? Wer hat einen schnellen geradlinigen Gang? Und wer hinterläßt hufeisenförmige Fußabdrücke?

15 Jahre zuvor entdeckte der Forscher Sir James Clark Ross auf den Kerguelen, am südlichen Polarkreis gelegen, seltsame Spuren im Schnee (rechts). Er nannte die Insel darauf „Insel der Trostlosigkeit“, die einzigen Lebewesen dort waren Seehunde und Meeresvögel. Und dennoch behauptet Ross, daß die Spuren hufeisenförmig waren.

Ungeheuer der Lüfte

Uralte Mythen erzählen von riesigen Vögeln, die auf Menschen Jagd machen. Ornithologen glauben nicht an die Existenz solcher Wesen, aber es gibt alte Schriften und einige Menschen, die behaupten, solche Ungeheuer gesehen zu haben. Einige Zeugen versichern sogar, sie hätten die Kraft ihrer Fänge am eigenen Leib gespürt.

In Tippah County, im US-Bundesstaat Missouri, erzählte ein Schullehrer folgende Geschichte:

„Vor ein paar Tagen ereignete sich in der Nähe der Schule ein tragischer Unfall. Schon seit längerer Zeit hatten die Adler die Gegend terrorisiert, Lämmer und sogar Schweine gerissen. Aber niemand hätte je daran gedacht, daß sie auch Jagd auf Kinder machen würden. Letzten Donnerstag spielten einige kleine Jungen im Freien Murmeln, ihr Spiel wurde aber jäh unterbrochen. Ein riesiger Adler flog im Sturzflug herunter, packte den achtjährigen Jemmie Kenney und flog mit ihm davon. Die anderen Kinder fingen an zu schreien, und als ich aus dem Haus eilte, war der Adler bereits so weit oben, daß ich das Schreien des Kindes kaum noch wahrnehmen konnte. Ich schlug sofort Alarm. Durch all das Schreien und Rufen wurde der Adler gezwungen, das Kind fallen zu lassen, aber die Fänge hatten sich bereits so tief in den Körper hineingebohrt und der Aufprall nach dem Fall war so stark, daß der Junge starb ..."

Dies ist nicht der einzige Fall, wo ein Kind von einem Adler verschleppt wurde. In den Schweizer Bergen wurde 1838 ein Mädchen namens Marie Delex aus der Mitte ihrer Freunde herausgerissen. Sie wurde aber nicht in den Horst des Adlers verschleppt, eine Suchtruppe fand dort nur zwei junge Adler und einen Haufen Ziegen- und Schafknochen. Erst nach zwei Monaten entdeckte ein Schafhirte ihren verstümmelten Körper auf einem Felsvorsprung.

Svanhild Hantvigsen aus Norwegen behauptet, daß sie im Alter von drei Jahren, 1932, von einem Adler verschleppt und in seinen Horst gebracht worden sei. Nur dank der Aufmerksamkeit einiger Leute, denen das merkwürdige Verhalten des Adlers aufgefallen war, konnte sie gerettet werden. Sie hatte Glück, ihr Kleid war zwar zerrissen, aber sie selbst kam ohne eine Schramme davon. Solche Vorfälle sind zwar beängstigend, aber nicht unwahrscheinlich. Hin und wieder aber hört man Geschichten von ungeheuer großen Wesen mit Flügeln, auf die keine Beschreibung eines herkömmlichen Vogels paßt. Zuweilen gleichen sie jenen fliegenden Sauriern, die vor Millionen von Jahren ausgestorben sind. Manchmal scheinen sie halb Mensch, halb Tier zu sein. Der größte uns bekannte Vogel ist der Wanderalbatros, der nur in den südlichen Ozeanregionen vorkommt, mit einer Flügelspannweite von 3,3 Metern. Ähnlich groß, mit einer Flügelspannweite von 3 Metern, ist der Kondor der Anden. Die Flügelspannweite des kalifornischen Kondors beträgt 2,7 Meter, er

ist vom Aussterben bedroht, es gibt nur noch ungefähr 40 Exemplare.

Aber sogar ein Kondor wirkt im Vergleich zum Teratorn, einem Vogel, der vor etwa 10000 Jahren ausgestorben ist, bescheiden. Man nimmt an, daß es sich hierbei um den größten Vogel handelt, der je auf Erden gelebt hat. Er war 3,3 Meter groß, hatte eine Flügelspannweite von 7,5 Metern und wog zwischen 72 und 76 Kilo. Fossilien wurden in Argentinien, Mexiko und den südlichen USA gefunden. Man vermutet, daß manche dieser Fossilien 5 bis 8 Millionen Jahre alt sind. Riesige Vögel kommen auch in der Mythologie vor. Die Illini-Indianer malten einst einen riesigen Vogel, den „Piasa", auf einen Felsen oberhalb eines Flusses in der Nähe von Alton, Illinois. Sie schossen mit Feuerpfeilen oder Gewehren auf das Bild, wenn sie mit ihren Kanus daran vorbeifuhren. Missionare entdeckten das Bild im 17. Jahrhundert, bevor die Oberfläche des Felsens zerstört wurde.

Der „Piasa" war ein schuppiges Wesen, mit einem langen Schwanz, Hörnern und roten Augen. Einmal im Jahr konnte man ihn sehen, bei Sonnenuntergang am ersten Herbsttag, dann tauchte er über dem Fluß bei der Suche nach einem Winterlager auf. Aber in den letzten Jahren hat niemand mehr den gefürchteten „Piasa" gesehen. Die Indianer glauben auch heute noch an die Existenz eines anderen riesigen Wesens, den Donnervogel. James Red Sky, ein Ojibwa-Indianer aus der Gegend von Thunder Bay, erzählt: „Wir sahen den Donnervogel im Sommer vor ein paar Jahren. Es ist ein riesiger Vogel, um einiges größer als die heutigen Flugzeuge. Er glitt über uns hinweg. Sein Bauch war weiß, sein Rücken schwarz."

Anfang des 19. Jahrhunderts häuften sich die Berichte über ähnliche Vögel in den USA. In Dent's Run (Pennsylvania) sichtete Fred Murrey 1882 eine Schar von Vögeln, die aussahen wie riesige Bussarde, aber eine Flügelspannweite von mehr als 5,5 Metern hatten. Auch das Verschwinden der zehnjährigen Landy Junkins aus Webster County (West-Virginia) wird einem Riesenvogel zugeschrieben. Landys Mutter schickte sie zu Nachbarn, aber sie kam niemals dort an. Eine Suchtruppe fand, etwas außerhalb des Weges auf einem Feld, ihre Fußspuren im Schnee. An einer Stelle entdeckte man besonders viele Abdrücke, es sah so aus, als ob sie sich immer um sich selbst gedreht hätte, um etwas zu verscheuchen. Landy blieb für immer verschwunden.

Einige Tage später passierte etwas, das ahnen läßt, was ihr zugestoßen war. Der Bärenjäger Peter Swadley wurde von einem riesigen Vogel angegriffen. Das Leben verdankt er einzig und allein seinem Hund, der sich auf den Vogel stürzte. Der Vogel riß dem Hund mit den riesigen Fängen den Bauch auf, bevor er mit dem unglückseligen Tier davonflog. Während einer Hirschjagd beobachteten ein Hilfssheriff und dessen Sohn, wie ein „Riesenadler" mit einem Reh davonflog. Sie behaupteten, daß der Vogel eine Flügelspannweite von 4,5 bis 5,5 Metern hatte und so groß war wie ein ausgewachsener Mann.

Dieses Ungeheuer wurde auch für das merkwürdige Verschwinden eines Schafes aus

Links:
Die fünfjährige Marie Delex wurde 1838 von einem riesigen Vogel verschleppt. Die dort ansässigen Einwohner glaubten, daß es sich um einen Adler handelte, aber Wissenschaftler sind der Meinung, daß ein Adler höchstens ein Rehkitz oder eine kleine Ziege heben könne.

Linke Seite unten:
Svanhild Hantvigsen zeigt das Kleid, das sie 1932 trug, als ein Adler sich auf sie stürzte und sie in sein Nest verschleppte. In letzter Minute konnte sie gerettet werden, sonst hätte sie das gleiche Schicksal erlitten wie Marie Delex 100 Jahre zuvor.

Links unten:
Der Hund des Bärenjägers Peter Swadley versucht den Adler, der seinen Herrn angegriffen hat, in die Flucht zu schlagen. Der Adler flog mit dem Hund davon, Swadley blieb schwer verletzt zurück.

Oben:
Ein geschnitztes menschliches Gesicht hinter der Maske eines Donnervogels. Die Maske wurde von den Haida-Indianern, die an der amerikanischen Nordwest-Küste leben, angefertigt. Sie glauben, daß der menschliche Geist die Gestalt eines Donnervogels annehmen kann – symbolisiert durch den geschlossenen Rachen.

Rechts oben:
Die „Piasa", ein riesiger sagenumwobener Vogel, ist auf diesem Felsen abgebildet, eine Kopie der „Piasa" aus Alton (Illinois). Der Vogel terrorisierte die Illini-Indianer, bis der große Häuptling Ouatogo sich als Köder opferte, während 20 Krieger auf der Lauer lagen. Mit ihren Pfeilen töteten sie den Vogel, Ouatogo blieb unverletzt. Das Bild erinnert an dieses Ereignis.

einem geschlossenen Stall verantwortlich gemacht. Eines schönen Morgens entdeckte Hanse Hardick, daß eines seiner Schafe fehlte. Das Dach des Stalles wies ein Loch auf, offensichtlich war der Vogel mit dem Schaf durch diese Öffnung entkommen. Manche Adler können ein Reh, einen Jagdhund oder ein zehnjähriges Mädchen verschleppen, manche aber haben schon versucht, einen ausgewachsenen Mann davonzutragen.

1940 spazierte der Schriftsteller und Historiker Robert Lyman durch den Black Forest in der Nähe von Laudersport, als er plötzlich mitten auf der Straße einen riesigen braunen Vogel sitzen sah. Er war ungefähr 1 Meter hoch, hatte einen kurzen Hals und kurze Beine. Als er davonflog, sah Lyman seine schmalen Flügel, die eine Spannweite von 6 bis 7,5 Metern hatten und von einer Seite der Straße zur anderen reichten. Lyman wunderte sich, daß ein so großer Vogel mit solcher Leichtigkeit durch den dichten Wald fliegen konnte. 1947 hatten die Bauern in Ramore in Ontario (Kanada) Probleme mit einem riesigen schwarzen Vogel, der ihr Vieh attackierte. Er hatte einen Hakenschnabel, mächtige Fänge, gelbe Augen in der Größe eines silbernen Dollarstücks. Einige Monate später wurden riesige schwarze Vögel in Illinois gesichtet. „Da draußen ist ein Vogel, der so groß ist wie ein Flugzeug," schrie der 12jährige James Trares und rannte ins Haus zu seiner Mutter. Er war der erste, der dieses Ungeheuer gesehen hatte. Der Vogel, der über ihn hinweggeflogen war, hatte ein grünlich-graues Gefieder.

Walter Siegmund, ehemaliger Oberst der amerikanischen Armee, sah am 4. April einen ähnlichen Vogel. Er flog seiner Meinung nach in etwa 1200 Metern Höhe. Siegmund erkannte sofort, daß es sich um ein übernatürlich großes Exemplar handelte. Auch in anderen US-Bundesstaaten, zum Beispiel St. Louis und Missouri, wurden solche Riesenvögel gesich-

Oben:
Der majestätische Weißkopfadler, der in Nordamerika beheimatet ist. Er ernährt sich vorwiegend von Fisch, wird aber trotzdem verdächtigt, kleine Kinder und Tiere angegriffen zu haben.

Rechts:
Der kalifornische Kondor, wenig beeindruckend in Ruhepose, majestätisch beim Flug. Ohne Anstrengung gleitet er durch die Lüfte und legt mühelos große Distanzen zurück. Es gibt nur noch wenige Exemplare dieses Vogels, der in südkalifornischen Küstengebieten lebt. Er hat eine Flügelspannweite bis zu 2,7 Metern und ernährt sich, wie fast alle Geiervögel, vorwiegend von Aas, aber auch von lebenden Tieren.

Rechts:
Ein Adler entreißt einer Frau ihr Kind; so hätte es sich nach Meinung des Künstlers abspielen können. Er nannte sein Gemälde „Der Räuber der Lüfte".

Links:
1870 wurde im amerikanischen Westen eine Reiterin von einem Adler angegriffen. Der Vogel ließ erst von ihr ab, als die schwerverletzte Frau auf ihn einschlug.

tet. Mehrere Zeugen glaubten wegen ihrer Größe zuerst an ein Flugzeug – dann aber sahen sie, daß sie mit den Flügeln schlugen. Zum anscheinend letzten Mal wurde das Tier am 30. April 1948 gesichtet. Charles Dunn, traute seinen Augen nicht, als er einen Vogel sah, der die Größe eines Sportflugzeuges hatte und in einer Höhe von etwa 900 Metern flog.

Zwei Jahrzehnte war es ruhig um die Riesenvögel, nur noch ein einziges Mal, nämlich 1957, wurde ein gigantisches Exemplar mit einer Flügelspannweite von 7,5 bis 9 Metern, in 150 Metern Höhe, bei Renavo (Pennsylvania) gesichtet. 1975 kamen viele Tiere auf mysteriöse Art und Weise ums Leben, zum gleichen Zeitpunkt erschienen riesige Flugtiere, die dem weißen Kondor oder Geiern glichen. Am 26. März wurde der Arbeiter Muniz Feliciano von einem gräulichen Wesen mit Federn und einem dicken langen Hals angegriffen. Ende Juli 1977 wurde bei Delava (Illinois) beobachtet, wie ein großer Vogel versuchte, ein 22 bis 27 Kilo schweres Schwein zu stehlen. Er war nicht allein. Beide Vögel glichen kalifornischen Kondors und hatten eine Flügelspannweite von 2,5 Metern. Ein Ökologe der Universität Illinois wies darauf hin, daß die vom Aussterben bedrohten Kondors erstens ein solches Gewicht gar nicht heben können und sich zweitens nur von Aas ernähren.

Was mag das nun für ein Vogel gewesen sein, der versuchte, den zehnjährigen Marlon Lowe aus dem Garten vor dem Haus zu verschleppen? Dieser Vorfall ereignete sich nur ein paar Tage nach dem Schweinediebstahl, im 16 km entfernten Lawndale, und auch diesmal kamen zwei Räuber. Marlon spielte gerade Verstekken, als sich um 20 Uhr 10 einer der beiden auf den Jungen stürzte und versuchte, ihn wegzuschleppen. Zum Glück war seine Mutter sofort zur Stelle. Marlon schrie und seine Beine baumelten in der Luft. Zum Glück ließ das Tier den Jungen nach kurzer Zeit fallen. Frau Lowe sah den Vogel aus nur drei Metern Entfernung, sie erinnerte sich später: „Ich werde dieses riesige Ding nie vergessen, mit einem weiß gestreiften Hals und einem riesigen Schnabel, mit dem er dauernd auf Marlon herumhackte.“ Die Vögel, die sie gesehen hatte, waren kohlrabenschwarz, mit weißen Streifen am Hals, der ungefähr 45 Zentimeter lang war. Sie hatten Hakenschnäbel von 15 Zentimetern Länge und eine Flügelspannweite von 2,5 Metern. Sie schätzte ihre Größe auf etwa 1,3 Meter. Sechs Leute beobachteten, wie die Vögel in Richtung Kickapoo Creek davonflogen.

Hätten die Schreie von Frau Lowe den Vogel nicht verjagt, hätte Marlon wohl das gleiche Schicksal erlitten wie Marie Delex, Jemmie Kenney und Landy Junkins. Aber die Lowes litten auf andere Art und Weise. Ständig wurden sie von wildfremden Menschen belästigt, sie fanden tote Vögel auf der Terrasse, bekamen Drohbriefe und mysteriöse Anrufe. In der Schule gab man Marlon den Spitznamen „Vogeljunge“, ständig wurde er von seinen Mitschülern gehänselt. Sein rotes Haar wurde auf einmal grau, und für ein Jahr wagte sich der verängstigte Junge nach Einbruch der Dunkelheit nicht mehr auf die Straße.

Rechts:
Der zehnjährige Marlon Lowe wurde 1977 von einem riesigen Vogel attackiert. Der Vogel ließ den Jungen erst fallen, als die Mutter zu schreien anfing. Der Vorfall ereignete sich in Illinois, der Heimat der „Piasa“.

Unten:
Juan Muñiz Feliciano, ein puertorikanischer Arbeiter, wurde in einer Nacht des Jahres 1975 von einem „fürchterlichen, grauen Wesen“ angegriffen. Zum gleichen Zeitpunkt kamen mehrere Stück Vieh auf merkwürdige Art ums Leben.

Begegnung mit der Vergangenheit

Es gibt Menschen, die behaupten Wesen gesehen zu haben, die eine frappierende Ähnlichkeit aufweisen mit dem sogenannten Pterodactylus (einer Flugechse), der vor über 60 Millionen Jahren ausgestorben ist. Gibt es dafür eine Erklärung?

In der angesehenen Fachzeitschrift „The Zoologist" vom Juli 1868 wird über einen seltsamen Vorfall berichtet, der sich Anfang jenes Jahres in Copiapo (Chile) zugetragen hatte:

„Gestern, so gegen fünf Uhr nachmittags, als die tägliche Arbeit in der Mine erledigt war und die Arbeiter auf ihr Essen warteten, sahen wir irgend etwas durch die Luft fliegen ... einen riesigen Vogel, den wir zuerst für eine besonders dunkle Wolke hielten. Er flog sehr schnell und geradlinig. Als er einen kurzen Augenblick lang über unsere Köpfe hinwegflog, bemerkten wir die seltsame Form seines Körpers. Die Federn der Flügel waren gräulich, sein Kopf glich dem einer Heuschrecke, die Augen waren weit geöffnet und leuchteten wie glühende Kohlen, es schien so, als ob er genauso dicke Borsten hatte wie ein Eber. Sein Körper hingegen glich dem einer Schlange, wir konnten die glänzenden Schuppen, die beim Aufeinanderschlagen ein metallenes Geräusch von sich gaben, ganz genau erkennen."

1976 stürzte sich ein riesiges geflügeltes Wesen, ohne Federn und ohne Schnabel, mit großen roten Augen, auf Armando Grimaldo aus Texas. Mit knapper Not konnte er entkommen und blieb unverletzt, aber seine Kleider waren zerrissen.

1948 wurden in Illinois (USA) ebenfalls flugzeuggroße Vögel gesichtet. Aber niemand konnte eine genaue Beschreibung von ihnen geben, da sie zu weit weg waren. Handelt es sich bei diesem merkwürdigen Wesen wirklich um einen Vogel oder um ein fliegendes Reptil? Mag sein, daß es sich hierbei auch um eine Zeitungsente handelt. Wie der Bericht über einen Donnervogel, der 1890 in Tombstone, (Arizona) getötet worden sein soll. Die Zeitung „Tombstone Epitaph" vom 26. Juli 1890 berichtete in allen Einzelheiten über diesen Vorfall. Zwei Viehzüchter erschossen in der Wüste ein Wesen, das einem „riesigen Alligator mit Flügeln" glich. Danach maßen sie das Tier. Es war ungefähr 28 Meter lang und hatte eine Flügelspannweite von 49 Metern. Die Flügel und der Körper hatten weder Fell noch Federn, sein Maul war riesig, voll mit scharfen Zähnen. Vier Jahre zuvor (1886) wurde in der gleichen Gegend angeblich schon einmal ein Donnervogel erlegt. Ist vielleicht doch ein Fünkchen Wahrheit an der Geschichte? Es gibt einige Forscher, die behaupten, eine Fotografie von dem Tier gesehen zu haben, aber bis jetzt ist es noch niemandem gelungen, dieses dubiose Bild aufzutreiben. Niemand scheint zu wissen, was mit dem toten Donnervogel geschehen ist, vorausgesetzt, daß er überhaupt jemals existiert hat. Während der zweiten Hälfte des 19. Jahrhunderts erschienen in amerikanischen Zeitungen einige Geschichten über Begegnungen mit seltsamen Wesen.

Falls es die Copiapo- und Tombstone-Vögel wirklich gegeben hat, dann glichen sie prähistorischen Ungeheueren und haben mit Vögel im herkömmlichen Sinne eigentlich nichts mehr gemeinsam. Einige Jahre zuvor, um 1850, berichteten französische Zeitungen, daß ein lebendiger Pterodactylus bei Sprengungen im Fels von Culmont im Departement Haute-Marne entdeckt worden sei. Das Wesen hatte sich in einer Felsenhöhle versteckt, sah aus wie eine Fledermaus und hatte die Größe einer Gans. Seine Flügelspannweite betrug etwa drei Meter. Leider ist es bis heute nicht gelungen, Beweise dafür zu finden.

Diese Berichte über Tiere der Art Pterodactylus sind keineswegs ein Phänomen des 19. Jahrhunderts, auch in unserem Zeitalter gibt es immer wieder Meldungen von Begegnungen mit seltsamen Wesen. Eines davon nannte man den „Teufel von Jersey". Im Januar 1909 terrorisierte ein Untier den Staat New Jersey (USA). Man nahm an, daß sich sein Lager irgendwo in Pine Barens befand, einer abgeschiedenen Gegend im Südosten. Wann immer etwas Ungewöhnliches oder Unerklärliches passierte, schob man die Schuld dem „Teufel von Jersey" zu.

Rechts:
Die Art Pterodactylus war vor etwa 150 Millionen Jahren verbreitet. Diese Tiere lebten vor allem in Küstengebieten, besaßen ein äußerst starkes Gebiß, obwohl sie sich vor allem von Fischen und Insekten ernährten. Vor etwa 65 Millionen Jahren sind sie – angeblich – ausgestorben. Aber es gibt immer noch Menschen, die behaupten, derartige Wesen gesehen zu haben.

Die seltsame Geschichte des „Teufels von Jersey"

Es begann im Januar des Jahres 1909, in jenem Monat wurde der Teufel von Jersey in mindestens 30 Städten gesichtet. Am Sonntag dem 17. Januar tauchte er in Bristol (Pennsylvania) in der Nähe der Grenze zu New Jersey auf. Um zwei Uhr morgens hörte John McOwen auf einmal seltsame Geräusche und stand unverzüglich auf: „Ich sah aus dem Fenster und traute meinen Augen nicht, dort am Ufer stand ein riesiges Wesen, es sah aus wie ein Adler und hüpfte über den Weg." In der gleichen Nacht bemerkte auch Patrolman James Sackville, ebenfalls aus Bristol, das seltsame Tier. Er erinnerte sich an eine Kreatur mit Flügeln, das wie ein Vogel hüpfte, äußerst merkwürdig aussah und markerschütternde Schreie von sich gab. Sackville rannte auf den Vogel zu, und als er davonflog, schoß er mit seinem Revolver auf ihn. An jenem Morgen wurde das Wesen vom Postmeister E. W. Minster zum drittenmal gesichtet, er sah wie es in Richtung zum Fluß Delaware davonflog. Der große, kranichartige Vogel schien zu leuchten. Minster beobachtete aus nächster Nähe und konnte viele Einzelheiten erkennen:

> „Sein Kopf glich dem eines Widders mit gedrehten Hörnern, sein langer, dicker Hals war beim Flug nach vorne gestreckt. Die Flügel waren lang und dünn, seine Beine kurz, die Vorderbeine waren allerdings kürzer als die Hinterbeine. Sein Schrei war heißer und gräßlich, eine Mischung aus Kreischen und Pfeifen."

Am nächsten Morgen fand man an jener Stelle seltsame Spuren im Schnee, sie ähnelten Hufabdrücken. In der darauffolgenden Woche schien der Teufel von Jersey überall gewesen zu sein, seine Anwesenheit versetzte die Menschen in Panik. Die Bauern legten Stahlfallen, und die Jäger nahmen die Verfolgung der Spuren auf. Es ging alles drunter und drüber, eine regelrechte Massenhysterie brach aus. Aber

Unten:
1868 wurde ein riesiger Vogel in Copiapò (Chile) gesichtet. Es muß sich um eine seltsame Kreuzung zweier Tierarten gehandelt haben, denn seine Flügel hatten Federn, der Körper Schuppen, die beim Flug ein metallenes Geräusch von sich gaben.

dem Teufel von Jersey schien all das Aufheben, das um ihn gemacht wurde, nichts auszumachen. Am Dienstag, dem 19. Januar, beobachtete das Ehepaar Evans aus Glocester City (New Jersey) wie das Ungeheuer für zehn Minuten auf dem Dach ihres Stalles tanzte. Evans erzählte später:

„Es war ungefähr ein Meter hoch, der Kopf glich dem eines Collys, sein Gesicht dem eines Pferdes. Es hatte einen langen Hals, 60 Zentimeter lange Flügel und seine Hinterbeine ähnelten denen eines Kranichs mit Hufen eines Pferdes. Die ganze Zeit ging es nur auf den Hinterbeinen. Seine Vorderbeine waren kurz und endeten wie Pfoten. Meine Frau und ich hatten vielleicht Angst, das kann ich Ihnen sagen. Aber irgendwie schaffte ich es, das Fenster zu öffnen und schrie: ‚Schuhh', es drehte sich um, bellte mich an und flog davon."

Andere Zeugen behaupten, es hätte die Haut eines Alligators gehabt und meinten, es wäre 1,80 groß gewesen. Am Freitag, dem 22. Februar, wurde der Teufel von Jersey zum letzten Mal gesichtet, danach verschwand er genauso plötzlich, wie er gekommen war. Manche machten sich über das ganze Gerede lustig, sprachen von „Hirngespinsten" oder vom „fehlenden Glied" in der Abstammungslehre. Andere hielten es für nichts anderes als Massenhysterie.

Das kritische Urteil

Fachleute, die sich ernsthafter mit den Zeugenaussagen auseinandergesetzt haben, nehmen an, daß diese Menschen die Vögel wirklich gesehen haben. Einige sprachen von einer „Invasion krähenfüßiger Enten". Es war auch die Rede von einem Klunker-Kranich, den größten existierenden Kranich mit einer Flügelspannweite von 2 Metern und einer Höhe von 1,20 Metern. Sein heißerer Schrei geht durch Mark und Bein. Dieser Vogel kam früher häufig in New Jersey vor, heutzutage ist er nur noch im tiefsten Süden zu finden. Manche vermuten, daß die Zeugen „prähistorische Überbleibsel" gesehen haben. Einige nehmen an, daß die Hufabdrücke nichts anderes als Hirngespinste sind oder daß es sich um menschliche Fußabdrücke handelt, die durch die Sonneneinwirkung die Form verändert haben. Wahrheit oder Dichtung? Die Antwort bleibt jedem selber überlassen.

Je mehr wir uns der heutigen Zeit nähern, umso öfter benutzen die Zeugen das Wort „Pterodactylus", um die Riesenvögel zu beschreiben, ein Hinweis darauf, daß die Menschen besser über prähistorische Wesen informiert sind als man allgemein annimmt. Ein Geschäftsmann, der im Mai 1961 in einem kleinen Flugzeug über den Hudson River flog, wurde durch einen riesigen Vogel behindert. „Es war ein verdammt großer Vogel, größer als ein Adler ... er sah eher aus wie ein Pterodactylus aus prähistorischer Zeit."

Angeblich erlegten zwei Rancher aus Arizona 1890 ein geflügeltes Ungeheurer: ein riesiges Wesen mit einer Länge von 28 Metern und scharfen Zähnen. Eine Lokalzeitung berichtete ausführlich über diesen Vorfall. Die ganze Sache wurde jedoch nicht weiterverfolgt und konnte nie bewiesen werden.

In den frühen sechziger Jahren fuhr ein Ehepaar nachts durch den Trinity Forest in Kalifornien, als sie plötzlich irgend etwas durch die Luft fliegen sahen. Zuerst glaubten sie, es wäre ein Flugzeug in Not, aber dann erkannten sie, daß es sich um einen Vogel handelte. Er flog in Baumhöhe und hatte eine Flügelspannweite von etwa vier Metern. Sie konnten sich allerdings an keinerlei Details erinnern, denn für sie war der „Vogel" nichts anderes als eine Silhouette, die über die Straße schwebte und später über einer Schlucht entschwand. Sie waren der Meinung, daß er einem Pterodactylus glich. Später erfuhren sie, daß auch Freunde von ihnen in der gleichen Gegend ein derartiges Wesen gesichtet hatten, daß sie für einen Pterodactylus hielten.

Anfang des Jahres 1976 wurden in Texas mehrmals seltsame Vögel gesichtet, die prähistorischen fliegenden Reptilien glichen. Wie üblich gab es „logische" Erklärungen für die Vorkommnisse, aber diese Erklärungen hielten sich nicht an die Tatsachen. Das erste Mal wurde so ein Wesen am 1. Januar von Jackie Davies (14) und Tracey Lawson (11) in Harlingen gesichtet. Der „Vogel" war etwa 1,5 Meter hoch und 90 Zentimeter breit, schwarz, hatte große, dunkelrote Augen, einen kahlen Kopf und das Gesicht eines Gorillas mit einem spitzen Schnabel von 15 Zentimetern Länge. Am nächsten Tag gingen die Eltern der Sache nach und fanden fünf Spuren, die 20 Zentimeter lang und vier Zentimeter tief waren. Ein erwachsener Mann von 77 Kilo Gewicht schaffte es nicht, einen ebenso tiefen Eindruck in den harten Boden zu stampfen.

Eine Woche später, am 7. Januar, sah Alverico Guajardo sehr wahrscheinlich den selben Vogel. Irgend etwas rammte seinen Campingwagen in Brownsville, er eilte nach draußen, um nachzuschauen. Er schaltete die Scheinwerfer seines Kombiwagens an – was er dann entdeckte, „kam von einem anderen Planeten". Das Wesen war 1,20 lang und starrte den verängstigten Mann mit seinen roten, leuchtenden Augen an. Guajardo sah seine schwarzen Federn, den langen Schnabel und die fledermausähnlichen Flügel. Als es, vom Licht geblendet, zurückwich, gab es markerschütternde Geräusche von sich. Guajardo floh ins Nachbarhaus. Der Journalist, der Guajardo am nächsten Tag interviewte, sagte aus, daß er noch immer sehr verstört gewirkt hätte.

Auch Armando Grimaldo hatte ein fürchterliches Erlebnis mit einem ähnlichen Wesen. Am 14. Januar saß er gemütlich im Garten seiner Schwiegermutter in Raymondville, als er auf einmal ein seltsames Geräusch hörte, das ihn an den Flügelschlag von Fledermäusen erinnerte, auch ein komisches Pfeifen war zu vernehmen. Auf einmal wurde er von hinten gepackt, Krallen bohrten sich tief in seine Haut. Irgendwie konnte er das Tier abschütteln und floh, dann drehte er sich noch einmal um. Ein paar Meter von ihm entfernt, stand ein Vogel, der so groß war wie ein ausgewachsener Mensch, die Flügelspannweite wurde auf 3 bis 3,5 Meter geschätzt. Sein Gesicht glich dem einer Fledermaus, es hatte keinen Schnabel, die roten Augen leuchteten, die dunkle, lederne Haut war federlos.

Libby und Deany Ford beobachteten in der Nähe von Brownsville ebenfalls einen Vogel mit einem fledermausähnlichen Gesicht, sie behaupteten, er gliche einem Pteranodon. Drei Volksschullehrer glaubten ebenfalls einen Pteranodon während einer Fahrt nach San Antonio gesehen zu haben. Er flog im Sturzflug auf den Wagen zu, sein Schatten verdunkelte die ganze Straße. Die Flügelspannweite betrug etwa 4,5 bis 6 Meter. Patricia Bryant gab an, er sei so groß wie ein Sportflugzeug, durch seine schwarze Haut schimmerte sein Skelett, die Federn hingegen seien grau. David Rendon berichtete, daß der Vogel durch die Luft schwebte, und die riesigen, knochigen Flügel jenen einer Fledermaus glichen.

Die wohl nüchternste Erklärung für all die Berichte ist, daß die Zeugen vom Anblick eines seltenen heimischen Vogels so überwältigt waren, daß sie zu phantasieren begannen. Kann man Berichte über angebliche Pteranoden wirklich ernst nehmen? Diese fliegenden Reptilien sind vor rund 64 Millionen Jahren ausgestorben. Pterosaurier lebten früher einmal in Texas, dort wurden auch Fossilien gefunden. Ist es vielleicht möglich, daß einige Exemplare überlebt haben? Ist es denkbar, daß Tiere aus vergangener Zeit plötzlich wieder zum Leben erweckt werden? Kann für manche Tiere die Zeit einfach stehen geblieben sein?

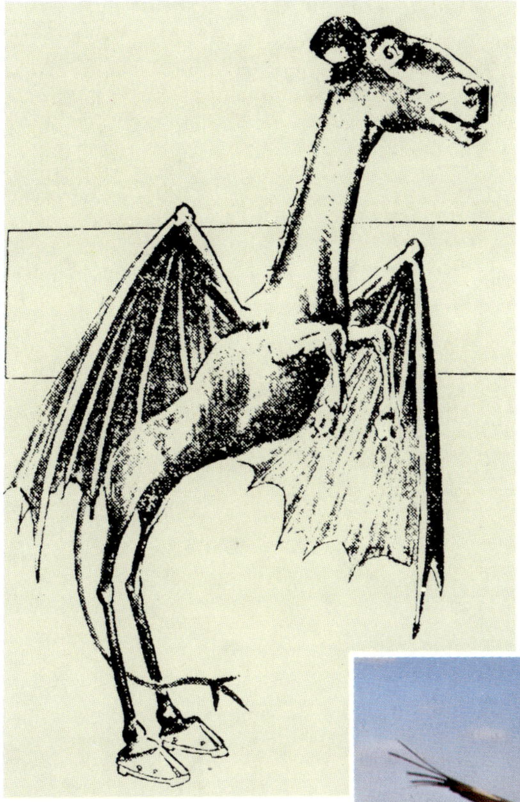

Links:
1909 ließ eine Zeitung eine Skizze vom „Teufel von Jersey" anfertigen. Diese seltsam anmutende Zeichnung wurde anhand von Zeugenaussagen angefertigt. Das Ehepaar Evans waren zwei von vielen Zeugen, die das Ungeheuer sahen.

Unten:
Der Sandhügel-Kranich ist von imposanter Größe, sein Schrei laut und markerschütternd, viele glauben, er sei der „Teufel von Jersey".

Unten:
Der Pteranodon war der größte uns bekannte Vogel. Es gibt viele Menschen, die behaupten, daß es sich bei den geheimnisvollen Flugtieren um diese Art handelte.

Halb Vogel, halb Mensch

Immer wieder hört man von Menschen, die behaupten, furchterregende menschenartige Wesen mit Flügeln gesehen zu haben, die durch die Luft flogen oder die Erde unsicher machten. Die aufsehenerregensten und rätselhaftesten Vorfälle dieser Art sind hier zusammengefaßt worden.

Geschichten von riesigen Vögeln, die Kinder verschleppen, sind zwar beängstigend, aber nicht unwahrscheinlich. Berichte von Wesen, die dem Pterodactylus gleichen, wirken hingegen schon weniger glaubhaft. Wir werden nun von Fällen berichten, die von den meisten Menschen als Lügenmärchen abgetan werden: phantastische Geschichten von menschenartigen Wesen mit Flügeln. Aber es sind völlig normale, ehrliche Leute, die behaupten, solchen Kreaturen begegnet zu sein.

Am 18. September 1877 wurde in Brooklyn (New York) ein Mensch mit Flügeln gesehen, aber über diesen Vorfall wissen wir nichts Näheres. Ein ähnliches Wesen wurde im September 1880 auf Coney Island gesichtet. Die „New York Times" spricht in einem etwas seltsam anmutenden Artikel von „einem Menschen mit fledermausähnlichen Flügeln und froschartigen Beinen".

Solche geflügelte Halbmenschen wurden auf der ganzen Welt beobachtet, während Begegnungen mit Riesenvögeln und angeblichen Pterodactylen doch eher auf bestimmte Regionen beschränkt sind. Ein weiterer Bericht kam aus Wladiwostock, im Osten der Sowjetunion. Am 11. Juli 1908 entdeckte ein Mann, der im Sikhote-Alin-Gebirge umherwanderte, auf einem Pfad seltsame menschenähnliche Fußspuren. Sein Hund verhielt sich plötzlich seltsam, und aus dem Gebüsch war ein merkwürdiges Trampeln zu hören. Einige Minuten lang verharrte der Wanderer, um zu lauschen, er warf einen Stein auf das unsichtbare Wesen, worauf er ein Geräusch vernahm, das dem Schlagen von Flügeln glich, dann sah er wie etwas „Großes, Dunkles über den Fluß hinweg flog". Leider konnte er wegen des Nebels keine Einzelheiten erkennen. Später erzählte er den Einheimischen, was passiert war. Sie waren davon überzeugt, daß es sich um den „fliegenden Menschen" handelte, ein Wesen, das den Jägern aus der Gegend nur allzu gut bekannt war.

In den frühen sechziger Jahren blockierte in West Virginia ein riesiges geflügeltes Wesen von der Größe eines Flugzeuges die Straße. Es hob „kerzengerade" ab, was für ein Wesen dieser Größe normalerweise unmöglich ist. Kann sein, daß es die erste Begegnung mit dem Mottenmenschen war, der fünf Jahre später des öfteren in diesem Bundesstaat gesichtet wurde.

Ein brasilianisches Ehepaar namens Real sah so ein geflügeltes Wesen aus nächster Nähe. In den frühen fünfziger Jahren spazierten sie des Nachts in einem Wald in Meeresnähe bei Pelotals (Rio Grande do Sul), als sie auf einmal zwei riesige „Vögel“ in den Bäumen entdeckten. Als sie sich näherten, setzten sich die „Vögel“ auf die Erde. Sie waren 1,80 groß mit menschlichen Zügen und duckten sich auf den Boden. Luiz do Rosario Real wollte auf sie zugehen, aber seine Frau bestand darauf, nach Hause zurückzukehren.

Ein noch seltsamerer Bericht kommt aus Houston (Texas). Die Nacht des 18. Juni 1953 war sehr schwül, drei Nachbarn saßen in den frühen Morgenstunden auf der Terrasse eines Wohnblocks. Hilda Walker schildert, was dann passierte:

„Wir waren in Unterhaltung, als ich plötzlich aufblickte und 8 Meter von mir weg einen riesigen schwarzen Schatten auf dem Rasen sitzen sah. Auf einmal sprang der Schatten in einen Baum, ich konnte ihn genau sehen, er hatte große Flügel, die bei den Schultern gefaltet waren. Irgendwie schien er zu leuchten.“

Howard Phillips und Judy Meyer sahen diese Schatten ebenfalls und beschrieben ihn als „Mensch mit den Flügeln einer Fledermaus“. Für etwa 30 Sekunden stand er da und wiegte sich auf einem Ast des Baumes. Auf einmal wurde das Licht immer schwächer. Alle drei waren der Meinung, daß das Wesen etwa 2 Meter groß war, ein schwarzes Cape, enge Hosen und halbhohe Stiefel trug.

Erste Begegnung mit dem Mottenmenschen?

Eine Frau, die ihren Vater auf der Route 2 in den Chief-Cornstalk-Jagdgründen in West-Virginia nach Hause fuhr, erblickte plötzlich vor sich einen riesigen Schatten, zwar konnte sie noch nichts Genaues erkennen, aber es schien auf alle Fälle ein menschenähnliches Wesen. Je näher sie herankamen, umso langsamer fuhren sie. Die beiden verängstigten Zeugen sahen, daß das Wesen größer war als ein Mensch. Die Frau berichtete später was sich danach ereignete:

„Seine Flügel reichten von einer Straßenseite zur anderen, es sah aus wie ein kleines Flugzeug. Auf einmal flog es davon und verschwand in Sekundenschnelle. Wir hatten beide große Angst. Ich gab Gas und fuhr so schnell ich konnte davon. Während der Fahrt besprachen wir das Ganze noch einmal und beschlossen, keiner Menschenseele irgend etwas davon zu erzählen. Wer hätte uns denn schon geglaubt?“

Obwohl die Frau es nicht wußte, war sie sehr wahrscheinlich die erste Person, die dem sogenannten „Mottenmenschen“ begegnet ist, der im Jahre 1966 die Gegend von Point Pleasant (West Virginia) verunsicherte. Weitere Augenzeugen waren die jungen Ehepaare Scarberry

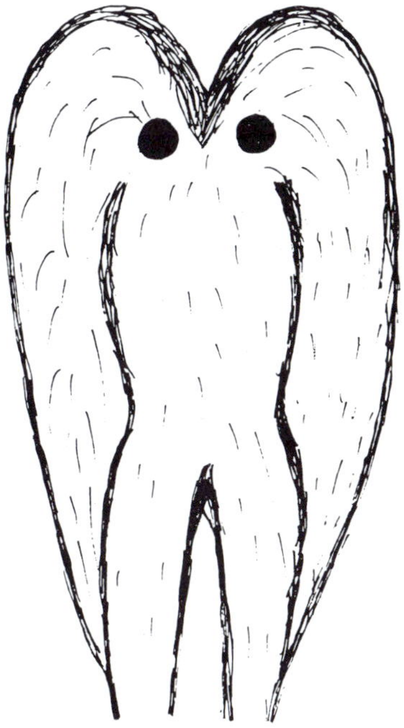

Oben:
Der Mottenmensch war größer als ein ausgewachsener Mann, er besaß weder Kopf noch Arme und hatte riesige Flügel.

Unten:
In Vietnam flog eine „Vogelfrau“ ganz dicht über drei Wache schiebende Soldaten. Sie konnten das Schlagen ihrer Flügel hören.

und Mallette. In der Nacht des 15. Novembers fuhren sie spät durch die sogenannte TNT Gegend, wo sich eine aufgelassene Munitionsfabrik befindet. Als sie an einem alten Generatorenwerk vorbeikamen, sahen sie im Dunkeln zwei leuchtend rote Kreise, die wie Augen aussahen. Die Kreise kamen immer näher auf sie zu, und sie konnten nun erkennen, daß es die Augen eines menschlichen Wesens waren, das der Straße entlang schlürfte. Es war etwa 2 Meter groß, gräulich, mit großen gefalteten Flügeln. Roger Scarberry, der den Wagen lenkte, drehte sofort um. Aber sie sahen das Wesen noch einmal, diesmal stand es neben der Straße, als sie an ihm vorbeifuhren, öffnete seine fledermausähnlichen Flügel und verfolgte sie. Obwohl sie nun mit 160 km/h davonrasten, ließ sich der „Vogel“ nicht abschütteln. Frau Mallette konnte hören, daß er seltsame Laute von sich gab, die dem „Piepsen einer großen Maus glichen“. Sie fuhren zum nächsten Sheriff und berichteten ihm von ihrer seltsamen Begegnung. Der Sheriff bemerkte, daß alle völlig verstört wirkten und suchte sofort die TNT Gegend ab, aber er konnte nichts Außergewöhnliches feststellen.

Die Geschichte geriet an die Öffentlichkeit, und Point Pleasant wurde sofort zum Treffpunkt für „Ungeheuerjäger“. Bewaffnete Männer durchkämmten die TNT Gegend, konnten aber nichts finden. Der „Mottenmensch“ jedoch war immer noch präsent. Am Abend

Links:
„Vogelmensch" gesehen und gezeichnet von Jane Melling im Jahre 1976.

Oben:
„Vogelmensch", gesichtet am späten Abend des 3. Juli. Hatte rote Augen und ein riesiges schwarzes Maul, große Flügel, schwarze Krallen und graue Federn. B. Perry 4. 7 76

Links:
Sah diesen Monstervogel letzte Nacht. Er stand aufrecht wie ein Mensch, flog dann plötzlich durch die Bäume hindurch davon. Er war so groß wie ein ausgewachsener Mann und hatte große, rote Augen, die in der Dunkelheit leuchteten. Sally Chapman 4. 7. 76

Jugendliche fertigten unabhängig voneinander diese Skizzen von dem Eulenmenschen in Cornwall an. Es besteht eine auffallende Ähnlichkeit zwischen den Zeichnungen, obwohl sie von verschiedenen Personen zu unterschiedlichen Zeitpunkten entstanden.

des 16. Novembers wurde er von Marcella Bennett gesehen, die in der TNT Gegend wohnende Freunde besuchen wollte. Sie saß in ihrem geparkten Fahrzeug, als sie auf einmal eine merkwürdige Silhouette im Dunkeln erblickte. Es war grau, größer als ein Mensch, mit scheußlichen, roten Augen. Frau Bennett schien von den roten Augen des Mottenmenschen völlig hypnotisiert zu sein. Sie stand wie hypnotisiert da und starrte das Wesen an. Ein Freund kam herausgerannt und zerrte sie und ihre kleine Tochter ins Haus.

In den darauf folgenden Tagen wurde der Mottenmensch von vielen Menschen gesehen. Wir werden wohl nie erfahren, welchen Berichten man wirklich Glauben schenken kann. Der Schriftsteller John Keel begab sich nach Point Pleasant, um direkt an Ort und Stelle nachforschen zu können. Anhand der vielen Aussagen, die er sammelte, konnte er nachweisen, daß der Mottenmensch etwa 1,50 bis 2 Meter groß gewesen sein muß. Ein graubraunes menschenähnliches Wesen, allerdings ohne Arme und Kopf. Leuchtende rote Augen befanden sich dort, wo normalerweise die Schultern sind. Wenn er die Flügel nicht benutzte, faltete er sie nach hinten, seine Flügelspannweite betrug etwa 3 Meter. Zwischen November und Dezember 1966 wurde der Mottenmensch wiederholt beobachtet, danach verschwand er wieder in der Versenkung.

Drei Marinesoldaten, die im Juli oder August des Jahres 1968 oder 1969 in Da Nang (Südvietnam) Wache schieben mußten, erblickten in den frühen Morgenstunden ein ganz außergewöhnliches Wesen, das ganz dicht an ihnen vorbeiflog. Earl Morrison schilderte später, was sie gesehen hatten:

„Auf einmal, ich weiß nicht mehr warum, blickten wir alle drei zum Himmel empor und sahen, wie etwas auf uns zuflog. Es schien zu leuchten, aber wir konnten nichts Genaues erkennen. Es flog ganz langsam. Plötzlich erkannten wir, daß das, was wir für eine Fledermaus hielten, riesige Flügel hatte. Es kam immer näher auf uns zu, und als es über uns hinweg flog, sahen wir, daß es eine Frau war. Eine nackte Frau. Sie war schwarz, ihre Haut, ihr Körper, ihre Flügel, alles schwarz. Sie leuchtete in der Nacht, ein grünliches Licht umgab ihre ganze Gestalt."

Alle drei konnten ganz deutlich erkennen, daß das Wesen Arme, Hände und Finger hatte, aber diese waren mit den Flügeln eins.

Der Eulenmensch aus Cornwall

Manchmal werden diese Wesen nur ein einziges Mal gesehen und verschwinden anschließend wieder. Zuweilen, wie 1966 in West-Virginia, tauchen sie in einem kleinen Umkreis mehrmals auf, aber niemals hinterlassen sie irgendwelche Spuren, die wirklich Aufschluß über ihre Herkunft geben könnten. Das wohl seltsamste Wesen dieser Art, der „Eulenmensch", wurde 1976 und 1978 im südenglischen Cornwall gesehen. Das Revier des Eulenmenschen war relativ klein, nämlich die Gegend von Mawnan Church, an der Südküste Englands. Am 17. April hatten June Melling (12) und ihrer Schwester Vicky (9) beobachtet, wie er über den Kirchturm hinwegschwebte. June beschrieb den Vogel und fertigte eine Zeichnung von ihm an. Drei Monate später erschien er zum zweiten Mal. Wiederum sind die Zeuginnen junge Mädchen – die 14jährige Sally Chapman und Barbara Perry. Sie wollten im Wald zelten. So gegen 22 Uhr bemerkten sie, daß sie nicht allein waren. Von irgendwoher kamen zischende Geräusche, kurz darauf entdeckten sie in den nahen Tannen ein eigenartiges Wesen:

„Es sah aus wie eine große Eule mit spitzen Ohren, es war so groß wie ein Erwachsener. Zuerst glaubte ich, daß uns jemand auf den

Arm nehmen wollte, um uns zu erschrekken. Wir machten uns über das Wesen lustig, aber plötzlich begann es zu fliegen, dann bekamen wir es mit der Angst zu tun und fingen an zu schreien. Er flog genau über unsere Köpfe hinweg, seine Füße glichen Zangen. Barbara fügte hinzu; ‚Das stimmt, es war grauenhaft, ein häßliches Eulengesicht mit riesigen Ohren und großen roten Augen. Sein Gefieder war grau, die Krallen an den Füßen schwarz. Es flog kerzengerade nach oben und verschwand dann hinter den Baumwipfeln‘."

Am nächsten Tag, dem 4. Juli, wurde dieses Wesen noch einmal von zwei jungen Mädchen, Jane Greenwood und ihrer kleinen Schwester, gesehen.

In einem Brief an die Regionalzeitung schrieb Jane:

Unten:
Der „Eulenmensch" wurde in der Nähe von Mawnan Church, einer schon in der Steinzeit bewohnten Gegend, gesichtet. Diese Kirche wurde auf einem prähistorischen Erdwall errichtet. Sally Chapman und Barbara Perry begegneten dem Wesen in den nahegelegenen Wäldern (ganz unten).

„Am letzten Sonntagmorgen sah ich dieses seltsame Wesen in den Bäumen bei Mawnan Church, oberhalb der Klippen. Es stand in den Bäumen und war so groß wie ein ausgewachsener Mann, aber seine Beine glichen denen eines Vogels. Er erschrak als er uns erblickte, sprang auf und flog davon. Meine Schwester und ich sahen ihn ganz deutlich, bevor er davonflog. Er hatte rote, schräge Augen und einen großen Mund. Die Federn, sein Körper und seine Beine waren silbergrau, die Füße groß, mit Krabbenscheren. Natürlich hatten wir Angst. Es war unheimlich, so etwas sieht man normalerweise ja nur in Gruselfilmen. Nachdem das Ding davongeflogen war, kamen noch minutenlang seltsame Geräusche aus dem Geäst. Im Laufe des Tages sprachen wir mit Leuten auf dem Campingplatz, sie sagten, daß sie einen Tag zuvor das Margawir-Ungeheuer gesehen hatten, als sie im Fluß tauchten, der unterhalb jener Stelle liegt, wo wir den Vogelmenschen gesehen haben. Anscheinend glich das Ungeheuer einer riesigen Echse.

Unsere Mutter glaubt, wir hätten das alles nur erfunden, weil wir zuviele Gruselgeschichten lesen, aber das ist nicht wahr. Wir haben den Vogelmenschen wirklich gesehen. Natürlich ist es möglich, daß sich jemand mit uns einen bösen Scherz erlauben wollte, mit einem sehr guten Kostüm und einer Maske wäre das durchaus denkbar. Aber kann ein Mensch fliegen? Und falls wir uns das alles wirklich nur eingebildet haben, dann haben wir zur gleichen Zeit das gleiche geträumt."

Das Margawir-Monster, von dem sie sprach, ist ein Meeresungeheuer, das 1976 des öfteren in Falmouth Bay beobachtet wurde. Auch UFOs wurden dort gesichtet. 1976 war hier sicherlich der richtige Ort für unheimliche Begegnungen. Der Eulenmensch tauchte erst zwei Jahre später wieder auf.

Wie kommt es, daß seltsame Dinge nur an bestimmten Orten passieren? Falls irgendeine Form von Energie im Spiel ist, dann scheint sie sich auf bestimmte Gebiete und Zeiten zu konzentrieren. Das Ergebnis ist eine Häufung von seltsamen Vorkommnissen. Es besteht kein Zweifel daran, daß immer wieder seltsame geflügelte Wesen gesichtet werden. Aber keines dieser Wesen hinterläßt irgendwelche konkrete Spuren, und es wird uns wohl nie gelingen, ein solches Wesen zu fangen.

Seltsame geflügelte Wesen

Die Religionen wie das Christentum und der Islam kennen geflügelte Wesen, auch die Sagen und Märchen, Heiligenlegenden und allem Anschein nach viele Zeitgenossen unterschiedlicher Länder. Tiefenpsychologie und Parapsychologie bemühen sich um Erklärungen.

Der sagenhafte feuerspuckende Drachen

Der Gedanke an geflügelte feuerspuckende Schlangen beschäftigt den Menschen schon seit Jahrtausenden. Eine magische Anziehungskraft geht von diesen mythischen Drachen aus.

Der Drachen taucht in zahlreichen Legenden der Neuen und der Alten Welt auf. Viele Helden von Mythos und Sage haben gegen ihn gekämpft: Perseus, Marduk, Herakles, Siegfried, der heilige Georg und Beowulf, aber der Drachen ist nie wirklich gestorben. In volkstümlichen Überlieferungen lebt er weiter, ein riesiges, schuppiges Wesen, ein Reptil mit ledrigen Flügeln wie eine Fledermaus. Er spuckt Feuer und hütet Schätze, sein Blut ist meist giftig und sogar tödlich.

Neue Mythen greifen ständig die wichtigsten Elemente alter Sagen auf. Smoug, der Drachen in Tolkiens „Herr der Ringe", hütet einen Bergschatz, Kostbarkeiten in Hülle und Fülle, geschmiedetes und ungeschmiedetes Gold, Silber, Edelsteine und Juwelen. Die Drachen in den Science-fiction-Büchern von Anne McCaffrey leben von Feuersteinen, die sich im Darm mit bestimmten Säuren verbinden und dann zu giftigen Phoshinen werden. „Wenn Drachen Gas speien, entzündet es sich an der Luft, zu einer alles zerstörenden Flamme." In C. S. Lewis Buch „The voyage of the dawn Trader" entdeckt der Drachen die Freuden des Fliegens, als er aus seinem Lager herauskletterte und ins Tal hinunterstieg. Mit einem großen Sprung begann seine Reise, und sobald er sich in der Luft befand, bemerkte er, daß er fliegen konnte.

Die christliche Tradition machte den Drachen zu einem Wesen des Teufels, zur Verkörperung alles Bösen, das vom Erzengel Michael aus dem Himmel verstoßen wurde – aber dieses Bild war nicht immer eindeutig böse. Der wahre Drachen galt als ein zwiespältiges Wesen, in ihm ruhte Gut und Böse. Er konnte mit menschlichen Opfern besänftigt werden, ein Wächter des Wassers, der Spender von Regen. Er war aber auch das Symbol der Erneuerung. Den Drachen zu töten, um mit seinem Blut die Erde zu befruchten, dieses symbolische Ritual ist in vielen Bräuchen des Morgen- und Abendlandes zu finden.

Der Drachen spielt auch eine wichtige Rolle im christlichen Brauchtum. In Sizilien wird zum Beispiel am St. Georgs-Tag ein Bildnis des Drachens zusammen mit zwei riesigen Brotlaiben in einer Prozession durch die Stadt getragen. Am Ende des Spektakels wird das Brot in kleine Stücke zerbröckelt, und jeder Bauer vergräbt ein Stück in seinem Feld, um eine gute Ernte zu sichern.

In Bayern wurde das symbolische Drachentöten jeden Mittsommer wiederholt. Der Höhepunkt des Rituals kam, wenn der heilige

Unten:
Der Drache „Smaug", Bewacher von riesigen Schätzen.

Oben:
Weihnachten 1849; in der Free-Trade-Hall in Manchester wird vor 5 000 Zuschauern ein Drachen getötet, erst danach konnte mit der Feier begonnen werden.

Georg die Blutblase im nachgebildeten Drachen durchstieß. Das Blut wurde danach von den Zuschauern aufgewischt und anschließend über die Flachsfelder gegossen, um eine gute Ernte zu gewährleisten.

Das neue Jahr wird in Ostasien mit Prozessionen begangen, in denen riesige Drachen aus Papier und Bambus durch die Straßen getragen werden. Der Drachen gilt als wohltätiges und Glück bringendes Wesen. Er ist Sinnbild für das männliche Prinzip. Gegenstück ist der Verderben bringende Tiger. Viele Mythen verschiedener Kulturen betrachten ihn sogar als Anfang aller Dinge. Ein babylonisches Epos, die Eauma Elish, erzählt, wie am Anfang der allmächtige Gott gegen den großen Drachen Tiamat, das personifizierte Salzwasser, kämpft und ihn tötet, und wie er nach seinem Sieg Himmel und Erde schuf:

„Er teilte ihn wie eine Muschel in Hälften,
die eine Hälfte stellte er auf und ernannte sie zum Himmel. Er zog das Gatter herunter und rief seine Wachen, und gebot ihnen achtzugeben, damit ja kein Wassertropfen entweiche."

Die andere Hälfte machte er zur Erde, und so entstand aus dem Durcheinander Ordnung, ein Kosmos aus dem Chaos.

Der Rigveda, eine Sammlung von alten Opferhymnen in Sanskrit (altindisch) aus dem Jahr 1000 v. Chr., enthält einen indischen Mythos, der den Kriegergott Indra preist und den das Wasser umschließenden Urdämonen Vrtra tötet. Nun sprudelte das Wasser wieder in allen Quellen, rauschte in Flüssen und Strömen und befruchtete die Erde. Dieser Kampf war aber nicht der endgültige Sieg des Guten über das Böse, es ist ein Kampf der ewig dauert, um den Monsunregen herbeizuführen, der die Menschen von der Dürre erlöst. Der klassische Drachen war Typhon, der Windgeist, ein geheimnisvolles Wesen der griechischen Mythologie, dem man die Schuld an Vulkanen und heftigen Winden (Wirbelstürmen) gab. Der griechische Dichter Hesiod beschrieb in seinem Werk „Theogonia" (Die Entstehung der Götter), wie sich der abendländische Mensch diesen Drachen vorstellte:

„Und von den Schultern aufwärts,
da waren hundert Schlangenköpfe,
der Kopf des gefürchteten Drachen,
aus ihren Mäulern ragten dunkle Zungen
und aus den Augen dieser unmenschlichen Köpfe
loderte das Feuer unter den Lidern,
aus allen Köpfen flackerte Feuer,
seine Augen leuchteten,
und aus jedem dieser fürchterlichen Köpfe kamen Stimmen,
grausame, scheußliche Laute."

Typhon trug einen erbitterten Kampf mit Zeus aus, in dem der Göttervater schwer verwundet wurde. Hermes, der Götterbote, heilte Zeus, der Typhon anschließend bis nach Sizilien jagte, wo er ihn unter dem Vulkan Ätna

Rechts:
Der Erzengel Michael und der Drachen, Gemälde von Bartolomeo Bermejo aus dem Jahre 1470. Der Drachen ist das Sinnbild des Bösen, der Erzengel Michael Verfechter des Guten.

begrub. Typhon war der Vater einer furchtbaren Brut, seine Nachkommen spielen in vielen griechischen Legenden eine wichtige Rolle – die Chimäre, der Nemeische Löwe, der Adler, der die Leber des an den Fels geschmiedeten Prometheus heraushackte, das vielköpfige Ungeheuer, das Herakles (römisch Herkules) erlegte.

Dieses von Herkules getötete Ungeheuer Hydra lebte unter einer Platane und terrorisierte die Menschen, die in den Sümpfen von Lernei, in der Nähe von Argolis, lebten. Die Schlange war böse und giftig. Da ihr für jeden abgeschlagenen Kopf zwei neue nachwuchsen, konnte Herakles sie erst bezwingen, als sein Gefährte Jolaos ihre Halsstümpfe ausbrannte. Dann tauchte er seine Pfeile in ihr Blut, das tödliche Gift. Der Drachen Ladon war ein weiterer Sprößling Typhons, der ebenfalls von Herakles getötet wurde, er schleuderte ihn bis zum Himmel hinauf, wo er auch heute noch als Sternzeichen „Drachen" zu sehen ist. Ladon war der Beschützer der Goldenen Äpfel der Hesperiden, welche die Göttin Hera, Gattin des Zeus, als Hochzeitsgeschenk erhalten hatte. Ladon ist ein frühes Beispiel für den Drachen als Schatzhüter – ein Motiv, das in Drachensagen immer wiederkehrt. Das Goldene Vlies, das die Argonauten unter der Führung von Jason nach Griechenland brachten, wurde ebenfalls von einem Drachen bewacht.

Rechts:
Als zweite seiner zwölf Arbeiten erlegt Herakles den vielköpfigen Drachen.

Links:
Mittelalterliche Darstellung der Drachenlegende. Ein fürchterlicher Drachen, ein triumphierender Ritter auf einem Schimmel und eine Prinzessin.

Links:
Ein assyrisches Siegel zeigt, wie Marduk den Drachen Tiamat, Urmutter des Alls, tötet.

Der Drachen als Wächter kommt öfters auch in der altenglischen, altnordischen und altdeutschen Sagenwelt vor, aber sowohl Drachen als auch Held unterscheiden sich wesentlich von ihren klassischen Vorbildern. Das Weltbild der altgermanischen Sagen und Epen, dem deutschen Nibelungenlied, der isländischen Edda, dem angelsächsischen Beowulf, ist durchwegs düster und pessimistisch.

Die Helden standen den Göttern bei, aber die Götter waren nicht immer auf der Seite der Gewinner. Man mußte gegen den Drachen kämpfen und ihn töten, aber es gab nie eine Chance zu siegen, denn Drachen sind nichts anderes als die letzte Mutprobe, der Held sieht dem unvermeidlichen Tod ins Auge. Und so stirbt Sigurd, der nordische Held, Vorbild für den Drachentöter Siegfried in Wagners Ring der Nibelungen, nach dem Kampf mit Fafnir.

Beowulf, der Held des altenglischen Epos, das seinen Namen trägt, erschlägt als junger Mann das häßliche Ungeheuer Grendel, aber 50 Jahre später fällt er im Kampf gegen einen anderen Drachen, „dem Erzfeind, der die Dämmerung jagt, der schuppige, bösartige Wurm, der sich an frische Gräber heranmacht, der feuerspeiend durch die Nacht fliegt, zum Schrecken der Landbevölkerung. Er sucht all die versteckten Schätze dieser Erde, Wächter des heidnischen Goldes, aber nie und nimmer wird es ihm etwas nützen."

Verlassen von all seinen Gefährten, außer von seinem Verwandten Wiglaf, kämpft Beo-

wulf gegen den fürchterlichen Drachen. Sein Schwert, das Naegling, läßt ihn im Stich, sein Schild zerbricht, erst beim dritten Versuch gelingt es Beowulf, den Bauch des Drachens aufzuschlitzen. Das Untier, tödlich verletzt, fiel neben seinem Schatz auf den Boden. Nie wieder würde er des Nachts durch die Lüfte fliegen, um mit seinen Besitztümern zu prahlen, denn der König hatte ihn bezwungen. Beowulf, auch beim Kampf schwer verletzt, stirbt zusammen mit dem Lindwurm. Diese Geschichte, die in ihrer frühesten Form in einem altenglischen Manuskript aus dem Jahre 1000 erhalten ist, hebt eine weitere Besonderheit dieser Legenden hervor – die Verwundbarkeit des Drachens durch Eisen, eine Eigenschaft, die er mit Feen, Vampiren und ähnlichen Wesen teilt.

Der Drachen spielt auch in der keltischen Mythologie eine wichtige Rolle. Nicht nur für die Römer, sondern auch für die Kelten wurde er zum Feldzeichen des ganzen Volkes. Das Banner des oströmischen (byzantinischen) Reiches war bestickt mit einem purpurroten Drachen, und der römische Dichter Marcellinus beschreibt, wie Konstantin in Rom einmarschierte, umgeben von einer Kriegerschar, die Nachbildungen von Drachen als dreidimensionale Banner trugen, der Wind blies in ihren Hälsen, als ob sie wirklich lebendig wären.

Auf dem Banner von Uther Pendragon, dem Vater von König Arthur, ist ebenfalls ein Drachen abgebildet. Uther hatte einen Traum von einem feuerspeienden Lindwurm im Himmel. Traumdeuter sagten ihm voraus, daß er eines Tages das Königreich seines Bruders erben würde. Daraufhin ließ Uther zwei prächtige, mit Drachen bestickte Banner anfertigen. Eines widmete er der Kathedrale von Winchester, das andere nahm er mit in die Schlacht, als Omen für Glück, Kraft und Macht. In der keltischen Literatur kann das Wort „Drachen“ auch Anführer bedeuten, ein Pen-Dragon war demnach das Oberhaupt, der in Zeiten der Gefahr und des Krieges zum unumschränkten Befehlshaber gewählt wurde.

Oben links:
Der islamische Held Rustem tötet als zweite seiner sieben Aufgaben den Drachen.

Oben rechts:
Illustration aus einem Balladenbuch: Held und Drachen. Die Zuschauer beobachten das Spektakel aus sicherer Entfernung.

Unten:
Siegfried erledigt den größten Drachen der Mythologie – den scheußlichen Fafnir.

In der abendländischen Mythologie verkörpert der Drachen nur ein einziges Mal das Gute – nämlich als Kriegsdrachen. In der englischen Legende vom heiligen Georg ist er das Sinnbild des Bösen. Der unersättliche Appetit des Drachen nach Jungfrauen (vorzugsweise Edeldamen, am liebsten Prinzessinnen) zieht als Leitmotiv durch viele Geschichten, wo Prinzessinnen zwar eine wichtige, aber dennoch passive Rolle spielten. Das Grundthema änderte sich kaum.

Ein wandernder Ritter kommt in ein fremdes Land, in dem alle Menschen trauern. Das Land rund um das Schloß ist kahl und öde, kein saftiges Gras, keine leuchtenden Blumen,

nur die abgebrochenen, geschwärzten Stümpfe von toten Bäumen. Ein Drachen hat das Königreich verwüstet, Menschen wurden geopfert, um das Untier zu besänftigen. Diesmal fiel die Wahl auf die Tochter des Königs, reich geschmückt mit Juwelen, geht sie ihrem Schicksal entgegen.

Der Ritter bietet sich an, die Prinzessin zu befreien, aber sie weist ihn ab. Nur ihr Tod kann das Land ihres Vaters retten. Der Ritter beschließt, gegen den Drachen zu kämpfen. Als sich der Lindwurm der Prinzessin nähert, greift der Ritter an und erlegt ihn mit seiner Eisenlanze. Ganze Wagenladungen mit Edelsteinen, Juwelen, Gold und Silber werden aus dem Versteck des Drachen zum Schatzhaus des Königs gebracht. Der Ritter heiratet die Prinzessin, und wenn sie nicht gestorben sind, dann leben sie auch heute noch. Das ist eine stereotype Geschichte, nur die Einzelheiten variieren von Land zu Land.

Oben:
Linton Hill in Roxburghshire, wo sich das Lager des „Linton-Wurmes“ befand.

Links:
Die äthiopische Version der Georgs-Legende. Manche glauben, daß der heilige Georg aus Afrika stammte.

Rechts:
Der indische Held Indra reitet auf seinem Kriegselefanten zum Kampf gegen den Drachen Vitra.

Sagenforscher behaupten, daß die Legende vom heiligen Georg und andere Mythen auf die klassische Geschichte von Persus zurückgehen, der die äthiopische Prinzessin Andromeda vor einem, von Neptun geschickten, Meeresungeheuer rettet.

Es gab viele Interpretationen der Georgslegende. In der christlichen Allegorie stellt die Jungfrau die Kirche dar, die von einem Ritter (Heiligen) aus den Klauen des bösen Drachens (Heidentum) gerettet wird. Freudianer kommen zu einer etwas erotischeren Auslegung.

Die Drachen des heiligen Georgs und Beowulfs sowie die klassischen Drachen sind mächtige Leben und Kultur bedrohende Ungeheuer. Es gibt aber auch eine ganze Schar von kleineren Verwandten. Schlangen und Würmer kommen häufig in britischen Geschichten vor.

Diese Legenden folgen alle demselben Schema – Held gegen Ungeheuer –, nur wird das ganze hier etwas volkstümlicher beschrieben und den Geschichten ein Lokalkolorit verliehen. Der Drachen von Loschy Hill war ein Ungeheuer, dessen abgeschlagene Glieder wieder zusammenwachsen konnten. Schließlich wurde er aber durch den Helden und dessen Hund besiegt. Während der Herr auf den Lindwurm einschlug, rannte der Hund mit den einzelnen abgeschlagenen Teilen davon, um zu verhindern, daß sie wieder zusammenwuchsen. Aber der giftige Atem des Drachens kostete sowohl dem Helden als auch seinem treuen Begleiter das Leben.

Unten:
Der „Lambton-Wurm“ besaß die Eigenschaft, daß seine abgetrennten Glieder sofort wieder zusammenwuchsen. Der Thronfolger von Lambton zog sich eine Rüstung an, die über und über mit scharfen Klingen besetzt war, und legte sich in der Nähe eines Flusses als Köder auf eine Klippe. Während der Drachen sich auf ihn stürzte, wurde er von den scharfen Klingen zerstückelt, der Fluß schwemmte die einzelnen Teile davon, dadurch wurde ein Wiederzusammenwachsen verhindert.

Der Linton-Wurm terrorisierte im 12. Jahrhundert eine kleine Gemeinde in Roxburgh (Schottland) und zerstörte alles, was ihm in die Quere kam. Ein Ritter namens Somerville of Lariston tötete den Drachen auf eine recht ungewöhnliche Art und Weise. Auf seiner Lanze war ein Stück Torf angebracht, das tauchte er in heißes Pech, und mit diesem Feuerball brannte er die Gedärme des Drachens aus. Im britischen Volkstum gibt es etwa 50 Drachengeschichten. Weltweit gibt es Tausende. Weshalb so viele? Warum übt der Drachen eine derartige Faszination auf uns aus? Wo liegt das Geheimnis seiner Macht? Keine auch noch so durchdachte Erklärung vermag ihre Beständigkeit und Unvergänglichkeit zu begründen.

Was ist aus den Drachen geworden?

Wo liegt der Ursprung aller Drachenlegenden? Sind das einfach Geschichten, die von Menschen erfunden wurden, um etwas zu erklären, was sie nicht verstanden – oder beruhen sie doch auf einem Fünkchen Wahrheit?

„Der Drachen", so ist in einem Werk des Jahres 1776 zu lesen, „ist das grausamste und scheußlichste Tier, aber sehr wahrscheinlich ist es kein Geschöpf der Natur." Allem Anschein nach wollte man sich im Jahrhundert der Aufklärung nicht definitiv festlegen. Vielleicht dachte der Autor an die Geschichte der Schlange von Essex, die nur hundert Jahre zuvor, 1668, in Henham, nördlich von Bishop's Startford, getötet wurde. Eine kleine Schrift, die sich im Britischen Museum erhalten hat, und eine Schnitzerei in der Kirche von Henham erinnern an dieses Ereignis. Ein Holzschnitt aus jener Zeit zeigt ein Wesen ohne Beine, mit schuppiger Haut sowie einem Rückenkamm. Seine Länge betrug etwa drei Meter. Es wurde von einer Gruppe von Dorfbewohnern mit Mistgabeln erlegt.

Angriff der Wikinger auf die Briten. Es gibt Behauptungen, daß die britischen Drachenmythen nichts anderes sind als die allegorische Beschreibung von dänischen Angriffen auf Küstenstädte und Dörfer im 8. Jahrhundert.

Das Bowes-Manuskript, das ebenfalls im Britischen Museum liegt, beschreibt eine Begegnung mit dem Sockburn-Drachen, der in angelsächsischer Zeit eine kleine Gemeinde im Bezirk Durham terrorisiert hatte: „Sir John Coyers tötete dieses abscheuliche Untier, das mit seinem Gift so viele Menschen getötet hatte. Mit Gottes Hilfe gelang es John Coyers, dieses Ungeheuer zu bezwingen..."

„Vernünftige" Menschen haben natürlich ganz logische Erklärungen für diese Drachengeschichte gefunden. Ihrer Meinung nach ist der Drachen das Symbol für eine Überschwemmung des Flusses Tees, der weite Teile des Dorfes überflutet hatte. Andere behaupten, daß sich die Legende auf dänische Raubritter bezieht, die mit ihren schlangenartig geschnitzten Schiffen vom Fluß her ins Land einfielen.

Irgendwie kann man jene verstehen, die behaupten, daß Drachen niemals wirklich existiert haben, denn für jede Drachenlegende gibt es mehrere Erklärungen, aber keine Beweise. Tatsache ist, daß der Drachen als Symbol von Terror und Verwüstung so populär war, daß er alle anderen Bilder und Worte, die man stattdessen hatte verwenden können, ersetzte.

In seinem Buch „The Flight of Dragons" (Der Flug der Drachen, 1976) stellt Peter Dickinson eine verblüffende Überlegung an. Lange Zeit zerbrach er sich den Kopf darüber, wie ein derart massiges Tier auch noch fliegen konnte. Basierend auf verschiedenen Beschreibungen des Ungeheuers, kam er zu dem Ergebnis, daß der durchschnittliche Drachen ungefähr 9000 Kilo gewogen haben muß. Nehmen wir an, er hätte die gleiche Flugfähigkeit wie eine Hummel, die pro Quadratzentimeter Flügel 0,17 Kilogramm Körpergewicht heben kann, dann hätte er eine Flügelspannweite von 180 Metern haben müssen. Das ist natürlich unmöglich. Zufällig sah er im Fernsehen eine Sendung über den Zeppelin „Hindenburg". Dies war der Auslöser einer Neubewertung des Drachenproblems. Er kam zu dem Ergebnis, daß der Körper des Drachens hohl gewesen sein muß, gefüllt mit einem Gas, das leichter ist als Luft. Um das ganze Gewicht des Ungeheuers heben zu können, ist viel Gas notwendig. Dies erklärt, warum der Drachen einen so riesigen Körper hat. Die Flügel brauchte er nur zum steuern. Er mußte Feuer speien, um überhaupt fliegen zu können.

Dickinson weist darauf hin, daß sich im Inneren des Drachen ein riesiges chemisches Reaktionsgefäß mit Salzsäure befunden haben muß. Diese ist im Verdauungssystem aller Wirbeltiere zu finden, die, wenn sie mit Kalzium reagiert, das aus den Knochen gewonnen wird, zu Sauerstoff wird, ein Gas, das leichter ist als Luft. Die Knochen des Drachens müssen sich selbst erneuert haben, jenachdem wieviel

Kalk er zu sich nahm. Auch wenn der Drachen ruhte, ging dieser chemische Prozeß weiter, also mußte er von Zeit zu Zeit den überflüssigen Wasserstoff irgendwie loswerden. Sehr wahrscheinlich wurde er mittels eines chemischen Zündungsverfahrens verbrannt.

Diese Theorie liefert auch eine originelle Erklärung für die Hauptmerkmale des Drachens – wie das giftige Blut – und gibt uns Antwort auf die Frage, warum es keine Fossilien von ihm gibt. „Der Drachen konnte nur dank einer kontrollierten Verarbeitung seiner Knochensubstanz fliegen. Nach seinem Tode hörte der ganze Kontrollmechanismus auf zu arbeiten, und die ganze Substanz wurde zerstört." Die Annahme einer Selbstzerstörung ist allerdings nicht neu, denn schon in einem 1968 in Irland geführten Interview war die Rede davon. F. W. Holiday befragte einen Einheimischen über Drachen, Meeresungeheuer und dem „Peiste", der eine Generation zuvor in der Nähe von Lough Derrytea (County Clare) gefunden wurde. „Es konnte sich nicht mehr bewegen", sagte der Mann, „die Leute gingen auch gar nicht näher ran, es blieb da liegen und schmolz ganz langsam dahin."

Nicht nur der Pterodactylus hat mit dem Drachen etwas gemeinsam, sondern auch der Plesiosaurier, ein Meeresungeheuer, das vor etwa 150 Millionen Jahren lebte. Im Sommer 1980 wurden in einer Lehmgrube in Westbury (Wiltshire) ein gut erhaltenes Gebiß und der Schädel eines Plesiosauriers ausgegraben. Er hatte etwa 80 Zähne, die größten waren 20 Zentimeter lang. Anhand des Gebisses konnte man errechnen, daß seine Größe etwa 9 Meter betragen haben mußte.

Kann es sein, daß der Drachen durch das Erlernen des Fliegens erst viel später ausgestorben ist als Folge eines immer kleiner werdenden Lebensraumes und der erbarmungslosen Jagd durch seinen Erzfeind, den Menschen. Professor Carl Sagan hat eine ganz andere Erklärung für die Unsterblichkeit der Drachenlegenden. Für ihn sind sie eine Art fossile Erinnerung, die wir von unseren Vorfahren, die gegen ähnliche Ungeheuer kämpfen mußten, geerbt haben, also eine allgemein gültige „Rassenerinnerung". Das jüngste Fossil der Saurier ist etwa 60 Millionen Jahre alt, die Familie der Menschen (nicht aber die Gattung Homo) dagegen erst wenige Millionen Jahre. Ist es möglich, daß irgendwelche menschenähnliche Wesen dem Tyranosaurus Rex tatsächlich begegnet sind und einige Dinosaurier die Kreidezeit überlebt haben? Die Theorie einer Überlappung ist rein spekulativ, nicht aber die These, daß der Drachen das Bild eines vage erinnerten, aber traumatischen Saurier-Menschenaffen-Konfliktes ist.

Oben:
Eine Schnitzerei am Portal der Kirche in Henham erinnert an die Tötung der berühmten „Essex-Schlange" im Jahre 1668.

Unten:
Ein Drachen auf einem Grabstein der Wikinger in der St. Pauls-Kathedrale in London.

Die Mönche, die das Bestiarium, ein mittelalterliches symbolisch-mystisches Tierbuch, geschrieben und illustriert haben, deuteten den Drachen ganz anders. Jedes Wesen im Bestiarium erteilt uns eine moralische Lektion. Der Phönix ist das Symbol der Auferstehung, der Panther verkörpert Christus, der Drachen gilt als Feind Christi. In einer typischen Geschichte frißt der Panther sich voll und schläft dann für drei Tage. Nach dem Aufstehen stößt er auf, und sämtliche Tiere folgen seinem Atem. Aber der Drachen, der einzige Feind des Panthers, versteckt sich aus Angst vor dem Atem, der ihn zerstören könnte. In „Le Bestaire de Guillaume Le Clerc de Normandie", das zwischen 1210 und 1211 entstanden ist, kämpft der Drachen mit einem Elefanten (Adam), er schlägt ihn mit seinem Schwanz und erwürgt ihn mit seinen eigenen Beinen. Der römische Historiker Plinius schreibt in seinen Geschichten ebenfalls über die Feindschaft zwischen Drachen und Elefanten:

> „In Indien gibt es die größten Elefanten und Drachen, die sich gegenseitig dauernd bekämpfen, die Drachen sind so groß, daß sie

Links:
Das Gebiß eines Plesiosauriers, einem Meeresungeheuer, das vor etwa 150 Millionen Jahren ausgestorben ist. Der Fund wurde in einer Lehmgrube in der Nähe von Westbury (Wiltshire) gemacht. Der Plesiosaurier hat viel mit dem sagenumwobenen Drachen gemeinsam. Dr. Carl Sagan ist der Meinung, daß die Drachenmythen nichts anderes sind als eine vage Erinnerung an den Kampf zwischen Mensch und Ungeheuer.

Unten:
Die fliegende Echse, auch „Draco volans" genannt, ist in der indomalaiischen Region beheimatet. Sie kann dank ihrer fledermausähnlichen Flügel tatsächlich fliegen. Aber dieses Wesen ist nur 15 Zentimeter lang, und es ist fast unmöglich, daß es den Ursprung aller Drachenlegenden bilden kann.

die Elefanten mit Leichtigkeit erdrücken können und anschließend zu einen festen Knoten binden."

Plinius war der erste einer ganzen Reihe von Dichtern, die wirklich an die Existenz des Drachens glaubten.

Edward Topsell, Autor der „Historie of Serpents" (Geschichte der Schlangen, 1658) vertrat eine ganz andere Theorie. Seine Beschreibungen der Drachen sind exakt und detailliert, Holzschnitte machen sie noch anschaulicher. Der Schlangendrachen ist neben seinem engsten Artgenossen, der Schlange, abgebildet, der Reptildrachen neben einem Chamäleon. Indische, äthiopische und phrygische Drachen haben ein riesiges Maul, sagt er, mit denen sie Vögel und andere Tiere mit einem einzigen Biß verschlingen können. Die indischen Drachen teilt er in zwei Kategorien ein, den Drachen des Flachlandes und den Bergdrachen.

„Ihre Schnauzen sind sehr ausgeprägt, sie gleichen großen, gierigen Fischen, ihre Bärte sind gelbgold und borstig, die Bergdrachen haben normalerweise tiefer liegende Augen als die Drachen des Flachlandes. Ihr Blick ist böse und grimmig, und wenn sie sich auf dem Boden fortbewegen, kommen seltsame Geräusche aus ihren Augenlidern, wie klingendes Messing, manchmal wagen sie sich sogar ins Meer und rauben Fische."

Frühe Kartographen waren ebenfalls überzeugt, daß die Ungeheuer existieren: „Nur Wüste, voll mit Drachen und großen Schlangen" stand auf ihren Karten. Mag sein, daß für sie der Drachen das Symbol des Unbekannten war, aber es gibt Hinweise darauf, daß er für sie genauso in der Realität vorhanden ist wie die exotischen Giraffen und Elefanten, mit denen sie, zwischen Flüssen und Schlössern, die Karten vollstopften.

Warum werden auf allen Karten Drachen zusammen mit wirklich vorhandenen Tieren abgebildet? Manche Zoologen sind der Meinung, daß dies auf falsche Interpretation oder Willkür zurückzuführen ist. Auf diese Art und Weise wurde Marco Polos chinesischer Alligator zu einer drachenähnlichen Bestie. Der große Entdecker beschreibt ihn als Schlange mit zwei kurzen Beinen in der Nähe des Kopfes, mit einem riesigen Maul und großen, scharfen Zähnen. Es war der Künstler, der ihm zusätzlich noch Flügel und einen Schwanz mit einem Miniaturschlangenkopf verlieh.

Einige der Riesenschlangen, wie die Boa Constrictor oder die Pythonschlange, besitzen drachenähnliche Eigenschaften. Sie können bis zu 7,5 Meter lang werden und haben den schlängelnden Körper eines Drachen, aber ohne Rückenkamm. 1978 berichtete die „Times" von einer Pythonschlange, die einen Mann halb verschlungen hatte. Die Einwohner des Dorfes eilten zu Hilfe und schlugen auf die Schlange ein, aber der Mann war bereits tot. Als sie später von dem Vorfall erzählten, verwendeten sie das Wort „Drachen" anstatt Schlange.

Die fliegende Echse, im südlichen Hinterindien und in Indonesien beheimatet, heißt wissenschaftlich „Draco". Das Problem ist, daß ihre Länge nur 15 Zentimeter beträgt. Es scheint nur schwer vorstellbar, wie ein derart

Rechts:
Eine italienische Holzschnitzerei aus dem 15. Jahrhundert zeigt die heilige Martha und „ihren Drachen". Sie, die Schwester von Maria Magdalena und Lazarus, wurde im Mittelalter mit einer anderen Martha, deren Name mit einer Legende in Verbindung gebracht wurde, verwechselt. Es heißt, daß sie einen Drachen, der in Tarascon (Südfrankreich) sein Unwesen trieb, bändigte, indem sie ihn mit Weihwasser besprengte. Sie band ihren Gürtel um seinen Hals und führte ihn bis nach Arles, wo er dann getötet wurde.

kleines Tier den Kern aller Drachenlegenden bilden soll.

Eine etwas größere Echse, die Varanus Komodoensis, wird umgangssprachlich Komodo-Drachen genannt. Sie kann bis zu 3,5 Meter lang werden und sieht einem Drachen eigentlich ziemlich ähnlich: mit einem flachen Kopf, Vorderbeinen und einem langen, schuppigen Körper. Nur fliegen kann sie nicht, und ihr Lebensraum ist auf die indonesische Inselwelt beschränkt.

Krokodile, Alligatoren, Schlangen und Echsen haben alle etwas mit dem Drachen gemeinsam, aber keines dieser Tiere gleicht ihm so, um Ursprung all dieser Legenden sein zu können. Dann könnte man auch sagen, der Löwe ist ein Hund, denn beide sind vierbeinige Fleischfresser. Falls der Drachen jemals wirklich existiert hat, dann war er sehr wahrscheinlich eine Spezies für sich. Falls es ihn nie gegeben hat, dann haben ihn die Menschen erfunden, um rätselhafte und geheimnisvolle Kräfte zu erklären.

Oben:
Illustration aus Marco Polos Reisebericht. Er gibt eine genaue Beschreibung eines chinesischen Alligators, es war der Künstler, der ihm zusätzlich noch Flügel und einen Schwanz mit einem Schlangenkopf verlieh (Drachen in der Mitte).

Unten:
Adam, verkörpert durch einen Elefanten, kämpft gegen einen Drachen, den Antichristen. Illustration aus einem mittelalterlichen Bestiarium.

Oben:
Ein japanischer „Tatsu“, Darstellung des 19. Jahrhunderts. Er war schlangenförmiger als der chinesische Drachen und symbolisierte den Gott des Wassers.

Der Weg des Drachen

Die Kaiser des alten Chinas bauten ihre Paläste auf sogenannten Drachenwegen – und auch in Großbritannien und anderen Ländern gibt es viele Bauwerke, bei denen das Drachensymbol eine wichtige Rolle spielt.

Es gibt einen wesentlichen Unterschied zwischen dem asiatischen Drachen und seinem westlichen Gegenstück. Der asiatische gilt als wohltätig und glücksbringend, er lebt in Regenwolken, Seen, Tümpeln und Quellen. Das Drachentöten, Leitmotiv der westlichen Legenden, ist in Ostasien nicht zu finden, denn in der chinesischen Philosophie gilt der Drachen als Bindeglied zwischen Himmel und Erde.

Der asiatische Drachen wurde zum Symbol der Macht, der chinesische Kaiser saß auf einem Drachenthron und trug mit Drachen bestickte Gewänder. Die chinesischen Drachen spielen auch eine wichtige Rolle in der Geomantie (Geomantik). Der Geomant errechnete mit Hilfe von Wünschelruten und astronomischen Kalkulationen jene Stellen, wo die Paläste errichtet und die Grabstätten des Kaisers angelegt werden mußten, um eine maximale Nutzung der Magnetströme der Erde zu gewährleisten. Diese konnten entweder negativ (yin) oder positiv (yang) sein. Positive Ströme wurden durch einen männlichen Drachen dargestellt, zusammen mit Bergen, wo er wohnte. Die Wege, die er zwischen den Gipfeln zurücklegen mußte, nannte man lung-mei, Drachenwege. Es war äußerst wichtig, daß ein Gleichgewicht zwischen yin und yang herrschte und daß sämtliche neuen Gebäude, Straßen sowie alles andere, was das natürliche Gleichgewicht durcheinanderbringen könnte,

mit den „Strömen des kosmischen Atems“ harmonierten, sonst würde ein Unheil über die Menschen hereinbrechen.

Als der Einfluß der Geomantie immer stärker wurde, war es die Aufgabe der Geomanten, die natürlichen Ströme der Erdenergie in den Kaisersitz zusammenfließen zu lassen. Diese Ströme wurden durch Kanäle geleitet, sogenannte Drachenwege, die streng bewacht wurden, kein Gebäude, außer jenen der Kaiserfamilie, durften entlang dieser Kanäle gebaut werden. Es hieß, daß der Erfolg einer Dynastie nur dann gewährleistet sei, wenn der Geomant den günstigsten Ort für die Grabstätte des Gründers gewählt habe.

John Michell hat viel über Geomantie geschrieben. Er ist der Meinung, daß die Kenntnis der Harmonie zwischen Himmel und Erde in der Alten Welt weit verbreitet war. Die Beziehung zwischen Mutter Erde und den Göttern des Himmels bildete die Basis vieler alter Religionen. Er ist der Auffassung, daß nicht nur im alten China, sondern auch in Großbri-

tannien, Frankreich und anderen Ländern, die Menschen für ihre heiligen Haine und Tempel Orte auswählten, die eine direkte Beziehung zu den Erdkräften hatten.

Diese geweihten Stätten – Megalithe, Steinkreise, Hügelgräber und Erdhügel – nahmen diese versteckte Energie in sich auf, und die Trassen zwischen den Stätten leiteten die Kraft weiter. Mitchell entdeckte, daß auch in Großbritannien das Symbol des Drachens zu finden ist. Eine dieser Trassen verläuft von St. Michael's Mount bis Glastenbury im Süden Englands. Die Linie entspricht genau dem Winkel des Sonnenaufganges im Mai.

Auf der westlichen Seite der Strecke entdeckte Mitchell viele Hinweise auf Drachen – Schnitzereien, Legenden, Ortsnamen und Kirchen, die dem heiligen Georg oder dem heiligen Michael gewidmet sind. Vieles in dieser Gegend wurde Heiligen geweiht, die berühmt sind für die Tötung eines Lindwurms und die versucht haben, das Heidentum, in dem die Verehrung von Schlangen und Drachen eine wichtige Rolle spielte, auszurotten.

Viele alte britische Kultstätten lassen sich durch ihre Lage mit dem Drachensymbol in Verbindung bringen. Wenn man sie mit einer Linie untereinander verbindet, ergeben sich seltsame Zusammenhänge: Eine der Linien läuft von St. Michael's Mount in Cornwall (ganz oben) bis nach Bodmin Moor (ganz oben). Eine Legende besagt, daß sie eine Schlange darstellen, die von einem heiligen Christen versteinert wurde. Die Linie führt an drei Kirchen vorbei, die dem heiligen Michael, dem Drachenbezwinger, geweiht sind. Sie endet beim Turm der St. Michaelskirche in Burrow Mump (rechts).

Der westliche Ausgangspunkt dieser Trasse ist St. Michael's Mount, vor der Küste Cornwalls gelegen, und ebenfalls eine heilige megalithische Stätte. In der Nähe von Bodmin Moor befinden sich drei Steinkreise, der größte hat einen Durchmesser von 40 Metern. Eine Legende besagt, daß sie Schlangen darstellen, die von einem christlichen Heiligen verzaubert wurden. Die St. Michaelskirche in Brent Tor, am Rande von Dartmoor, steht hoch oben auf einem schwarzen Felsen. Die St. Michaelskirche im Cadbury Tal, weiter östlich in Devonshire, liegt unterhalb einer Siedlung. Im „Survey of Devon", aus dem Jahre 1626, wird die Legende von einem Drachen erzählt, der von seinem Lager oberhalb der Siedlung die Menschen terrorisierte. Im 30 Kilometer entfernten Trull wurde angeblich mal ein Drache getötet. Ein Fenster der St. Michaelskirche des Ortes zeigt drei Heilige – Georg, Michael und Margarethe – die mit einem Lindwurm kämpfen. Acht Kilometer entfernt liegt Creech St. Michael, ein paar Kilometer weiter, in Lyng befindet sich eine Kirche, auf deren Bänken und Fenstern Drachen zu sehen sind. Eine weitere St. Michaelskirche befindet sich auf dem künstlichen Erdhügel, den man Burrowbridge Mump nennt. Auf dem Portal der Michaelskirche in Othery sind mehrere Drachen abgebildet.

Von Othery läuft die Trasse weiter nach Glastonbury, dort erhebt sich der Felsenturm nun über ein Meer von häßlichen Ziegelsteinhäusern, aber es ist nach wie vor ein faszinierender Anblick. Die Kapelle auf der Bergspitze ist ebenfalls dem heiligen Michael gewidmet, nur ein schmaler Serpentinenweg führt zum Gipfel. Die Trasse verläuft weiter bis Stoke St. Michael und Avebury, wo ein riesiger jungsteinzeitlicher Tempel steht, der anscheinend eine Schlange darstellt. Zwei schlangenförmige Steinalleen, beide über 15 Meter breit und 2,5 Kilometer lang, waren einst Teil eines riesigen Kreises. Die eine endete in einem kleinen Steinkreis oberhalb von Overton Hill und stellte den Kopf einer Schlange dar. Die andere, nun allerdings völlig zerstört, symbolisierte den Schwanz. Ein Taufstein in der Avebury Kirche aus dem 12. Jahrhundert zeigt einen Bischof, der mit seinem Stab auf einen geflügelten Drachen einschlägt, der ihn in den Fuß zu beißen versucht.

Diese Trasse umfaßt ein Gebiet von großer historischer und astrologischer Bedeutung. Entlang der Wegführung befinden sich die größten prähistorischen Tempel und die ältesten heiligen Stätten des Christentums in Großbritannien. Ein Dutzend Mal taucht das Motiv des Drachens auf, das ist wohl mehr als nur Zufall. Auf diesem relativ kleinen Landstrich kommt der Name des heiligen Michaels nicht weniger als neun Mal vor. Das Buch der Offenbarung erklärt die Bedeutung des heiligen Michaels in diesem Zusammenhang:

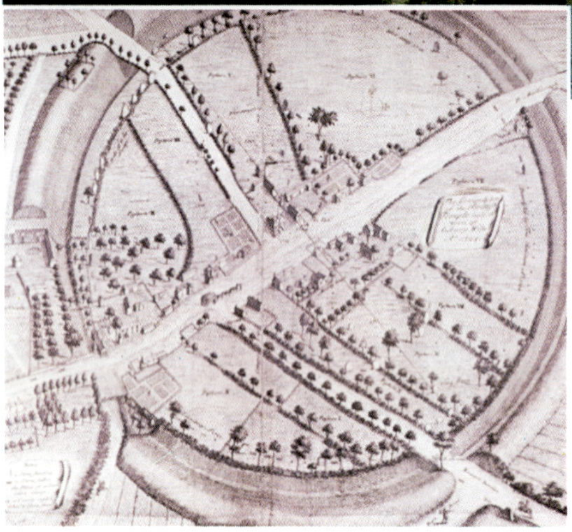

Oben:
Der Steinkreis in Avebury, ein Teil der großen Trasse, die in St. Michael's Mont (Cornwall) anfängt.

Links:
Plan des Avebury-Steinkreises, angefertigt von William Stakeley im Jahre 1724. Stukeley war der erste, der behauptete, daß die Steinkreise und Alleen riesige Schlangen darstellen.

Unten:
Schnitzerei eines Drachens auf einer Kirchenbank in der Crowcombe Church in Somerset.

„Und ich sah einen Engel vom Himmel fahren, der hatte den Schlüssel zum Abgrund und eine große Kette in seiner Hand,
Und er griff den Drachen, die alte Schlange, Welche ist der Teufel und Satan, und band ihn 1000 Jahre.
Und warf ihn in den Abgrund und verschloß ihn und versiegelte obendrauf,
Daß er nicht mehr verführen sollte die Heiden …"

Die ersten christlichen Missionare bauten ihre Gebäude auf die heidnischen Kultstätten, um den alten Geist zu verbannen. Das Christentum rottete den Drachen jedoch nicht vollständig aus, denn in der Kirchenkunst lebt er weiter.

Drachen sind in vielen Kirchen des Landes zu finden, sie treiben ihr Unwesen auf Bogenfeldern, wie zum Beispiel in Penmon Privory in Anglesey, in der Kathedrale von Wells und an Kirchenportalen. Natürlich war die Kirche mit diesen Arbeiten ihrer Holzschnitzer und Steinmetze nicht immer einverstanden. „Was haben diese lächerlichen Ungeheuer überhaupt für einen Sinn?" fragte Bernard von Clairvaux, der Gründer des Zisterzienser-Ordens. „Es schadet sicher nicht, sich mit den alten Göttern gutzustehen, nur für den Fall, man weiß ja nie …"

Drachen als Ufonauten

Natürlich gibt es viele spekulative Interpretationen über den Drachen. Eine Theorie besagt, es handle sich um ein UFO, und Kapitel 20 im Buch der Offenbarung sei nichts anderes als die Beschreibung eines kosmischen Krieges zwischen den Raumschiffen zweier feindlicher Galaxien. Es ist schon irgendwie merkwürdig, daß die meisten UFOs entlang der Drachenwege gesichtet werden, oder an Orten, wo angeblich die Ungeheuer getötet wurden. Die Theorie besagt weiter, daß der Mensch beim ersten Anblick der „Untertassen", diese für den Schlüssel zu unsagbarem Reichtum hielt. Natürlich wollte er den Schatz der Himmelsgötter unbedingt besitzen und versuchte, ihn zu stehlen, er tötete die Götter und bezwang den Drachen, den Wächter des Schatzes.

Nach der ersten Begegnung mit den Scheiben, wurde der Drachen, beziehungsweise die Schlange, deren einzelne Windungen ein kreisförmiges UFO darstellen sollen, zu einem Kultobjekt. Der frühzeitliche Mensch errichtete kreisförmige Erdwalle und Steinkreise, deren Umrisse oft nur aus der Luft zu erkennen waren, um die Fliegenden Untertassen wieder zurück auf die Erde zu locken. Gemäß dieser Theorie war auch Stonehenge nichts anderes als ein gigantischer Köder.

Diese Annahme ist allerdings nicht neu, denn schon im 18. Jahrhundert behauptete Dr. William Stukeley, daß die Kreise und Alleen aus prähistorischer Zeit riesige Schlangen darstellen, die von Menschen, die einer schlangen- oder drachenverehrenden Religion anhingen, erbaut wurden. Er wurde damals genauso verspottet wie die Ufologen heutzutage.

Manche Theoretiker akzeptieren zwar den Zusammenhang zwischen Drachen und UFOs, haben aber seine Stellung in der Mythologie völlig uminterpretiert. Ihrer Meinung nach wurden sie von übersinnlichen Kräften, außerirdischen Wesen oder aber von unserem kollektiven Unterbewußtsein auf die Erde geschickt. Der Wissenschaftler Thomas Bearden schreibt: „Das kollektive Unterbewußtsein ist um einiges stärker als das eigene Unterbewußtsein, und unter bestimmten Voraussetzungen kann es einen Gedanken materialisieren, egal ob es sich dabei um ein Lebewesen oder einen Gegenstand handelt." Diese materialisierten Gedanken nennt er „Tulpa", UFOs, Feen, Drachen und andere Erscheinungen. Für all die, für welche die Wissenschaft keine Erklärung kennt, ordnet er der „Tulpa" zu.

Eine andere Theorie bringt den Drachen mit einem kosmischen Umbruch in Verbindung, einer Eklipse oder einem Kometen, wie

Rechts:
Detail eines chinesischen Tellers aus dem frühen 18. Jahrhundert mit dem fünfkralligen Drachen. Er verkörpert die kaiserliche Macht, und es war den Untertanen bei Todesstrafe verboten, dieses Drachensymbol zu verwenden.

Unten:
Eine Perlmuttintarsie auf einem vietnamesischen Möbel aus dem späten 18. Jahrhundert. Sie zeigt zwei Drachen, die der Glücksperle nachjagen.

Geoffrey of Monmouth im 12. Jahrhundert beschreibt: „Stern von wundersamer Größe, in Form eines Drachens, aus dessen Maul zwei Lichtstrahlen ragten, so groß, daß sie bis Gallien zu reichen schienen."

Eine ähnliche Version besagt, alle Drachenlegenden stammten aus jener Zeit, als sich der Orbit der Venus der Erde näherte und alles auf Erden zerstörte. Offensichtlich beschäftigten sich die ersten Menschen viel mit Astronomie. In ihren Mythen sprechen die Azteken, Assyrer und Babylonier von der Venus als „gefiederte Schlange", „der fürchterliche Drachen", der die Erde mit seinem Feuer fast zerstört hätte.

Es ist unmöglich, ein genaues Bild des Drachenkomplexes zu gewinnen, denn größtenteils spiegeln Drachen nur die fixen Ideen jener wider, die sich mit ihm befassen. Die moderne Psychologie interpretiert ihn sowohl als Vaterfigur, der den Schatz seiner Tochter, ihre Jungfräulichkeit, hütet als auch als Mutterfigur, die über die Geschlechtstriebe ihres Sohnes wacht.

Die Alchimisten des Mittelalters akzeptierten die Veränderlichkeit des Drachens, denn sie beschäftigten sich ja mit Umwandlungen. Sie stellten sogar die Stabilität von Form und Funktion in Frage, alles war qualitätslos. Später, nach dem Verbot der Alchimie, wurde die Darstellungsweise in den Schriften der Alchimie immer dunkler und geheimnisvoller, und sie enthielten bald viele bildliche Decknamen, um die Form einer Materie zu beschreiben. Der Drachen war die Materie im unvollkommenen Zustand und wurde auch mit Quecksilber in Verbindung gesetzt, das angeblich eine Veränderung in anderen Metallen hervorrufen kann. Er wachte über das Gold, das die Alchimisten zu ihrer Arbeit inspirierte. Der Drachen mußte getötet werden, um an das Gold zu gelangen, aber er ist nie wirklich gestorben, denn er wurde in einer anderen Gestalt wiedergeboren.

Der Drachen ist der Ursprung aller Dinge, das Ende des Chaos, er ist feuerspeiendes Ungeheuer und Spender von Regen, er ist eine Macht der Erde und des Himmels und kann Leben und Tod verkörpern. Der Drachen ist alles und nichts, der Spiegel menschlicher Besessenheit. Nie und nimmer werden wir sein Geheimnis lüften können. Wir wissen nichts über ihn, außer, daß er sehr alt und sehr stark ist.

Der Schrei der Wildnis

Seit Jahrhunderten läßt der Gedanke der Verwandlung eines Menschen in einen Wolf die Völker nicht mehr los. Steckt mehr dahinter als nur Aberglaube?

Ein einsamer heulender Wolf. Es gibt zwar auch Geschichten von Menschen, die sich in Bären oder Hyänen verwandeln, aber die meisten handeln von Werwölfen.

Auf einem malerischen Hügel in der Nähe der Weichsel, die durch Krakau und Warschau fließt, feierten Mitte des letzten Jahrhunderts eine Gruppe von jungen Leuten ausgelassen das Ende der Erntezeit. Man aß und trank in Überfluß, alle sangen und tanzten nach Herzenslust. Das Fest war in vollem Gange, als auf einmal ein gräßlicher, markerschütternder Schrei durchs Tal gellte. Die jungen Männer und Frauen rannten sofort in die Richtung, woher der Schrei gekommen war. Zu ihrem Entsetzen mußten sie feststellen, daß ein riesiger Wolf das hübscheste Mädchen des Dorfes gepackt und verschleppt hatte. Von ihrem Verlobten war weit und breit nichts zu sehen.

Mehrere Männer nahmen sofort die Verfolgung des Wolfes auf und stellten ihn schon nach kurzer Zeit. Das blutrünstige Ungeheuer schäumte vor Wut, ließ seine Beute fallen und stellte sich seinen Widersachern zum Kampf. Einige Männer eilten zurück, um Gewehre und Äxte zu holen, aber der Wolf spürte die Angst der Zurückgebliebenen, packte seine Beute und verschwand im nahegelegenen Wald. Viele Jahre waren vergangen, als wieder während eines Erntedankfestes, auf dem gleichen Hügel, ein alter Mann auf die Runde zuging. Sie luden ihn ein mitzufeiern, aber er wollte lieber in Ruhe etwas trinken. Ein Bauer, der ungefähr gleich alt war, sah ihn prüfend an. Auf einmal fragte er ihn: „Bist du es, Hans?"

Der alte Mann nickte. Sein jüngerer Bruder hatte ihn nach all den Jahren wiedererkannt. Die Leute versammelten sich sofort um ihn und lauschten gebannt seiner wundersamen Geschichte. Er erzählte, wie er von einem Zauberer in einen Wolf verwandelt worden war, während eines Erntedankfestes seine Verlobte verschleppt hatte und danach mit ihr, bis zu ihrem Tode, im nahegelegenen Wald gelebt habe. „Von dem Augenblick griff ich alles an, was mir in die Quere kam, Männer, Frauen, Kinder und Tiere."

Danach zeigte er ihnen seine Hände, sie waren blutverschmiert. „Vor vier Jahren wurde ich in einen Menschen zurückverwandelt, seitdem ziehe ich von einem Ort zum anderen. Ich wollte euch alle noch einmal sehen, die Hütte, das Dorf, in dem ich geboren und aufgewachsen bin. Und danach – werde ich wieder in einen Wolf verwandelt." Kaum hatte er diese Worte ausgesprochen, wurde er wieder zum Wolf. Er rannte an den erstaunten Zuhörern vorbei, verschwand im Wald, und wurde nie wieder gesehen.

Diese ganze Geschichte hört sich an wie ein Märchen, und es ist daher schwer, ihr Glauben zu schenken. Wäre es möglich, daß zuviel Wein die ohnehin schon blühende Phantasie der Bauern noch beflügelte? Kann es sein, daß jeder der Geschichtenerzähler noch etwas dazugedichtet hat? Das ist ziemlich wahrscheinlich. Und dennoch, wie in so vielen Werwolf-

geschichten, werden sie von Mythologen, Historikern, Folkloristen und Psychologen als Faktum dargestellt. James Stallybrass in „Teutonic Mythology (Teutonische Mythologie, 1883) oder John Friske in „Myths and Mythsmaker (Mythen und Mytenmacher, 1892) und Walter E. Kelly in „Curiosities of Indo-European tradition and folklore“ (Sonderbares der indo-europäischen Tradition und Folklore, 1863). Jeder, der sich näher mit dem Problem auseinandersetzt, weiß, wie schwer es ist, Dichtung von Wahrheit zu trennen. Die einleitende Geschichte ist ein typisches Beispiel dafür. Der Ursprung dieses Volksglaubens, daß sich ein Mann in einen Menschen reißenden Wolf verwandeln kann – wurde bis heute noch nicht zufriedenstellend erklärt.

Herodot (5. Jahrhundert v. Chr.) erzählt, daß die Griechen und Skythen, die sich am Schwarzen Meer niederließen, die dort ansässigen Neurianer für Zauberer hielten, die sich jedes Jahr ein paar Tage in Wölfe verwandelten. Hier ist natürlich die Rede von Menschen, die sich als Wölfe verkleideten und ihre Masken jederzeit ablegen konnten.

Oben:
Assyrer in Löwenfellen, Ausschnitt eines Reliefs aus dem 8. Jahrhundert v. Chr. Das Verkleiden mit Tierfellen als Tarnung oder für rituelle Zwecke gab vielleicht Anlaß zu all den Werwolf-Legenden.

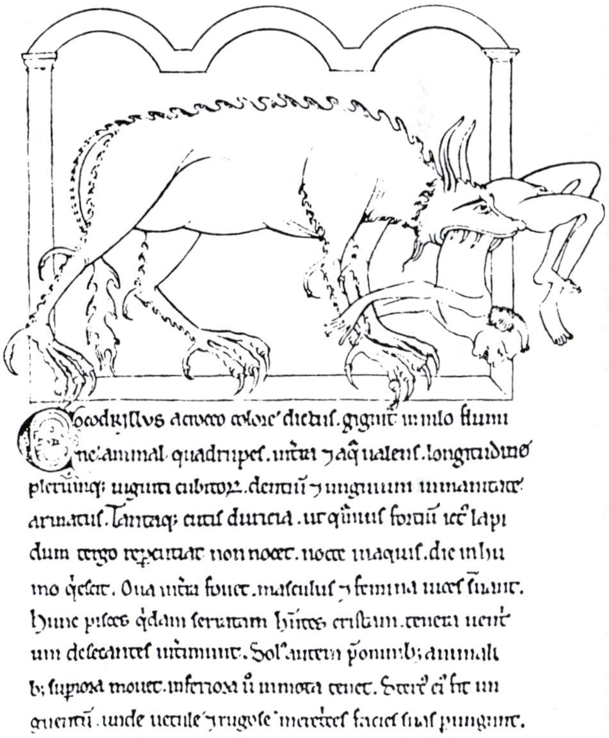

Rechts:
Ein Werwolf verschlingt einen Mann, Abbildung aus einem mittelalterlichen Bestiarium. Im Mittelalter waren die Menschen von der Existenz von Werwölfen überzeugt, dies wird durch Berichte über Hinrichtungen von angeblichen Werwölfen bestätigt.

Unten:
„Rotkäppchen und der Wolf“, in einer Illustration von Gustave Doré. Elemente von Werwolf-Legenden sind auch in Märchen zu finden, aber seltsamerweise zieht Rotkäppchen nicht die naheliegende Schlußfolgerung, ihre Großmuter sei ein Werwolf gewesen.

Die Begierde nach menschlichem Fleisch

Lange vor Christi Geburt glaubte man, der Werwolf sei ein menschliches Wesen, das von einer unnatürlichen Begierde nach Menschenfleisch besessen sei. Durch übernatürliche Kräfte konnte es sich jederzeit in einen gierigen Wolf verwandeln, um seinen furchtbaren Appetit zu stillen.

Alte Legenden besagen, daß er, sobald er die Gestalt eines Werwolfes angenommen habe, die gleichen Eigenschaften besitze wie ein Wolf, er konnte nur durch die Stimme und die Augen erkannt werden. In der römischen Literatur ist die Verwandlung von Mensch in Tier allein das Werk der Magie. Virgil war der erste einer ganzen Reihe von Dichtern, der diesen Aberglauben erwähnt. Petronius erzählt in seinem Roman „Satyricon“ ebenfalls eine Werwolfgeschichte.

In griechischen und römischen Überlieferungen ist zu lesen, die Verwandlung von Mensch in Wolf sei eine Strafe dafür, daß den Göttern Menschen geopfert wurden. Plinius schreibt, daß die Opfer an das Ufer eines Sees gebracht wurden, von dort aus schwammen sie zum gegenüberliegenden Ufer und wurden zu einem Wolf. Von nun an mußte der Verwandelte zusammen mit anderen Werwölfen neun Jahre durch die Gegend ziehen. Falls er während dieser Zeit keinen Bissen Menschenfleisch gegessen hatte, wurde ihm seine ursprüngliche Gestalt wieder zurückgegeben.

In seinen „Metamorphosen“ deutet Ovidius die Verwandlung in einen Werwolf ebenfalls als Strafe für Sünden. Er erzählt die Geschichte von Lykaon, dem mythischen König von Arkadien, der die Allwissenheit Jupiters prüfen wollte, indem er ihm einen geopferten Knaben zum Mahl vorsetzte – als Strafe dafür wurde er sofort in einen Wolf verwandelt, der nun seine Untertanen in Angst und Schrecken versetzte. Platon und Pausanias berichten, daß auch nach Lykaons Zeit an jener Stelle Menschen in Wölfe verwandelt wurden.

Es gab mehrere Methoden, ein Werwolf zu werden. Oftmals erfolgte die Verwandlung völlig unerwartet, ohne daß man etwas dagegen tun konnte. Die nordischen und isländischen Legenden besagen, daß man sich nur einen Wolfspelz umhängen mußte. In den meisten Fällen aber reichte eine Zauberformel, die den eigenen Körper zwar nicht veränderte, die aber die Menschen glauben ließ, sie sähen einen Wolf. Manche einstige Werwölfe behaupten, sie hätten ihre menschliche Gestalt nur deswegen zurückgewinnen können, weil sie gewisse Kräuter wie Schierling und Eisenhut zu sich nahmen oder ihren Körper mit Salben einrieben, wie es die skandinavischen und mitteleuropäischen Werwölfe seit dem 15. Jahrhundert gemacht hätten.

Rechts:
Lykaon, der mythische König von Arkadien, der die Allwissenheit Jupiters prüfen wollte, indem er ihm einen getöteten Knaben zum Mahl vorsetzte. Jupiter merkte es sofort und verwandelte Lykaon zur Strafe in einen Wolf. Auf diesem Holzschnitt aus dem 16. Jahrhundert versucht Lykaon, den schlafenden Jupiter umzubringen.

Hexen und Werwölfe

Der Glaube an Werwölfe war im 15. und 16. Jahrhundert in ganz Europa derart verbreitet, daß sie mit Hexen und Zauberern gleichgesetzt wurden. Jeder, der verdächtig war, ein Werwolf zu sein, wurde auf grausamste Art und Weise verbrannt oder gehängt, vor allem in Frankreich. In seinem Buch „The Psychoses" (Psychosen, 1970) sucht Elton B. McNeil nach einer Erklärung für Flagellantismus, Tarantismus, Massenhysterie, hypochondrische Illusionen, Projektionen oder Halluzinationen und den Werwolf: „Gewisse Verhaltensweisen erklären sich durch den Glauben, daß Gott demjenigen, den er zerstören will, zuerst den Verstand raubt. Verrücktheit als Ausdruck von Gottes Willen war eine weitverbreitete Vorstellung. Die Heilung wurde zu einem religiösen Ritual, der Irre aber das Opfer religiöser Verfolgung sowie Mittel, um das Leben der Gesegneten, Unschuldigen und der Reinen hervorzuheben."

Die Jagd nach dem Werwolf wurde zu einer religiösen Manifestation, genau wie die Hexenverfolgung. In Frankreich, wo die meisten Hexen verbrannt wurden, gab es auch die meisten Werwölfe. In einer Zeitspanne von etwas mehr als 100 Jahren – zwischen 1520 und 1630 – wurden hier mehr als 30000 „Werwölfe" verurteilt, diese Zahl wird durch die Unterlagen der Gerichtsverfahren bestätigt. 1573 wurde ein Werwolf namens Gilles Garnier aus Dôle beschuldigt, das Land verwüstet und kleine Kinder gefressen zu haben. Nachdem er sich schuldig bekannt hatte, wurde er auf dem Scheiterhaufen verbrannt. Einige Jahre später, 1598, entdeckten einige französische Bauern in der Gegend von Caude den völlig entstellten Körper eines 15jährigen Jungen. Zwei Wölfe, die sich an den Leichnam rangemacht hatten, entflohen sofort, als sich die Männer näherten. Die Bauern nahmen sofort die Verfolgung auf, und kurz darauf fanden sie im Gebüsch einen halbnackten Mann mit langen Haaren, einem langen, ungepflegten Bart und dreckigen, krallenähnlichen Fingernägeln, an denen noch Fleischfetzen hingen.

Der Mann, Jacques Rollet, ein bemitleidenswerter armer Irrer mit kannibalischen Anwandlungen, war gerade dabei, die Leiche des Jungen zu zerstückeln, als er von den Bauern überrascht wurde. Ob irgendwelche Wölfe im Spiel waren, außer vielleicht jenen in der Phantasie der Menschen, ist schwer zu sagen. Es ist sicher, daß Rollet sich für einen Wolf hielt und mehrere Menschen unter dem Einfluß dieser

Unten:
Werwolfverwandlung im 18. Jahrhundert. Der Volksglaube besagte, wenn man einem Werwolf die Kleider versteckte, könnte er nie wieder seine menschliche Gestalt annehmen.

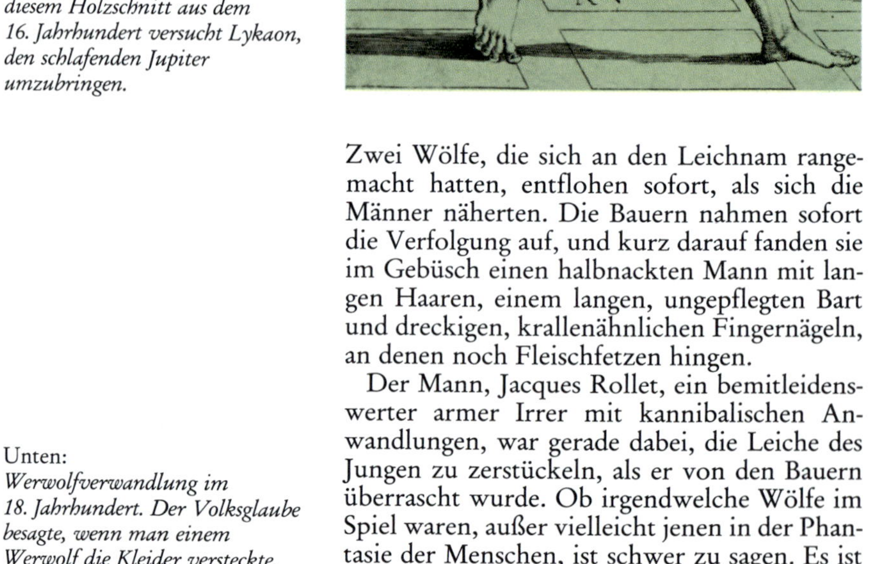

Wahnvorstellung tötete und verzehrte. Er wurde zum Tode verurteilt, aber das Gericht in Paris hob das Urteil auf und wies ihn in eine Irrenanstalt ein.

Ein weiterer Fall ereignete sich im frühen 17. Jahrhundert. Jean Grenier, ein 13jähriger schwachsinniger Junge, hatte durch seine hervorstehenden Eckzähne eine hundeähnliche Physiognomie. Auch er war von dem Gedanken besessen, ein Werwolf zu sein. Eines Abends tischte er einigen Mädchen das Märchen auf, daß er sich nach Sonnenuntergang in einen Wolf verwandeln und sie zum Abendessen verspeisen würde. Ein paar Tage später mußte eines dieser Mädchen in der Dämmerung die Schafe hüten. Plötzlich stürzte sich irgend etwas auf sie, in ihrem Schrecken muß sie es für einen Wolf gehalten haben, aber wie sich später herausstellte, war es niemand anders als Jean Grenier. Sie jagte ihn mit dem Hirtenstab in die Flucht.

Unten:
Illustration in der südafrikanischen Zeitschrift „Die Brandwag". Typisch an der von Hollywood inspirierten Version ist, daß dieses Wesen mit einem richtigen Wolf absolut nichts gemein hat.

Vor dem Gericht in Bordeaux erklärte er, daß er vor zwei Jahren einen Pakt mit dem Teufel geschlossen habe, der ihm anschließend einen Wolfspelz schenkte. Seit jener Zeit streifte er nachts als Wolf durch die Gegend, tagsüber nahm er seine menschliche Gestalt wieder an. Er hatte mehrere Kinder getötet und verzehrt, einmal hatte er sogar einen Säugling aus der Wiege gestohlen. Die gerichtliche Untersuchung ergab die Wahrheit seiner Aussagen. Es steht zweifelsfrei fest, daß Jean Grenier die Kinder gegessen hat, der geistesgestörte Junge war felsenfest davon überzeugt, ein Wolf zu sein.

In letzter Zeit ist es ruhig geworden um den Werwolf, aber er hat nichts von seiner Abscheulichkeit verloren. Kurz vor Ausbruch des Ersten Weltkrieges trieben angeblich drei Werwölfe in den Ardennen ihr Unwesen. In Schottland ging zur gleichen Zeit ein Gerücht um, daß es sich bei dem einsiedlerischen Schafshirten in Inverness um einen Werwolf handle. 1925 war ein ganzes Dorf einhellig der Meinung, daß ein einheimischer Junge ein Werwolf sei. Fünf Jahre später versetzte ein Werwolf in Bourgla-Reine (bei Paris) das ganze Dorf in Angst und Bangen. Dieser Vorfall wurde später von Pierre van Paasen in dem Buch „Days of our years" (Tage unserer Jahre, 1939) festgehalten.

Mörderische Bestien

1946 wurde das Indianerreservat der Navajo in den Vereinigten Staaten des öfteren von einer mörderischen Bestie, angeblich einem Werwolf, heimgesucht (die Navajo-Tradition ist sehr reich an Werwolf-Geschichten). In Rom lebte zur gleichen Zeit ein Mann, der unter dem Werwolf-Syndrom litt – bei Vollmond verlor er die Kontrolle über sich selbst und stieß laute, markerschütternde Schreie aus. Sogar die Polizei wurde eingeschaltet.

1957 wurden in Singapur die Bewohnerinnen eines Schwesternheimes von Werwölfen heimgesucht. Eine Schwester erinnerte sich, daß sie plötzlich aufwachte und sah, wie „ein furchtbar häßliches Gesicht mit langen Haaren und riesigen, hervorstehenden Reißzähnen" sie anstarrte. Auch in diesem Fall wurde die Polizei alarmiert, aber das Geheimnis konnte nie gelüftet werden. Desgleichen der Fall eines 16jährigen Mädchens aus Rosario do Sul (Südbrasilien), das sich einbildete, ihr Geist sei von einem wilden Wolf besessen, konnte nie gelöst werden. 1975 waren die englischen Zeitungen voll mit Berichten über einen 17jährigen aus Eccleshall (Staffordshire), der glaubte, er sei ein Werwolf. Um seiner seelischen Qual ein Ende zu bereiten, stach er sich mit einem Messer mitten ins Herz. Einer seiner Arbeitskollegen sagte bei der gerichtlichen Untersuchung aus, vor seinem Tod habe er mit ihm ein seltsames Telefongespräch geführt. „Er erzählte mir, daß sich seine Hände und sein Gesicht verfärben und er sich in einen Werwolf verwandeln würde. Zuerst wäre er ganz ruhig, aber danach würde er anfangen ganz fürchterlich zu brüllen."

Es ist ziemlich sicher, daß Unwissenheit und Wahnvorstellungen am Anfang vieler solcher Geschichten stehen, aber seit jeher üben sie einen starken Einfluß auf die Menschen aus.

Wahnvorstellungen und Verwandlungen

Es gibt viele Menschen, die auch heute noch behaupten, ein Werwolf zu sein. Sie legen ein wildes, tierisches Verhalten an den Tag und behalten dennoch ihre menschliche Gestalt. Diese Art der Geisteskrankheit kommt relativ häufig vor.

Die meisten Menschen stellen sich unter einem Werwolf ein behaartes, grausames Ungeheuer vor, das aufrecht geht, knurrend, aus dem Mund schäumend, mit einem ungeheuren, wolfsähnlichen Gebiß. Dieses Bild wird uns vor allem von Fernsehfilmen wie „Der Wolfsmensch" und „Die Legende des Werwolfes" vermittelt – es entspricht aber überhaupt nicht den Tatsachen. Geschichte und Mythologie geben eine sehr genaue Beschreibung eines Werwolfes, der sich kaum von einem echten Wolf unterscheidet. Wer mit diesem Thema nicht so vertraut ist, stellt den Werwolf auf die gleiche Stufe mit dem Lykanthropen.

Ein Lykanthrop ist ein geisteskranker Mensch, der sich für einen Wolf hält, sich aber nicht physisch verwandelt. Im 15. und 16. Jahrhundert glaubte man, daß das Fell des Werwolfes unter der Haut wächst, und viele Lykanthropen geben diese Erklärung, wenn man sie fragt, warum sie aussehen wie ein Mensch, wo sie doch ein Wolf sind. Ein Werwolf ist eigentlich aber ein Mensch, der mit Hilfe der Magie oder durch natürliche Veranlagungen die Fähigkeit besitzen soll, die Gestalt eines Wolfes anzunehmen. Der Werwolf verfügt damit über alle Eigenschaften eines richtigen Wolfes – Grausamkeit, Stärke, List und Schnelligkeit. Manche nehmen die tierische Gestalt nur für ein paar Stunden an, andere für immer.

Unten:
„Die leuchtenden Augen eines klassischen Werwolftraumes", Illustration in der amerikanischen Zeitschrift „Fantasy Fiction" aus den sechziger Jahren. Es gibt auch die Meinung, daß Werwölfe astrale Projektionen lykanthropischer Träume sind.

Peter Stump, eine berüchtigter deutscher „Werwolf", der 1589 in Köln eines fürchterlichen Todes starb, gestand, sich durch Zauberei selbst verwandeln zu können. Er war genauso fanatisch wie seine Richter leichtgläubig. Mehr als 100 Menschen hatte er getötet, zerstückelt und verschlungen – obwohl er sich nur in 15 Fällen für schuldig bekannte. Er war felsenfest davon überzeugt, daß er ein Wolf sei. Es steht zweifelsfrei fest, daß er geisteskrank war.

Der Begriff Lykanthropie stammt aus dem Griechischen. „Lykos" heißt der Wolf und „anthropos" der Mensch. Lykanthropie war für die alten griechischen Naturkundigen die Fähigkeit eines Menschen, sich in ein Tier zu verwandeln. Heutzutage bezieht sich dieser Ausdruck lediglich auf Menschen, die glauben, ein Tier zu sein. Aus diesem Grund halten Psychiater Lykanthropie für eine Geisteskrankheit. Es heißt, daß man den Werwolf nur anhand von zwei Merkmalen von einem richtigen Wolf unterscheiden kann: an seiner menschlichen Stimme und an den Augen. Aber sonst gleicht er in jeder Hinsicht einem Tier, er hat das dicke Fell und die Krallen eines Wolfes.

Aber in menschlicher Gestalt unterscheidet er sich in vielerlei Hinsicht von seinen Mitmenschen. Die buschigen Augenbrauen treffen oberhalb des Nasenrückens zusammen und seine langen, mandelförmigen Fingernägel sind blutrot gefärbt, der Mittelfinger ist besonders lang. Er hat tief sitzende Ohren, behaarte Hände und Füße. Es wurden drei traditionelle Haupttypen von Werwölfen unterschieden. Der erste war der „Erbwerwolf". Ein Fluch lag über der Familie, und die Krankheit wurde von einer Generation auf die andere vererbt. Der zweite Typ war der „Werwolf aus freien

Links:
Oliver Reed spielte die Hauptrolle im Film „Der Fluch des Werwolfes" aus dem Jahre 1960. Ein typisches Hollywood-Produkt, denn dieser Filmunhold hat nichts mit dem eigentlichen Werwolf gemein, er ist bekleidet und geht aufrecht.

Rechts:
Das Leben von Peter Stump, Deutschlands berüchtigtem Werwolf des 16. Jahrhunderts. In Gestalt eines Wolfes schlich er sich an junge Frauen, in menschlicher Gestalt vergewaltigte er sie, anschließend brachte er sie um und verschlang sie. Es hieß, er hätte ungeborene Kinder aus dem Mutterleib gerissen und ihre Herzen roh verspeist. 1589 wurde er vor Gericht gebracht, er gestand, daß er mit dem Teufel einen Pakt geschlossen hatte, der ihn anschließend in die Geheimnisse der Verwandlungskunst eingeweiht und ihm zu diesem Zweck ein Wolffell geschenkt hatte. Stump wurde gefoltert und zusammen mit seiner Frau und Tochter hingerichtet.

Unten:
Die Illustration aus Frank Hamels Buch „Human animals" (Menschliche Tiere) aus dem Jahre 1915 zeigt den gutmütigen Werwolf nach einem bretonischen Gedicht von Marie de France. Das Gedicht erzählt die Geschichte vom galantesten Ritter der Bretagne, der sich für drei Tage je Woche in einen Werwolf verwandelte, aber keinerlei Haßgefühle hegte, außer gegen sein untreues Weib und ihren Liebhaber. Am Schluß überlistet die Frau ihren Mann, indem sie ihren Galan dazu bringt, seine Kleider zu stehlen, ohne die der Werwolf seine menschliche Gestalt nie wieder zurückerlangen kann.

Stücken". Die Verderbtheit seines Geistes führte in das Reich der Schwarzen Magie, zum Gebrauch von Zauber, Gifttrunk, Tierfellen und Teufelsbeschwörungen, um die gewünschte Verwandlung herbeizuführen. Der dritte Typ von Werwolf war der „gutmütige Werwolf". Dieser Sproß der „Werwolffamilie" ist eigentlich ein Widerspruch in sich selbst. Er schämte sich wegen seines Aussehens und tat weder Mensch noch Tier etwas zuleide. Die zwei berühmtesten Werwölfe dieser Art kommen in zwei Romanen aus dem 12. Jahrhundert vor: in „William und der Werwolf" von Guillaume de Palerne und in „Lay of the bisclavaret" von Marie de France (bisclavaret ist der bretonische Ausdruck für Werwolf). Dieser Roman erzählt die Geschichte vom tapfersten Ritter der Bretagne.

Nach mittelalterlicher Vorstellung stülpte der Werwolf, wenn er sich in einen Menschen zurückverwandelte, das Fell nach innen. Eine Studie von verschiedenen Gerichtsunterlagen hat eindeutig bewiesen, daß die Gefangenen – offensichtlich Lykanthropen – gefoltert wurden, um das „Geheimnis" ihrer Metamorphosen preiszugeben. Aber solche Verhöre waren umsonst, und die Richter verloren die Geduld. Manchem unglückseligen Opfer wurden die Arme oder Beine abgehackt, oder die Haut wurde ihnen abgezogen, um das Geheimnis des nach innen wachsenen Felles zu lüften.

Jäger der düsteren Wälder

Eine weitere Hypothese besagte, daß die besessene Person nur ein Wolfsfell umhängen mußte, um die Gestalt eines Wolfes anzunehmen. Hier gibt es eine gewiße Ähnlichkeit mit dem Berserker – dem skandinavischen Werbär –, der des Nachts in den düsteren Wäldern umherspukt, gehüllt in Bären- oder Wolfsfelle, denn durch diese Verkleidung entwickelte er übernatürliche Kräfte.

Solch ein Wolfsfell wurde auch vom Werwolf Jean Grenier übergezogen. Jean Rollet gestand (1598), daß er magische Salben und Balsame verwendete.

„Wissen Sie, wessen Sie angeklagt sind?" fragte der Richter. „Ich habe mich versündigt", antwortete der 35jährige Werwolf. Meine Eltern gaben mir eine Salbe, deren Zusammensetzung mir allerdings nicht bekannt ist."

„Wenn Sie sich mit dieser Salbe einrieben, verwandelten Sie sich in einen Wolf?"

„Nein", antwortete Rollet, „ich bin ja ein Wolf, ich habe das Kind der Corniers getötet und gegessen."

„Waren Sie als Wolf verkleidet?"

„Nein, ich war genauso angezogen wie jetzt auch. Meine Hände und mein Gesicht waren blutverschmiert, denn ich hatte ja gerade ein Kind verzehrt."

„Verwandelten sich Ihre Hände und Füße in Wolfstatzen?"

„Ja."

Liegt der Ursprung in Halluzinationen?

Wie kommt es, daß die meisten Geschichten über Werwölfe aus dem Mittelalter stammen? Eine Theorie besagt, daß man diese Tatsache nicht einfach mit Aberglauben erklären kann. Halluzinationen, hervorgerufen durch tierische und pflanzliche Stoffe, waren für viele Menschen aus jener Zeit etwas ganz Normales.

Extrakte von Kröten und bestimmten Pflanzen, wie Alraune, Bilsenkraut und Tollkirsche, wurden von Medizinern häufig verabreicht, um jemandem das Gefühl zu vermitteln, er könne fliegen oder ihm würden Krallen wachsen und er könne sich in ein Tier verwandeln. Aber diese Halluzinationen waren nicht nur jenen Menschen vorbehalten, die ganz bewußt diese Drogen zu sich nahmen. In mittelalterlichen Mühlen wurde das Getreide in zwei Haufen geteilt, sauberes Getreide für die Aristokratie und den Klerus, und ergotisiertes Getreide für die Bauern. Das damals gefürchtete Mutterkorn hat einen Pilz, der eine dem LSD ähnliche Substanz enthält, die einem Menschen auch die Illusion vermitteln kann, daß man sich in ein Tier verwandle. Jeder konnte also „zum Werwolf" werden.

Unten:
Charles Leadbeater, der eine Studie über astrale Projektionen durchführtee, war der Meinung, daß der „astrale Körper" für das Verständnis des Werwolf-Phänomens von äußerster Wichtigkeit ist.

„Nimmt Ihr Kopf die Form eines Wolfskopfes an, wird er größer?"

„Ich kann mich nicht erinnern, wie mein Kopf zu jenem Zeitpunkt aussah, ich gebrauchte nur meine Zähne, ich nehme an, daß mein Kopf genauso aussah wie jetzt. Ich habe viele andere kleine Kinder getötet und verzehrt."

Eine weitere Methode, sich in einen Werwolf zu verwandeln, soll mittels eines Gürtels erfolgt sein. Normalerweise war er aus Leder, manchmal aber auch aus der Haut eines gehängten Menschen. Die Gürtelschnalle hatte sieben Zungen. Wenn sich diese Schnalle öffnete oder man den Gürtel zerschnitt, war der ganze Zauber vorbei.

Eine Geschichte aus dem 16. Jahrhundert handelt von einem Zauberer, der einen solchen Riemen besaß. Eines Tages verließ er sein Haus, ohne vorher den Gürtel eingeschlossen zu haben. Sein Sohn kletterte umgehend auf den Schrank, um ihn herunterzuholen, und kaum hatte er ihn umgeschnallt, verwandelte er sich in ein seltsames Tier. Genau in dem Augenblick kam sein Vater zurück, er riß dem Kind den Riemen vom Leibe, und es nahm umgehend seine menschliche Gestalt wieder an. Das Kind gestand, daß, sobald es den Gürtel umgeschnallt hatte, er einen furchtbaren, kannibalischen Hunger verspürte und in eine bestialische Wut geriet. Es ist zu bedenken, daß der Junge sich in einem Alter befand, in dem er sehr leicht zu beeinflussen war, mag

Oben:
Eliphas Levi, ein berühmter französischer Okkultist, stellte die Behauptung auf, daß in bestimmten Fällen, während die Menschen in ihrem Bett liegen und träumen, sie sich in einen Werwolf verwandeln würden. Ihre „siderischen Körper" zögen dann in Gestalt von Werwölfen durch die Gegend.

sein, daß er durch seinen Vater von der Zauberkraft des Gürtels unterrichtet wurde und fest entschlossen war, dieses Gefühl am eigenen Leibe zu erfahren.

Eliphas Levi, der führende französische Okkultist des 19. Jahrhunderts, erlitt aufgrund seiner eigenen „transzendentalen" Magie einen hysterischen Tobsuchtsanfall. Er erklärte die Verwandlung in einen Werwolf als „kongeniale Verbindung zwischen dem Menschen und seiner animalischen Gestalt". In einem seiner Bücher stellt er fest, daß, obwohl Werwölfe verfolgt, gejagt und hingerichtet wurden, sie niemals an Ort und Stelle getötet werden konnten. Man fand die Menschen, die unter diesen fürchterlichen Transformationen litten, immer zu Hause, mehr oder weniger schwer verletzt, manchmal im Sterben liegend, aber immer in ihrer menschlichen Gestalt.

Wilde und blutige Gelüste

Levi erörterte ferner das Phänomen der „siderealen Körper" – der Mittler zwischen der Seele und dem Organismus. Er glaubt, daß dort auch die Wurzel des Werwolfismus zu finden ist:

„Dieser Körper ist oft hellwach, während der andere schläft, und durch Meditation reist er durch unbekannte Räume, die ihm der universelle Magnetismus öffnet. Er verlängert die kongeniale Kette zu Herz und Hirn, ohne sie zu unterbrechen. Die Form

der siderealen Körper spiegelt unsere Gedankenwelt wider und wird zwangsläufig den materiellen Organismus verändern."
Levi ist der Meinung, daß der Werwolf nichts anderes ist, als der sidereale Körper eines Menschen, dessen wilde und blutige Gelüste von einem Wolf dargestellt werden, der als Phantom durch die Gegend zieht, während der Mensch träumt, er sei ein wilder Wolf.

Gewisse zeitgenössische Theosophen glauben, daß im Mittelalter, wo Hinrichtungen so häufig waren, manche Menschen moralisch so tief gesunken waren, daß ihre astralen Körper tatsächlich mit dem Tier in Verbindung standen. Falls diese astralen Körper sich tatsächlich in der Gestalt eines Wolfes manifestieren und der Wolf durch einen Jäger verletzt wurde, hatte sich die Wunde auf den menschlichen Körper übertragen, vorausgesetzt, er war ein Werwolf.

Charles Webster, ein anglikanischer Geistlicher, der um die Jahrhundertwende lebte und eine der herausragensten Persönlichkeiten der Theosophischen Gesellschaft war, erläuterte dieses „Wundenübertragen": „Bei gewöhnlicher Materialisation wird jede Wunde, die dem Tier zugefügt wird, auf den physischen Körper des Menschen übertragen, doch wird nach dem Tode des physischen Körpers der astrale Körper weiter existieren. Zwar wird er an Gefährlichkeit verlieren, denn ohne ein passendes Medium kann er sich nie voll und ganz wieder verkörperlichen."

Die Theorie der Wundenübertragung durch die Kraft der astralen Projektion wird von immer mehr Parapsychologen aufgegriffen. Rose Gladden, eine der erfahrensten Exorzistinnen Großbritanniens, berühmte Hellseherin und Heilerin, hegt keinerlei Zweifel daran, daß die diabolische Applikation der astralen Projektion eine wichtige Rolle im Leben der angeblichen Werwölfe gespielt hat. Sie erklärt warum: „Nehmen wir an, ich sei eine grausame Person, die an den schrecklichen Dingen des Lebens Gefallen findet, nun, sobald ich meinen astralen Körper aus meinem physischen Körper heraustreibe, kann all das Böse, was mich umgibt, sofort von mir Besitz ergreifen. Nun kann das Böse auch auf meinen astralen Körper übergreifen, der mich in ein Tier verwandeln kann. Wir sind ständig von bösen Kräften umgeben, denn unter Menschen können sie sich besser entwickeln als zum Beispiel in einem Nebelvakuum. Sogenannte Werwölfe sind die Manifestationen des Bösen im Menschen. Deshalb kann man verstehen, warum es so viele Fälle von ‚Wundenübertragung' gibt."

Unten:
Rose Gladden, britische Hellseherin und Heilerin, hat sich mit vielen Werwolf-Fällen beschäftigt. Sie glaubt, daß der Werwolf eine astrale Projektion ist, die durch das Böse in uns in einen Wolf verwandelt wird.

Oben:
Ein Werwolf greift einen Mann an, sein Freund steht entsetzt und völlig hilflos daneben. Holzschnitt des 16. Jahrhunderts aus einem Buch von Johann Geiler von Kayserberg.

Eine seltsame Unruhe

Es gibt unzählige Berichte über Wundenübertragung, von denen wir nur einen herausnehmen wollen. Im Sommer des Jahres 1721 waren ein Bauer und seine Frau auf dem Feld, um mit anderen die Heuernte einzubringen. Nach einer Weile sagte die Frau, daß sie furchtbar unruhig sei, keine Minute länger könne sie es dort aushalten, sie müsse weggehen.

Nachdem sie ihrem Mann das Versprechen abgenommen hatte, daß falls irgendein wildes Tier auf ihn zukommen würde, er sofort seinen Hut nach ihm werfen und davonrennen sollte, verschwand sie in Windeseile. Kaum war sie gegangen, sah er, wie ein Wolf den nahen Fluß überquerte und auf ihn losging. Der Bauer warf sofort den Hut nach ihm, den der Wolf sofort in Stücke riß, aber bevor er sich wieder davonmachen konnte, schlich sich ein Knecht von hinten an und stach mit der Heugabel auf den Wolf ein. Das Tier veränderte sofort seine Gestalt – alle waren entsetzt, denn vor ihnen lag die Frau des Bauern.

Ob Dichtung oder Wahrheit, traditionsgemäß ist die Tötung des Werwolfes das beliebteste Mittel, ihn zu zwingen, seine eigentliche Gestalt wieder anzunehmen. Manchmal hört man auch von Wundenübertragung durch außerkörperliche Erfahrung. Ob astrale Projektion die Lösung des Geheimnisses des Werwolfes ist? Ist er nichts anderes als die Manifestation eines „siderealen Körpers" von dem Eliphas Levi sprach – das projektierte Phantom eines Menschen?

Das Werwolf-Syndrom

Früher hielt man Werwölfe für verrückte, kranke oder tollwütige Menschen. Aber das ist nicht die Antwort auf die noch offene Frage, ob es Werwölfe wirklich gibt.

Die alten Griechen und Römer, zu bestimmten Zeiten auch die Ägypter, glaubten zwar an die Existenz des Werwolfes, waren aber von dem Gedanken bei weitem nicht so besessen wie die Menschen des mittelalterlichen Europas. Zu jener Zeit wurde die Verwandlung von Mensch in Tier für möglich gehalten. In einigen abgelegenen Gegenden Europas und Skandinaviens hat dieser Aberglaube sich halten können.

„Aberglaube ist die Religion der Einfältigen", sagte einmal der britische Staatsmann Edmund Burke in einem anderen Zusammenhang. Sicherlich speist der Aberglauben die Werwolf-Legenden. Von seinem mythischen Ursprung wandelte sich das Werwolf-Thema zu einer seltsamen Mischung aus mythischen, historischen, dämonischen und psychologischen Elementen. Die moderne Wissenschaft kann das Phänomen nicht zufriedenstellend erklären. Der Aberglaube, der seinen Ursprung 1000 Jahre vor Christus hat, enthält vieles, das sich nicht mit unserer modernen Denkweise vereinbaren läßt.

Die soziale Entwicklung des Menschen hat in Jahrtausenden die Kluft, die uns von den Tieren unterscheidet, erweitert. Die Reste unserer primitiven Instinkte werden von strengen Gesetzen oder vom Wunsch nach Ordnung immer stärker unterdrückt. Aber dieser Prozeß, der einen Vormenschen in einen zivilisierten Menschen verwandelt, geht sehr langsam vor sich, und hin und wieder kommt es zum Ausbruch von Eigenschaften entfernter oder primitiver Vorfahren. Die Psychologen sprechen in diesem Fall von Atavismus. Auch in den zivilisierten Ländern werden hin und wieder Menschen geboren, die von seltsamen, abnormen Gelüsten besessen sind, die Vergnügen daran finden, Menschen zu quälen und Menschenfleisch zu essen. Die moderne Psychologie kann diese abnormalen Fälle genau klassifizieren und erklären, aber der unwissenschaftliche, naive mittelalterliche Verstand konnte all das nur als Machenschaften des Teufels begreifen.

So ist es vielleicht auch nicht weiter verwunderlich, daß man in einem Zeitalter, in dem Verwandlungen von Mensch in Werwolf möglich schienen, glaubte, daß Menschen mit derart abartigen Veranlagungen imstand sind, tierische Gestalt anzunehmen. Mit fortschreitender Zivilisation verschwinden ganz allmählich die „Horrormythen". Die Sioux-Indianer waren zum Beispiel von der Existenz eines fürchterlichen Tieres, das Menschen verschlang, überzeugt. Die heutigen Sioux sehen das völlig anders. Sie kennen ihre alte Mythologie nicht mehr, sie wissen, daß dieser Aberglaube nur auf Knochenfunde prähistorischer Lebewesen beruhte.

Links:
Ein Medizinmann der Schwarzfußindianer, Illustration aus dem Jahre 1830. Es ist gut möglich, daß ähnliche Verkleidungen in Tierfelle Anlaß für all die Werwolf-Geschichten bildeten.

Unten:
Nebukadnezar, Kupferstich von William Blake. Der große babylonische König litt an einer seltenen Krankheit. Nachdem er Gott erzürnt hatte, wurde er von den Menschen ausgestoßen, er ernährte sich wie ein Ochse von Gras, sein Körper war feucht vom Tau des Himmels, schließlich sahen seine Haare aus wie Adlerfedern und seine Nägel glichen Krallen.

Wir haben bereits gesehen, daß der Aberglaube um den Werwolf auch auf die Tatsache zurückzuführen ist, daß Naturvölker sich als Tiere verkleideten, wenn sie durch die Wälder streiften. Wie Wölfe machten sie sich auf Nahrungssuche, und es ist ohne weiteres möglich, daß die Menschen glaubten, daß sie durch die Verkleidung auch die grausamen Eigenschaften jenes Tieres annahmen, dessen Fell sie umgehängt hatten, so daß sie es schließlich auch verkörperten, sei es für kürzere oder längere Zeit. Manche Werwolfgeschichte nordamerikanischer Indianer erzählt von Menschen, die nur den Kopf, die Hände und die Läufe eines Wolfes besaßen. In Frankreich, Deutschland, Skandinavien und einigen Teilen Osteuropas glaubte man, daß die Verwandlung in einen Werwolf durch ein Hemd oder einen Gürtel aus der Haut eines Wolfes hervorgerufen wurde, ein Rest des Felles, welches einmal den ganzen Körper bedeckte.

Verwechslung mit seltener Krankheit?

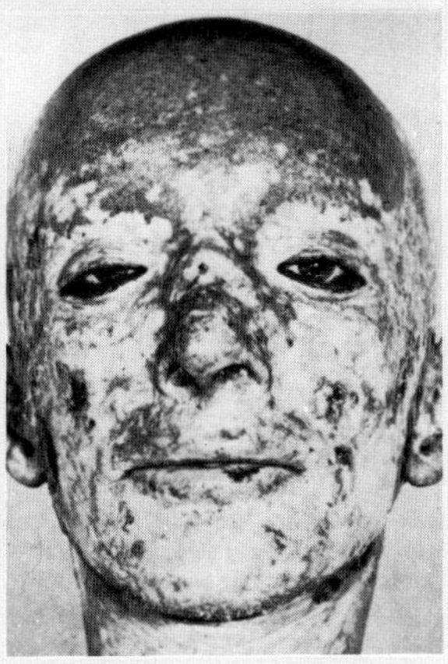

Gibt es einen Zusammenhang zwischen Werwölfen und den bemitleidenswerten Menschen, die an der seltenen Stoffwechselkrankheit Porphyria leiden? Symptome dieses Leidens sind starke Lichtempfindlichkeit, Verfärbung der Zähne, nervöse Zustände, die von leichter Hysterie bis zu manisch-depressiven Psychosen und Delirien reichen.

Diese Symptome treffen zwar größtenteils auf Werwölfe zu, aber die krankhaften Veränderungen der Haut konnte man wohl kaum mit dem Fell eines Wolfes verwechseln. Der Gelehrte Altomarus beschrieb den Werwolf in menschlicher Gestalt als ein Wesen mit „hohlen Augen, bleich und trocken". Dr. Illis, vom Guy's Hospital in London, ist der Meinung, daß Werwölfe nichts anderes sind, als Opfer dieser furchtbaren Krankheit, aber bis jetzt konnte diese Theorie noch nicht bewiesen werden.

Krankhafte Wahnvorstellungen

Im frühen 17. Jahrhundert als Jean Grenier, der „französische Werwolf", wegen Mord an sieben Kindern vor Gericht gestellt wurde, zeigten die Richter ein für jene Tage ungewöhnliches Mitgefühl. Sie berücksichtigten sowohl das Alter des Angeklagten als auch seinen geistigen Zustand. Grenier litt unter krankhaften Wahnvorstellungen, und so wurde er nicht zum Tode auf dem Scheiterhaufen verurteilt, sondern zu lebenslanger Unterbringung in einem Franziskanerkloster in der Nähe von Bordeaux.

Die Vorstellung, daß Werwölfe Opfer von Geisteskrankheiten sind, war keineswegs neu – ein paar Jahre zuvor wurden 14 Menschen in Frankreich wegen Hexerei und Werwolfverwandlungen verurteilt, doch anschließend freigesprochen. Aber der Fall Grenier kennzeichnet den Anfang einer völlig neuen Annäherung an den Werwolfglauben. Die Richter konnten die Entrüstung der Ärzte einfach nicht länger ignorieren und kamen immer mehr zu der Überzeugung, daß die angeblichen Werwölfe nichts anderes waren, als Opfer krankhafter Wahnvorstellungen, irgendeiner Geisteskrankheit, gegen die weder Beschwörung noch Arzneien halfen. Von nun an wurden die Menschen, die unter animalischen Wahnvorstellungen litten, von Rechtsgelehrten und Medizinern in zwei verschiedene Kategorien eingeteilt: Werwölfe und Lykanthropen. Der Werwolf war ein mythisches Wesen, der Lykanthrop ein Geisteskranker. In ganz Europa wurde die Krankheit neu definiert. Der große englische Gelehrte Robert Burton nennt sie in seiner berühmten medizinischen Abhandlung „The anatomy of melanchol" (Über die Melancholie 1621) ganz einfach „Wolfsverrücktheit". Im 17. Jahrhundert schrieb Alfonso de Santa Cruz, Hofarzt von Philipp II., daß diese Krankheit das Symptom einer melancholischen Stimmung sei, ein Produkt der Galle, von der mittelalterliche Mediziner glaubten, sie greife das Hirn an.

Unten:
1685 wurde der Bürgermeister von Ansbach hingerichtet, nachdem er beschuldigt wurde, ein Werwolf zu sein. Für viele Jahre beschäftigte dieser Vorfall die Gemüter der Ansbacher. Dieses Bild stammt vom schwedischen Hofmaler Johann Schwabeda, 1737–1817.

Heutige Ärzte nehmen an, daß Lykanthropie auch einen psychologischen Ursprung hat. In „The world history of psychiatry" (Weltgeschichte der Psychiatrie, 1975) wird erklärt, daß Hypochondrie des öfteren zu Lykanthropie führen kann. Um das zu veranschaulichen, wird die Krankengeschichte eines 30jährigen Patienten erzählt. Zuerst verfiel er in tiefe Melancholie, die sich dann zu Monomanie steigerte, die ihn glauben ließ, er wäre ein Wolf (Lykanthropie), er floh vor den Menschen und suchte Zuflucht in den Bergen, wo er des Nachts laut losheulte und die Toten beschwor. Man kann sich leicht vorstellen, wie leicht die Opfer dieser Wahnvorstellungen im weniger aufgeklärten 17. Jahrhundert dazu gebracht werden konnten, Morde, Überfälle und Werwolfverwandlungen zu gestehen. Tausende Menschen wurden hingerichtet, weil das Volk an Werwölfe glaubte. Es gibt genug Gerichtsunterlagen, die das bestätigen: ein weiteres Beispiel fataler Leichtfertigkeit, denn der Aberglaube machte diese Krankheit – in diesem Falle Lykanthropie – zur Nahrung für seine grausamen Gelüste. Es ist auch ein Beispiel völliger Unwissenheit.

Grausame Morde und der Werwolf

Der amerikanische Psychoanalytiker Dr. Nandor Fodor interpretiert Lykanthropie nicht so sehr psychologisch, sondern als „psychischen Mechanismus". Er mißt Träumen eine große Bedeutung bei, vor allem jenen, in denen Verwandlungen, grausame Morde, Blutvergießen und der Werwolf eine Rolle spielen. Seine Deutung derartiger lykanthropischer Träume sind in vielen Büchern und Artikeln einschlägiger Fachzeitschriften nachzulesen. Hier ein Auszug aus seinem Patientenbuch:

„Eine Frau wachte eines Nachts auf und sah, wie ein wolfsähnliches Tier neben dem Kamin sie mit großen leuchtenden Augen anstarrte. Völlig entsetzt schaltete sie das Licht ein, worauf das Tier verschwand. Sie glaubte, einen Werwolf gesehen zu haben. Ich fragte sie nach irgendwelchen Assoziationen. Im Laufe unseres Gespräches stellte sich dann raus, daß sie mit dem Wolf einen Mann assoziierte, durch den sie viel Geld verloren hatte, der eines Nachts in ihr Schlafzimmer geklettert war und sie zu erwürgen drohte, falls sie ihren Mann nicht zu verlassen bereit sei und zu ihm kommen würde. Seine großen, braunen, erschreckend funkelnden Augen ließen ihn wie einen Werwolf aussehen. Das Seltsame ist, daß diese Werwolf-Vision sich ereignete, bevor sich der Mann in das Schlafzimmer der Frau schlich. Wie dem auch sei, diese Assoziation hilft uns ihre Halluzinationen besser zu verstehen. Sie stellen einen Reflex ihrer sadistischen sexuellen Erwartungen dar. Das Leuchten in den Augen des Wolfes war das Leuchten ihres Wunsches nach körperlicher Züchtigung, und der Kamin war das passende topographische Symbol der Leidenschaft, die in ihr brannte."

Es ist äußerst schwierig, eine Erklärung für Lykanthropie und Werwolfismus zu finden. Um sie voll und ganz zu verstehen, muß man vieles berücksichtigen: Schwarze Magie, Kannibalismus, Geisteskrankheit, Blödheit, Einfältigkeit, Sadismus, Empfindlichkeit, Phantasie, astrale Projektionen und Tollwut. Es ist leicht möglich, daß Mediziner des Mittelalters Lykanthropie mit Tollwut verwechselten. Ein tollwütiger Mensch schnappt wie ein Tier nach allem, was in seiner Reichweite ist und steckt andere mit dieser furchtbaren Krankheit an.

Für Jahrtausende glaubte man, einen Werwolf anhand des Schaumes um seinen Mund erkennen zu können – ein Symptom, das auch bei tollwütigen Patienten auftritt. Kann es sein, daß der römische Dichter Ovid seine Beschreibung von Lykaons Verwandlung auf die Beobachtung eines tollwütigen Wolfes oder Menschen zurückging? Er schreibt: „Vergeblich versuchte er zu sprechen, denn von jenem Augenblick an trat Schaum aus seinem Mund, ihn dürstete nach Blut, er lechzte förmlich danach, als er in den Schafsherden wütete."

Tatsächlich spricht Ovid hier von einem Werwolf. Wer von ihm gebissen wird, wird selbst zum Werwolf, besagt der Volksglaube, wer von einem tollwütigen Wolf verletzt wird, wird selbst Opfer dieser Krankheit. Man stelle sich einmal das Dilemma der einfachen Menschen im Mittelalter vor, für sie war ein tollwütiger Wolf einfach ein tobender Wolf, ein Mensch, der die gleichen Symptome zeigte, war hingegen ein Werwolf. Werwölfe waren vielleicht nichts anderes als Menschen, die an Wahnvorstellungen oder an ansteckenden Krankheiten litten. Vielleicht geht der Glaube an sie bis in die frühesten Kulturen zurück. Eine plausible Erklärung sind Träume, denn eine geistig unausgeglichene Person träumt häufig davon, ein Wolf zu sein. Eines Tages ist sie dann sicher, daß es so ist.

Es gibt Wissenschaftler, die von der Existenz von Werwölfen überzeugt sind. Sie glauben nicht, daß eine Legende der jegliche faktische Basis fehlt, jahrhundertelang überleben kann. Falls dieser Glaube an tierische Metamorphosen wirklich nur Unsinn ist, warum haben dann so viele Wissenschaftler seit jeher soviel Zeit damit verbracht, um dem Geheimnis auf die Spur zu kommen?

Oben:
Der amerikanische Psychoanalytiker Dr. Nandor Fodor glaubt, daß Lykanthropie wie ein „psychischer Mechanismus" wirkt, auch wenn die Menschen kein werwolfähnliches Verhalten an den Tag legen, so verarbeiten sie ihre Probleme im Unterbewußtsein durch lykanthropische Träume.

Rechts:
Ein Mann wird von einem tollwütigen Wolf verfolgt, Illustration aus Harper's Monthly Magazine aus dem Jahre 1909. Durch tollwütige Wölfe wird die Krankheit übertragen. Es wäre durchaus denkbar, daß, in der Vorstellung der mittelalterlichen Menschen, Tollwütige zu Werwölfen wurden.

Geheimnisvolle Tiermenschen

Die Vorstellung von geheimnisvollen Tiermenschen oder seltsamen Übergangsformen vom Tier zum Menschen entstand sowohl in der Alten als auch der Neuen Welt. Selbst die moderne Abstammungslehre des Menschen kann nicht ausschließen, daß es in Rückzugsgebieten Amerikas oder Asiens noch kleine Gruppen von Frühmenschen geben könnte.

Menschen, Mythen oder Monster?

Jeder hat schon einmal vom mysteriösen Schneemenschen im Himalaya gehört – dem Yeti. Aber in allen Teilen der Welt gibt es Berichte über Begegnungen mit geheimnisvollen Wesen, die weder Mensch noch Tier sind.

Hintergrund Bild:
Der Himalaya, Heimat des Yeti, dem Schneemenschen.

„Wilde Waldmenschen", der „wilde Mann" sind Vorstellungen, die sich im Volkstum fast aller Länder der Welt finden. Solche Waldmenschen sind auch auf Schnitzereien in anglikanischen Kirchen zu sehen. Obwohl es verlockend ist, diese als reine Erfindung der bäuerlichen Phantasie zu bezeichnen, kann man einige Berichte aus Nordamerika über Begegnungen mit „Tiermenschen", die fast 2,50 Meter groß sind, nicht einfach ignorieren.

Über den „Bigfoot" oder „Sasquatch", wie der indianische Name dafür lautet, ist in Nordamerika in letzter Zeit so viel geschrieben worden, daß man Meldungen aus anderen Teilen der Welt völlig übersieht. Immer wieder kommen Berichte aus dem Himalaya, der Heimat des Yeti, über merkwürdige Fußspuren im Schnee oder über Begegnungen mit dem Yeti selbst. 1974 hütete ein nepalesisches Mädchen eine Herde von Yaks in 4250 Metern Höhe im Mount Everest Gebiet, als sie plötzlich von einem Yeti angegriffen wurde. 1978 kehrten Lord und Lady Hunt noch einmal nach Nepal zurück, in Erinnerung an die Mount Everest Besteigung des Jahres 1953. Vor ihren Hütten entdeckten sie im Schnee riesige Fußspuren, die sie schließlich auch fotografierten. Zuletzt behauptete der Südtiroler Rekordbergsteiger Messner, daß er im Oktober 1986 auf mehreren tausend Metern Höhe ein seltsames

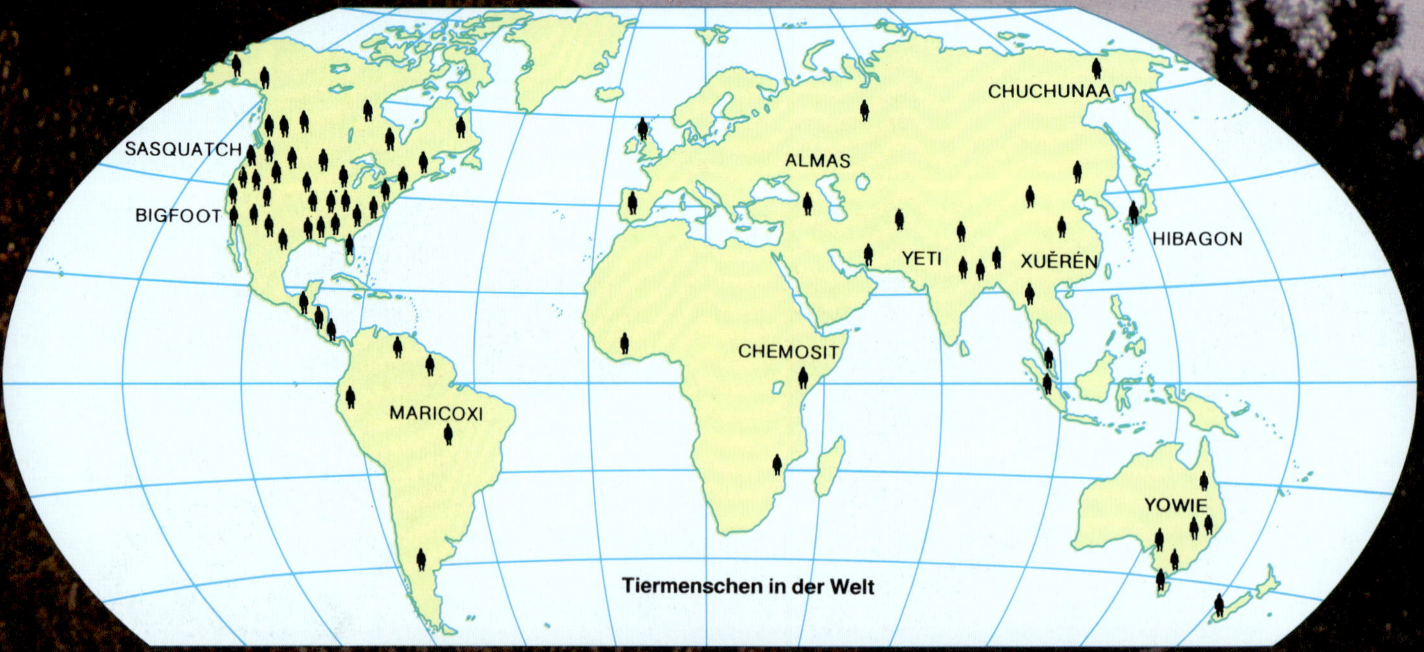

Tiermenschen in der Welt

Menschenwesen, das er als Yeti identifizierte, gesehen habe. Es ist schon viel über sie geschrieben worden, obwohl ihnen nur wenige begegnet sind. Andrerseits hören wir in unseren Breitengraden fast nie etwas über Begegnungen mit „wilden Menschen" oder „Tiermenschen" in entlegenen Regionen Chinas. In der Mitte der siebziger Jahre wurden des öfteren unbekannte Wesen in den Provinzen Heber und Shansi gesichtet, ein bewaldetes und gebirgiges Gebiet westlich und südlich von Peking. Pang Gensheng, 33, hatte im Juni 1977 ein grauenhaftes Erlebnis mit einem seltsamen Wesen. Pang war gerade beim Holzhacken in den Taibai-Bergen in der Provinz Shansi, als plötzlich ein „zur Gänze behaarter" Mann vor ihm stand.

„Er kam immer näher auf mich zu. Ich hatte furchtbare Angst und wich zurück, solange bis ich mit dem Rücken an einen Felsvorsprung stieß. Der behaarte Mann kam immer näher, jetzt waren wir nur noch 2 Meter von einander entfernt. Ich hob meine Axt, ich war bereit, um mein Leben zu kämpfen. Für mehr als eine Stunde blieben wir so stehen, keiner von uns beiden rührte sich von der Stelle. Heimlich tastete ich nach einem Stein, zum Glück fand ich einen und warf ihn nach dem Wesen. Ich traf ihn an der Brust. Er gab einige seltsame Laute von sich und rieb die verletzte Stelle mit seiner linken Hand. Darauf drehte er sich um und lehnte sich gegen einen Baum, dann ging er ganz langsam weg in Richtung Schlucht und gab noch ein paar unverständliche Laute von sich."

Der „Mann" war etwa 2,10 Meter groß, hatte eine fliehende Stirn, tiefliegende, schwarze Augen, einen vorspringenden Kiefer und große Schneidezähne. Sein langes, dunkelbraunes Haar hing lose bis zu den Schultern, Gesicht und Körper waren völlig behaart. Die Arme reichten bis zu den Knien, er ging aufrecht und hatte O-Beine.

Unten links:
Dieser angebliche Fußabdruck eines Yetis wurde während einer Himalaya-Expedition im Jahre 1951 am Fuße des Menlung entdeckt.

Unten rechts:
Im Februar 1980 machten polnische Bergsteiger in 4800 Metern Höhe diese Aufnahme am Mount Everest. Die Fußspur ist 36 Zentimeter lang und 17 Zentimeter breit.

Menschen". Dieses Gebirge bildet den nordwestlichen Ausläufer des Himalayas. Im Sommer 1979 fand eine sowjetische Expedition dort seltsame Fußspuren, sie waren 34,3 Zentimeter lang und bei den Zehen 16,5 Zentimeter breit. Niemand konnte sich erklären, von was für einem Wesen sie stammen könnten.

„Tiermenschen" wurden auch in Sibirien gesichtet. In den frühen sechziger Jahren beobachtete ein Jäger, der mit seinem Hund auf Pirsch ging, zwei solche Wesen beim Verlassen des Waldes. Die amerikanischen Bigfeet scheinen Hunde nicht ausstehen zu können. Es gab schon Fälle, da wurde einer von ihnen verletzt oder getötet. Der sibirische Jäger sah, daß die Wesen völlig behaart waren, lange Arme hatten und ihre Füße beim Gehen nach außen drehten. Ihre Augen leuchteten dunkelrot – ein weiteres Merkmal, das sie mit den Bigfeet gemeinsam haben.

1920 wurde ein sogenannter „Chuchunaa" (eigentlich Aussätziger, so nennt man die wilden Menschen im jakutischen Gebiet Ostsibiriens) von den Dorfbewohnern gesehen:

> „Er sammelte Beeren, genau wie wir, und stopfte sie mit beiden Händen in den Mund. Als er uns erblickte, erhob er sich und stand in voller Größe vor uns. Er war über zwei Meter groß, schlank, barfuß, hatte ein Hirschfell übergehängt, lange Arme und lange, ungekämmte Haare. Sein Gesicht war so groß wie das eines Menschen. Seine Stirn aber klein und fliehend. Er hatte ein großes, breites Kinn, viel größer als das eines Menschen. Er sah trotz dieser Besonderheiten

Am Institut für Paläoanthrologie und Paläontologie der chinesischen Akademie der Wissenschaften wurden solche Berichte näher untersucht, aber bis heute keine abschließende Stellungnahme publiziert. Trotzdem ist es merkwürdig, daß sich die Beschreibung von Pang Gensheng genau mit jenen aus anderen Teilen der Welt deckt. Auch das Verhalten des Wesens war typisch.

Fußspuren im Schnee

Auch in der Sowjetunion wurden Nachforschungen angestellt. Dr. Jeanna Kofman ist dem sogenannten „Almas" der kaukasischen Berge seit 1955 auf der Spur. Sie hat viele Augenzeugenberichte überprüft und etwa 4000 Interviews selbst geführt. Eines davon mit dem 39jährigen Muhamed Tomakow, einem Bauern, der 1946 einen „Almas" in einer Hütte in Getmish gefangen genommen hatte. Das Wesen sah aus wie ein Mensch, war aber völlig behaart und ging auf allen vieren, nur wenn er stand, nahm er eine aufrechte Haltung ein. (Auch in Amerika wurden Bigfeet beobachtet, die auf allen vieren gingen.) Sobald das Wesen in der Hütte war, verriegelte Tomakow die Tür und ging weg, um ein Seil zu holen. Als er zurückkam, stand die Tür offen und die Hütte war leer. Das Pamir-Gebirge in Zentralasien gilt als eine weitere Region der „wilden

Oben:
Ein „Waldmensch" vom Portal einer Kirche in Suffolk. Viele Eremiten oder Ausgestoßene lebten in den Wäldern des mittelalterlichen Englands, es ist unklar, ob dies aber alle Berichte von „Waldmenschen" erklären kann.

Rechts:
Fußspuren, die angeblich von einem Yeti stammen. Eine andere Theorie besagt, daß sie zu einem gewöhnlichen Tier gehören und die Spuren nur durch die Sonneneinstrahlung größer wurden.

aus wie ein Mensch, abgesehen davon, daß er etwas größer war."

Auch in Amerika wurden die Bigfeet beim Beerensammeln beobachtet, und auch schon welche, die Kleider trugen.

Das Wesen „X"

In jedem großen Land gibt es irgendwo Wildnis, Dschungel oder bewaldete Berge, die kaum von Fremden betreten werden. (In Europa sind diese Gebiete selten geworden, das ist auch der Grund, weshalb kaum Berichte über Tiermenschen von dort stammen.) Regionen unerforschten Landes sind vielleicht die Heimat vieler unbekannter Wesen. In Asien wurden Tiermenschen in Malaysia gesichtet, wo es noch genug Dschungel gibt, in dem sie sich verstecken können. Je weiter entfernt das Gebiet, umso weniger hören Außenseiter von Begegnungen mit unbekannten Wesen, es sei denn, Expeditionen werden zu ihnen unternommen.

Dies erklärt, warum die Informationen aus Südamerika und Afrika nur so lückenhaft sind. Trotzdem wissen wir, daß hier solche Begegnungen recht häufig sind. Jacqueline Roumeguere Eberhardt vom nationalen wissenschaftlichen Forschungszentrum in Paris veröffentlichte 1978 einen Teil ihrer Forschungsarbeit über afrikanische Tiermenschen, die sie einfallsloserweise „X" nannte. Zu jenem Zeitpunkt hatte sie 31 Berichte über Begegnungen mit seltsamen Wesen in 11 verschiedenen Wäldern Kenias untersucht und teilte das Wesen „X" in vier verschiedene Kategorien ein. Ein Einheimischer wurde von einem „X" gefangengenommen, genaustens untersucht und anschließend wieder freigelassen.

Manchmal kommen auch Berichte über Begegnungen mit seltsamen Wesen aus Ländern, von denen man es gar nicht vermuten würde. Für uns ist Japan nichts anderes als eine Industrienation, wer würde schon annehmen, daß es zwischen den vielen Betrieben noch genug unbewohntes Land gibt, das Tiermenschen als Heimat dient. In den frühen siebziger Jahren haben mehrere Menschen den Hibagon (so nannte man ihn) gesehen. Der Bauer Kubo erblickte dieses 1,50 Meter große, übelriechende Etwas im Jahre 1974, als er gerade die Reisfelder düngte. Es stand mitten auf dem Weg, er konnte nicht genau erkennen, was es war, also ging er näher drauf zu: „Ich war wie versteinert, der Gestank haute mich einfach um. Er muß in Kuhmist gebadet haben. Bevor er überhaupt bemerkte, daß ich ihn gesehen hatte, rannte ich davon, ohne mich noch einmal umzudrehen."

Dieser Gestank war auch jenen aufgefallen, die dem amerikanischen Bigfoot begegnet sind. In Australien gibt es noch viele Gebiete, die unbewohnt sind, hier ist die Heimat der Tiermenschen. Die Aborigines, die schwarzen Ureinwohner, glauben fest daran, daß sie wirklich existieren und gaben ihnen verschiedene Namen, heutzutage heißen sie einfach „Yowies".

Das Rätsel Yeti

Die meisten Wissenschaftler sind der Meinung, daß der Yeti von dem Riesenaffen „Gigantopithecus" abstammt, dessen Fossilien in Indien und China gefunden wurden. Eine genaue Untersuchung der Überreste hat ergeben, daß der „Gigantopithecus" vor maximal 12 Millionen Jahren bis 500000 v. Chr. gelebt hat. Während dieser Zeit wuchs der Mount Everest um 500 Meter. Es ist also durchaus möglich, daß viele Spezies von Tieren dadurch völlig isoliert wurden.

Einige Experten sind der Meinung, daß, obwohl die Fußspuren des Yeti oberhalb der Schneegrenze entdeckt wurden (eine kahle Landschaft, in der kein Säugetier ausreichend Nahrung findet), er weiter unten in den bewaldeten Tälern beheimatet ist. Hier gibt es eine üppige Vegetation, es ist häufig neblig, und es verirren sich nur sehr wenige Menschen in diese Gegend. Aufgrund der klimatischen Veränderungen muß er des öfteren durch den hohen Schnee gehen, um in die Täler zu gelangen. Auf diesen Märschen hinterläßt er dann die verräterischen Fußspuren.

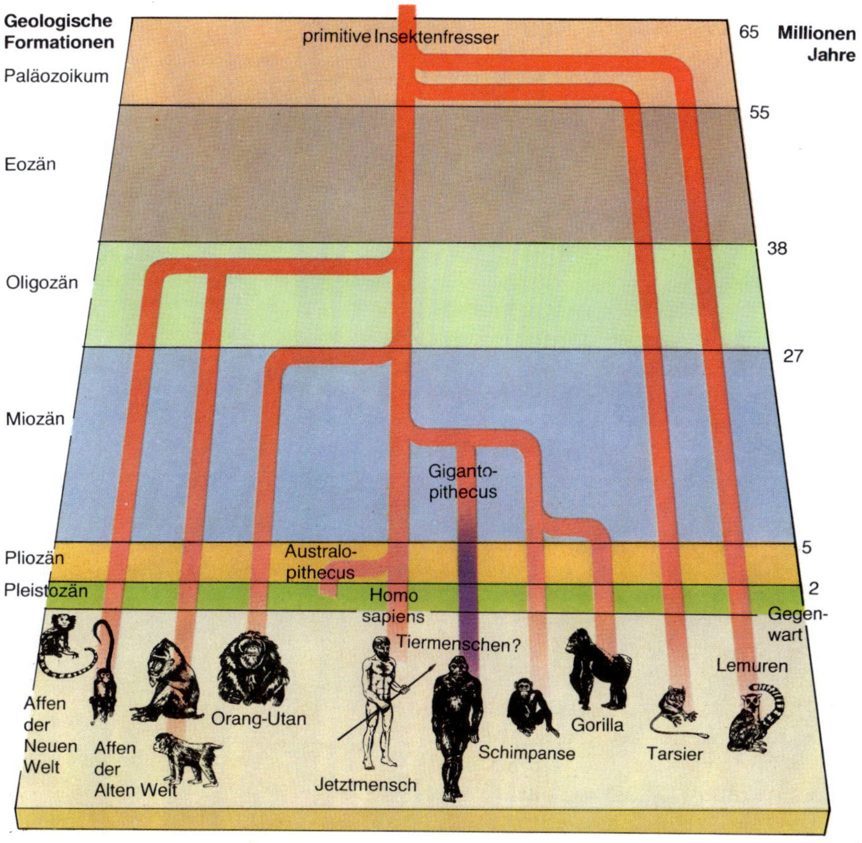

Links:
Der Musiklehrer Richard Brown steht neben dem Zaun in der Nähe der Stelle, wo er 1971 den Bigfoot sah. Er beobachtete ihn durch das Fernrohr seines Gewehres.

Unten:
Igor Bourtseu macht seit Jahren Jagd auf „Schneemenschen". Hier zeigt er den Gipsabdruck einer Fußspur, die er am 21. August 1979 im Pamir in Zentralasien, fand. Sie stammt angeblich von einem „Almas" und ist 34 Zentimeter lang und bei den Zehen 16 Zentimeter breit. Sie hat fast die gleiche Größe wie die Fußabdrücke, die im Himalaya gefunden wurden.

Seit dem späten 18. Jahrhundert hört man immer wieder von Begegnungen mit den seltsamen Wesen, vor allem in den Bundesstaaten Neusüdwales und Queensland. Am 3. Oktober 1894 ritt der kleine Johnnie McWilliams von seinem Haus in Snowball zum Postbüro von Jinden in Neusüdwales, als plötzlich ein seltsames Wesen vor ihm stand.

„Ein großer Mann mit langen Haaren sprang auf einmal aus dem Wald, er schien genauso überrascht zu sein wie Johnnie, denn er rannte quer übers Feld, knickte um und schrie vor Schmerzen. Während er lief, drehte er sich noch ein paarmal um, bis er hinter einem Hügel verschwand. Der ‚Mann' war etwa 1,80 Meter groß und von kräftigem Körperbau."

Joseph und William Webb wollten um die Jahrhundertwende im Brindabella-Gebirge (Neusüdwales) zelten. Auf einmal hörten sie ein tiefes, heiser klingendes Gebrüll und seltsame Geräusche, als ob irgend etwas durchs Gebüsch kriechen würde. John Gale, Gründer und Herausgeber einer bekannten Zeitschrift, berichtet in einem seiner Bücher was danach passierte:

„Sie verließen ihr Zelt und beobachteten, wie ein seltsames Ding auf sie zu kam, allerdings sahen sie nur den Kopf und die Schultern. Er ging aufrecht, war völlig behaart und sah so aus, als ob er keinen Hals hätte, denn zwischen den Schultern war der Kopf kaum sichtbar. Er kam immer näher auf das Zelt zu. Jetzt konnten sie ihn genau sehen. Er hatte die Gestalt eines Menschen, mit langen, schweren Schritten näherte er sich. Webb schrie: ‚Wer bist du? Rede oder ich schieße.' Keine Antwort, kein Wort, nur ein tiefes Brüllen. Er richtete die Waffe auf ihn und feuerte, der Schuß war kilometerweit zu hören, aber das Wesen schien unverletzt zu sein, denn es drehte sich um und rannte davon."

Daß er entkommen konnte, bedeutet nicht unbedingt, daß Webb nicht getroffen hätte. Denn aus Amerika kommen immer wieder Berichte, daß normale Gewehre gegen solche haarigen Riesen machtlos sind, entweder weil die Munition nicht durchschlagskräftig genug ist oder aus einem anderen mysteriösen Grund.

Rex Gilroy, ein australischer Yowie-Forscher, hat mehr als 3000 Berichte über Begegnungen mit den Riesen gesammelt, und genau wie in Nordamerika häufen sich die Meldungen in den siebziger Jahren. Ein Arbeiter des Nationalparkes im Springbrock-Gebiet in Queensland erzählte, daß er im März 1978 das Wesen aus nur 2 Metern Entfernung gesehen hatte. Er hörte ein Grunzen, zuerst dachte er an ein entlaufenes Schwein und ging in den Wald um nachzuschauen.

„Auf einmal blickte ich auf und sah dieses riesige, schwarz behaarte Wesen vor mir stehen. Es glich in vielerlei Hinsicht einem Gorilla, besaß unförmige Hände, mit einer umfaßte es einen Baumstamm. Es hatte ein flaches, schwarzes, glänzendes Gesicht, mit zwei großen gelben Augen, sein Mund schien ein großes schwarzes Loch zu sein. Ich war wie gelähmt, ich konnte nicht einmal die Axt heben, die ich in der Hand hielt. 10 Minuten standen wir da und starrten uns an. Auf einmal fing es ganz fürchterlich an zu stinken, ich mußte mich übergeben – dann drehte es sich um und verschwand."

Sein Aussehen und sein Verhalten lassen darauf schließen, daß der Yowie ein enger Verwandter des nordamerikanischen Bigfoot ist.

Oben links und rechts:
1967 entstanden in Bluff Creek (Kalifornien) diese Aufnahmen eines Bigfoot, es sind die einzigen, die je gemacht wurden. Genaue Analysen haben ergeben, daß die Fotos nicht gestellt sind – aber Skeptiker behaupten, daß es sich hierbei um einen, in Tierfelle verkleideten Schauspieler handelt.

Unten:
Gipsabdrücke von Fußspuren, die kurz darauf in der Gegend gefunden wurden.

Auf den Spuren des Bigfoot

Hunderte von Berichten über Begegnungen mit dem Bigfoot lassen darauf schließen, daß es ihn tatsächlich geben könnte. Aber wie gelingt es diesen primitiven Wesen im größten Industrieland der Welt überhaupt zu überleben?

Seit den dreißiger Jahren des letzten Jahrhunderts hört man immer wieder von Begegnungen mit sogenannten „Tiermenschen". Wir müssen uns auf alte Zeitungsartikel stützen, um Näheres über die Begebenheiten vor 1900 zu erfahren, aber einige Wissenschaftler haben eine bemerkenswerte Ähnlichkeit zwischen den damaligen und heutigen Berichten festgestellt. Eine Regionalzeitung von 1851 berichtete über zwei Jäger in Greene County (Arkansas). Sie beobachteten, wie eine Viehherde von einem menschenähnlichen Tier verfolgt wurde.

„Es war riesig, der Körper völlig behaart, sein langes Haar fiel bis auf die Schultern. Der wilde Mann sah sie einen kurzen Augenblick lang an und sprang dann mit großen Sätzen davon. Die Fußabdrücke, die er hinterließ, wurden anschließend gemessen, sie waren 33 Zentimeter lang."

Der Zeitungsreporter fügte hinzu, daß man das Wesen „für einen verstörten Überlebenden des Erdbebens, das 1811 die ganze Region verwüstet hatte", hielt. In fast allen frühen Berichten werden die Tiermenschen als „wilde Menschen" bezeichnet. Man nahm an, daß es sich um menschliche Wesen handelte, die in Wäldern hausten und daß ihnen deswegen im Laufe der Zeit ein dickes Fell gewachsen war. Die moderne Evolutionstheorie besagt jedoch, daß dies unmöglich der Fall sein kann. Eine stammesgeschichtlich „rückwärts" gerichtete Entwicklung, in wieder primitiveren Lebensformen also, ist unmöglich. Die Begegnung mit dem Bigfoot in Arkansas von 1851 beweist, daß solche Zusammentreffen nicht auf die nordwestlichen Staaten (Kalifornien, Washington, Oregon) beschränkt sind. Obwohl die meisten Bigfeet in diesen Regionen gesichtet werden, hat man ihre Spuren in fast allen amerikanischen Bundesstaaten und kanadischen Provinzen gefunden. Vor allem in Florida wurden in den letzten Jahren die, dem Bigfoot ähnlichen, „Skunk Affen" gesichtet.

Viele Meldungen über Tiermenschen gehen nicht näher auf Einzelheiten ein. Aber es gibt trotzdem detaillierte Berichte genug, die Auskunft geben über besondere Merkmale und das Verhalten des Bigfoot. Sie scheinen ziemlich schüchtern zu sein und wollen offensichtlich nichts von Menschen wissen. Manchmal erwacht allerdings Neugier, dann schleichen sie sich an Zelte heran, wühlen die Sachen der Menschen durch und zuweilen schaukeln sie sich auf Autos. In frühen Berichten ist zu lesen, daß sie ganze Goldgräberstädte zerstört hatten, um die Eindringlinge zu vertreiben. Bigfeet wurden auch schon in der Nähe von Bauernhäusern und abgelegenen Ortschaften beobachtet, vielleicht weil dort die Nahrungssuche leichter ist. Trotz ihres angsteinflößenden Aussehens sind sie im allgemeinen nicht

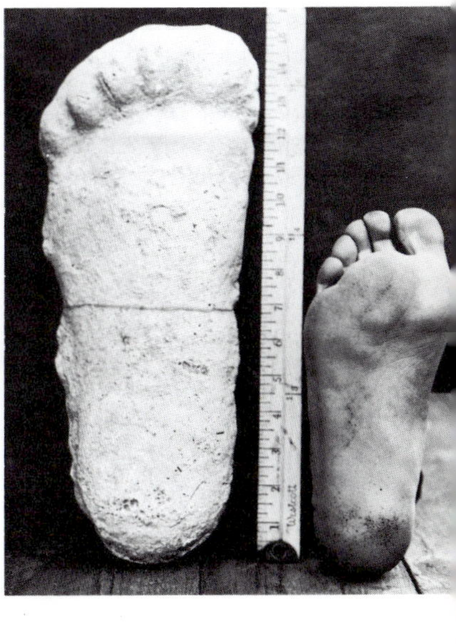

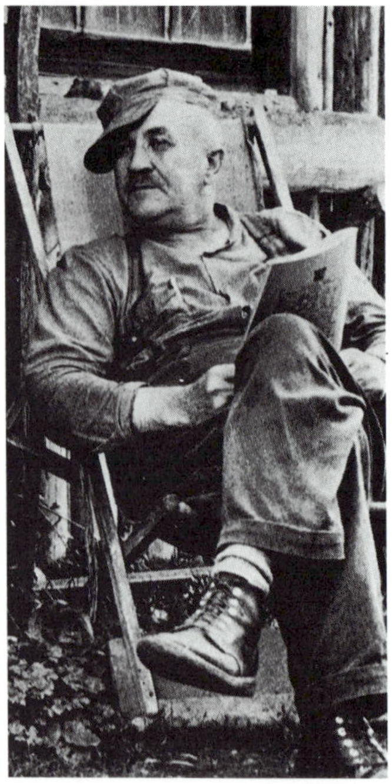

aggressiv. Bis jetzt haben sie noch nie einem Menschen etwas zuleide getan.

Im Laufe des 20. Jahrhunderts häufen sich die Berichte über Begegnungen mit dem Bigfoot. Vor allem in den sechziger und siebziger Jahren gab es eine regelrechte Flut von Meldungen. Das ist sicher auf die bessere Information durch die Massenmedien zurückzuführen. Kann es aber auch bedeuten, daß sich die Bigfeet allmählich aus den Wäldern herauswagen? Ihr Lebensraum wird immer kleiner, bald werden sie aussterben. Vielleicht ist es diese Bedrohung ihres Lebensraumes, der sie zwingt, ihre Gebiete zu verlassen, dies würde auch erklären, warum sie in letzter Zeit immer häufiger gesehen werden.

Das „Bigfoot Casebook" ist eine Sammlung von mehr als tausend Berichten dieser Art, kann aber keinesfalls als vollständig gelten. Es wird angenommen, daß nur über ein Zehntel aller Begegnungen festgehalten werden. Es gibt auch viele Meldungen über große menschenähnliche Fußabdrücke im Schlamm, im Sand

Ganz oben:
Der Goldsucher Albert Ostman behauptet, daß er 1924 von einer Bigfootfamilie gefangen gehalten wurde.

oder im Schnee, die angeblich von einem Bigfoot stammen. Forscher, die sich näher mit den Berichten befassen, haben Haare und Kot untersucht, aber auch diese Analysen gaben wenig Aufschluß über den Bigfoot. Eine Auswahl von Nachrichten aus diesem Jahrhundert vermittelt uns ein genaues Bild über den Bigfoot und sein Verhalten. 1969 schrieb Albert M. Fletscher über eine Begegnung mit ihm im Jahre 1917 in Washington:

„Im Herbst 1917 war ich gerade 17 Jahre alt und arbeitete als Holzfäller in Cowlitz River (Washington). In einer mondhellen Nacht ging ich ins nahegelegene Dorf, wo ein Tanz veranstaltet wurde. Auf einmal überkam mich das seltsame Gefühl, daß mich etwas verfolgte. Ich dreht mich um, konnte aber nichts sehen. Schnell versteckte ich mich also hinter einem Baum und wartete. Ich wollte herausfinden, was mich verfolgte. Kurz darauf sah ich ein etwa 2 Meter großes menschenähnliches Wesen auf mich zukommen. Es ging auf den Hinterbeinen, war völlig behaart, hatte einen Bart und einen breiten Brustkorb. So weit ich feststellen konnte, trug er keine Kleider. Ich hatte fürchterliche Angst und schrie wie am Spieß, als das Wesen meine Schreie hörte, drehte es sich um und rannte in den Wald zurück. Ich erzählte meinen Kollegen von dem Vorfall, einige lachten mich aus, andere sagten, daß auch sie schon einmal so ein Wesen in der Gegend gesehen hätten. Wir standen alle vor einem Rätsel, das einzige was wir mit Bestimmtheit sagen konnten, war, daß es sich um ein affenähnliches Etwas handelte, das eine große Ähnlichkeit mit einem Menschen hatte."

Geisel der Tiermenschen

Der dramatischste Zwischenfall mit einem Bigfoot ereignete sich im Jahre 1924. Albert Ostman behauptet, daß er von einem Bigfoot gekidnappt und für einige Tage als Geisel gefangen gehalten wurde, bevor ihm endlich die Flucht gelang. Die Entführung fand in der Nähe von Toba Inlet (Kanada, British Columbia) statt. Ostman hatte sein Zelt im Wald aufgeschlagen; eines Nachts wurde er von einem Bigfoot samt Schlafsack entführt und mehr als drei Stunden von ihm durch die Gegend geschleppt.

Es war immer noch dunkel, als sie an ihrem Ziel ankamen. Bei Tag erblickte Ostman vier Bigfeet, zwei Erwachsene und zwei Kinder. Während seiner Gefangenschaft hatte er Gelegenheit genug, die Lebensgewohnheiten der Familie zu studieren und einen Fluchtplan auszuarbeiten. Alle Versuche scheiterten am „alten Mann". Ostman hatte ein Gewehr bei sich, wollte es aber nicht benutzen. Schließlich gelang ihm doch noch die Flucht, als er dem „alten Mann" eine große Prise Schnupftabak verabreichte, die ihn außer Gefecht setzte. Während der Bigfoot weglief, um Wasser zu holen, rannte Ostman so schnell wie möglich davon.

Die interessantesten Berichte sind zweifelsohne jene von Zeugen, die einen Bigfoot aus nächster Nähe gesehen haben. Personen mit einem guten Beobachtungsvermögen können sehr viel zum Verständnis dieser Wesen beitragen. William Roe, der einem Bigfoot im Oktober 1955 im Mica-Gebirge in British Columbia begegnete, lieferte uns eine sehr genaue Beschreibung. Roe hatte sich hinter einem Busch versteckt und blieb so für den 1,80 Meter großen und um 135 Kilo schweren Bigfoot unsichtbar. Roe sah das Wesen aus sechs Metern Entfernung. Er beschrieb es in allen Einzelheiten, seine Haare, die Form des Körpers, das Gesicht, den Kopf und seine Gangart. Zuerst dachte er, daß er versehentlich in Dreharbeiten für einen Gruselfilm geplatzt wäre, dann aber wurde er sich bewußt, daß das alles Wirklichkeit war. In seinem Bericht hieß es:

„Irgendwie muß dieses wilde Wesen mich dann doch gerochen haben, denn es schaute in meine Richtung, schob die Zweige beiseite und war völlig verdutzt, als es mich bemerkte. Es sah so komisch aus, daß ich für einen Augenblick lang grinsen mußte. Nachdem es drei oder vier Schritte zurückgewichen war, ergriff es die Flucht, drehte sich aber noch einmal um, vielleicht hatte es Angst vor Menschen. Es sah so aus, als ob es keinen Kontakt mit Fremden wünschte.“

In einigen Beschreibungen ist zu lesen, daß man mit viel Geduld mit einem Bigfoot sogar Freundschaft schließen kann. Im Herbst 1966 entdeckte ein Ehepaar vor ihrem Haus in Cover Bank (New Jersey) 43 Zentimeter lange Fußspuren, am nächsten Tag beobachteten sie, wie jemand durch ein Fenster ins Haus starrte. Von nun an ließen sie regelmäßig Essensreste vor der Tür liegen, die auch verzehrt wurden. Einmal vergaßen sie, etwas herauszustellen, vor lauter Wut schmiß der nächtliche Besucher den Mülleimer gegen die Hauswand. Der Mann gab einen Schuß in die Luft ab, das half aber nichts, also zielte er auf den Bigfoot, er schien getroffen zu sein, denn schwankend lief er davon und kam nie wieder zurück.

1967 erregte ein neun Meter langer verwakkelter und unscharfer 16 mm Farbfilm in der Fachwelt einiges Aufsehen. Die Fragen, die dieser Streifen aufwirft, sind bis heute nicht zufriedenstellend beantwortet worden. Roger Patterson, einem Bigfootjäger, der zusammen mit Bob Gimlin im Oktober jenes Jahres durch abgelegene Wälder in der Bluff Creek Region in Nordkalifornien streifte, sind diese Aufnahmen zu verdanken. Während eines Rittes bäumten sich die Pferde plötzlich auf. Als die Männer um sich schauten, entdeckten sie einen weiblichen Bigfoot in der Nähe eines Baches. Patterson sprang sofort aus dem Sattel, schnappte sich die Kamera und rannte mit laufender Kamera hinter dem Wesen hinterher. Bevor der Bigfoot im Dickicht verschwand, drehte er sich noch einmal um. Seit 1967 wurde dieser Film des öfteren analysiert, und obwohl bewiesen werden konnte, daß es keine gestellten Aufnahmen sind, bleiben die Wissenschaftler mißtrauisch.

Vielleicht ist es nur eine ganz normale Abwehrreaktion: „Den Bigfoot kann es nicht geben, also gibt es ihn nicht.“ Trotzdem wird er in regelmäßigen Abständen beobachtet, er erschreckt die Menschen, jagt ihnen Angst ein, tut ihnen aber niemals etwas zuleide und verwirrt jene, die nicht so recht an seine Existenz glauben wollen.

René Dahinden, ein Bigfootjäger, steht hier neben einer Statue eines Bigfoots von Jim McClarin. Das Modell wurde anhand von Zeugenaussagen angefertigt. Es ist 2,40 Meter groß und bei den Schultern über einen Meter breit, seine Füße sind 26 cm lang und 25 cm breit.

Beim Bigfoot geht es nicht nur um die Frage, ob es ihn wirklich gibt, sondern auch darum, ob er Mensch oder Tier ist. Die Durchschnittsgröße eines Bigfoot liegt nach den Beobachtungen um 2 Meter, es wurden zwar auch schon kleinere gesehen, aber das waren sehr wahrscheinlich keine ausgewachsenen. Manchmal kann man aufgrund von genauen Beobachtungen die exakte Größe errechnen. Im April 1979, innerhalb von zwei Tagen, sah der 16jährige Tim Meissner in der Nähe seines Hauses in British Columbia dreimal den gleichen Bigfoot. Das erste Mal war es beim Fischen mit Freunden im Dunn Lake. Plötzlich hörten sie ein lautes Kreischen und entdeckten am gegenüberliegenden Ufer einen Bigfoot. Als die Jungen auf ihn zugingen, nahm er Reißaus. Die Jungen suchten die ganze Gegend ab, aber alles was sie fanden, war ein Hirsch mit einem gebrochenen Genick, der mit Ästen und Moos zugedeckt worden war.

Zwei Tage später kehrte Tim Meissner mit vier Freunden zur gleichen Stelle zurück. Diesmal hatten sie Gewehre bei sich. Sie trennten sich und machten sich auf die Suche nach dem Bigfoot. Meissner hatte unwahrscheinliches Glück, auf einmal stand er mit leuchtenden Augen und einer Schulterbreite von 1,20 Metern vor ihm. Ohne auch nur einen Augenblick lang zu zögern, schoß Meissner. Verletzt brach der Bigfoot zusammen, raffte sich aber wieder auf und taumelte davon. Als Tim den Bigfoot das erste Mal erblickte, stand er etwa 45 Meter von ihm entfernt neben einem Baum. Später kehrte er zu dem Baum zurück, und anhand der genauen Beschreibung, die er von dem Bigfoot gab, konnte errechnet werden, daß er etwa 2,70 groß gewesen sein muß.

Wesen aus dem Nichts?

Einige Tiermenschen scheinen unverwundbar zu sein, andere können sich anscheinend in Luft auflösen. Was sind das für seltsame, kaum vorstellbare Wesen?

Oben:
Der vermeintliche Kopfhaut eines Yeti, sie wird in dem buddhistischen Kloster Pangboche im nepalesischen Himalayagebiet aufbewahrt. Trotz aller Bemühungen ist es bis jetzt noch niemandem gelungen, anerkannte Überreste eines Yetis zu finden, die seine Existenz bestätigen würden.

Rechts:
Der 16jährige Tim Meissner (links) sah den Bigfoot im April 1979 in der Nähe seines Hauses in British Columbia (Kanada). Das Wesen war etwa 2,70 groß und stand neben diesem Baum, als Tim ihm begegnete.

Geheimnisvolles Dunkel

Auch die Fußabdrücke, die Bigfeet hinterlassen, stellen uns vor Rätsel. Die meisten haben fünf Zehen und gleichen einem menschlichen Fuß. Manchmal aber werden auch Abdrücke gefunden mit zwei, drei, vier oder sechs Zehen. Kann sein, daß Übereifrige am Werk waren, die undeutliche Spuren einfach falsch deuteten. Immer wieder hört man von einem seltsamen Phänomen: Manche Bigfeet sind anscheinend unverletzlich. Es gibt drei mögliche Erklärungen dafür: Entweder ist die Munition nicht durchschlagkräftig genug, der Jäger verfehlte vor lauter Aufregung sein Ziel oder der Bigfoot ist nicht aus Fleisch und Blut.

Links:
Die Mönche des Klosters Pangboche behaupten, daß dies die Handknochen eines Yetis sind. Obwohl die Hand im Verhältnis zum Kopf recht klein erscheint, sind diese Überreste doch ein Hinweis darauf, daß der Yeti ein affenähnliches Wesen sein könnte. Die meisten Affen haben relativ kleine Hände.

Bigfeet und UFOs

Diese Wesen, die vielleicht nicht aus Fleisch und Blut sind, können sich anscheinend in Luft auflösen. So unglaublich es klingen mag, es gibt aber Berichte, die dies möglicherweise belegen. Im Februar 1974 sah eine Frau aus Pennsylvania ein seltsames Wesen vor ihrer Haustür stehen. Sie ergriff ein Gewehr und schoß aus nur zwei Metern Entfernung auf den Bigfoot. Sie war perplex, denn anstatt verletzt zusammenzubrechen, verschwand das Wesen in einem Lichtstrahl. Als ihr Schwiegersohn den Schuß hörte, eilte er sofort nach draußen. Er sah einen zweiten Bigfoot in der Nähe des Waldrandes und entdeckte ein leuchtend rotes Licht über den Bäumen. Schon oft wurden UFOs und Bigfeet zur gleichen Zeit und am gleichen Ort festgestellt. Können überhaupt Zusammenhänge bestehen? Einige Zeugen sagten aus, daß sich diese Entmaterialisierung noch auf andere Art und Weise äußere.

Ein weiterer seltsamer Fall ereignete sich am Abend des 25. Oktober 1973 auf einer Farm in der Nähe von Greensburg, Pennsylvania. Der Farmerssohn Stephen beobachtete wie ein großer, leuchtend roter Ball auf einem Feld landete. Zusammen mit zwei 10jährigen Jungen rannte er ins Freie, um nachzusehen, was los war. Was sie nun zu sehen bekamen, werden sie wohl ihr Leben lang nicht vergessen: Ein strahlendes Objekt war soeben auf der Erde gelandet, neben dem Lichtball standen zwei große affenähnliche Wesen mit leuchtenden grünen Augen und langem dunklem Haar. Die Gestalten gingen auf sie zu. Stephen schoß sofort, aber sie ließen sich nicht aufhalten. Dreimal feuerte er auf das größere der beiden Wesen, es riß die Arme in die Höhe. Das UFO verschwand, die Bigfeet drehten sich um und rannten in den nahegelegenen Wald. Sofort wurden Nachforschungen angestellt, aber man fand keine Spur, weder von dem UFO noch von den Bigfeet, nur die Erde glühte noch. Kurz danach verfiel Stephen in Trance.

Mörder der Feinde

Derart bizzare Fälle geraten selten an die große Glocke. Seltsamerweise ereignete sich das Geschehen nicht im traditionellen Bigfootgebiet im Nordwesten Amerikas. Die meisten Zeitgenossen halten das Ganze für Hirngespinste von Exzentrikern, sie glauben nicht an paranormale Erscheinungen. Jäger, die es sich zur Lebensaufgabe gemacht haben, die Welt von

der Existenz der Bigfeet zu überzeugen, haben es schwer, denn trotz der Masse von Informationen, gibt es kaum Wissenschaftler, die dieses Phänomen ernstnehmen. Wenn man einen Bigfoot fangen könnte, dann wäre natürlich alles anders. Folglich herrscht unter den Jägern große Rivalität – manchmal sogar Feindschaft –, denn jeder will der erste sein, der einen Bigfoot erlegt oder gefangen nimmt. Bis jetzt allerdings hatten sie keinen Erfolg.

Es ist bekannt, daß schon mehrere Tiermenschen erlegt wurden, aber ihre Leichen standen leider nicht für Forschungszwecke zur Verfügung. 1917 erschoß der Schweizer Geologe François de Loys an der Grenze von Kolumbien zu Venezuela ein 1,5 Meter großes Tier, das der Zoologe Dr. Bernhard Heuvelmans für eine unbekannte Art des Spinnenaffens hält. Aus der UdSSR kommt ein Bericht, daß ein Tiermensch in den Bergen in Daghestan gefangengenommen und anschließend getötet wurde. Ein sowjetischer Offizier, Oberst Karapetian, sah das Wesen noch lebendig und erinnerte sich später:

Oben und unten:
Im Jahre 1917 erschoß der Schweizer Geologe François de Loys an der kolumbianisch-venezolanischen Grenze diesen „Tiermenschen“. Wissenschaftler sind der Meinung, daß es sich um einen Spinnenaffen handelt.

Oben rechts:
Eine Zeichnung des behaarten Tiermenschen, der in der Nähe von Buinaksk in Daghestan (UdSSR) im Jahre 1941 gefangengenommen und getötet wurde. Oberst V. S. Karapetian sah dieses Tier noch lebendig, es wurde aber nie für wissenschaftliche Untersuchungen freigegeben.

„Ich sehe es noch genau vor mir, ein nacktes, barfüßiges Wesen. Es war männlichen Geschlechts, da gibt es gar keinen Zweifel, und hatte die Gestalt eines Menschen. Seine Brust, sein Rücken und seine Schultern waren bedeckt mit struppigem, dunkelbraunen Haar ... Er war etwa 1,80 Meter groß. Er kam mir vor wie ein Riese, die Brust hatte er rausgestreckt. Seine Augen waren leer, nichtssagend, wie die Augen von Tieren. Für mich war er nichts anderes als ein Tier, das war kein verkleideter Mensch, sondern ein wilder Mann."

Im Dezember 1968 kam eine Meldung aus Minnesota (USA), daß die Überreste eines Bigfoot in einem Eisblock gefunden wurde. Dr. Heuvelmans und der Biologe Ivan T. Sanderson waren davon überzeugt, daß es die Leiche eines bisher unbekannten Hominiden war. Aus unerklärlichen Gründen wurde sie nie für wissenschaftliche Untersuchungen freigegeben. Zwar werden Bigfeet des öfteren gesichtet, aber noch nie ist es jemandem gelungen, ihn gefangenzunehmen oder zu töten. Die Bigfeet kennen sich in ihrem Terrain bestens aus, sind äußerst schnell und verstecken sich an Orten, wo sie nie jemand findet.

Das einzige, was die unerschrockenen Bigfootjäger in der Zwischenzeit tun können, ist, Zeugen zu befragen, Fußabdrücke zu untersuchen und Zeitungsberichte zu sammeln. In den Vereinigten Staaten gibt es einige Fanatiker, die Unmengen von Beweismaterial und Informationen zusammengetragen haben und verblüffende Theorien aufstellen. Aber da es weder qualitativ hochwertige Fotos noch Leichen oder Skelette gibt, kann man nicht viel mehr tun, als Spekulationen anzustellen.

Mensch, Tier oder Hologram?

Das einzige, was wir mit Sicherheit wissen, ist, daß in vielen entlegenen Gebieten menschenähnliche Fußabdrücke gefunden wurden und mehr als tausend Menschen in Nordamerika große, behaarte Tiermenschen gesehen haben. Die verschiedenen Theorien, die aufgestellt wurden, gelten auch für Tiermenschen aus anderen Teilen der Welt.

Skeptiker behaupten, daß die Berichte erfunden wurden. Das ist sicher falsch. Andere meinen, daß die Beobachter aufgrund der schlechten Sicht ein bekanntes Tier für einen Bigfoot gehalten haben. Diese Erklärung trifft vielleicht auf einige Fälle zu, aber sicherlich nicht auf alle. Manche sprechen von Halluzinationen, Menschen, die zuviele Horrorfilme gesehen haben, leiden des öfteren unter Wahnvorstellungen und behaupten, etwas zu sehen, was gar nicht existiert. Sind solche Tiermenschen nur ein Kind unserer Phantasie? Wenn ja, was ist dann mit all den Fußabdrücken, die sicher nicht gefälscht sind.

Eine Theorie besagt, daß Tiermenschen eine Art von Riesenaffen sein könnten oder auch eine Frühform des Menschenaffen, dem Gi-

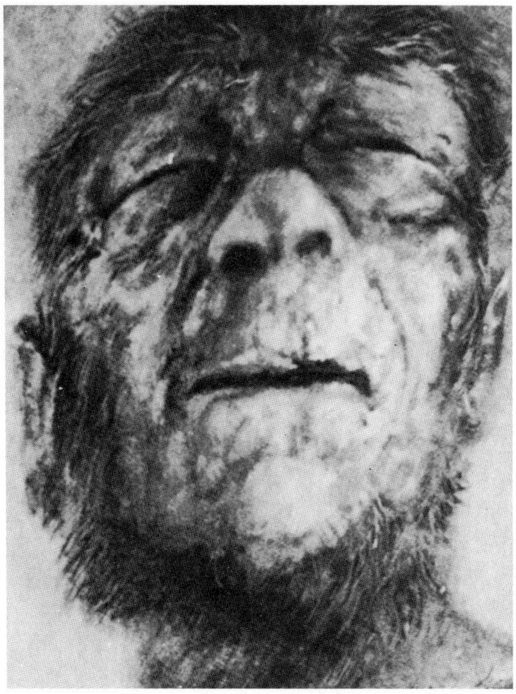

Rechts und unten:
Ivan T. Sanderson fertigte diese Zeichnungen von „Bozo" an, einem behaarten Tiermenschen, den er im Dezember 1968 in einem Eisblock in Minnesota entdeckte. Anscheinend ließ der Besitzer die Leiche später durch ein Modell ersetzen.

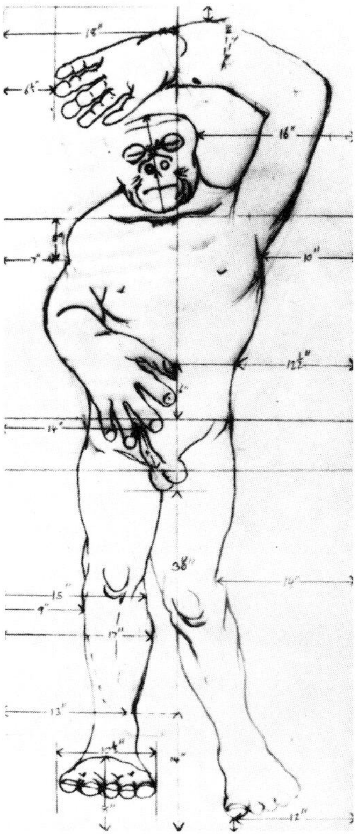

gantopithecus, der tatsächlich existiert hat. Das ist durchaus möglich, in einigen Teilen der Welt ist es sogar ziemlich wahrscheinlich, daß kleinere Populationen überlebt haben. Es wurde auch schon behauptet, Tiermenschen seien paranormale Phänomene, die durch elektrische, nukleare oder psychische Energien entstehen. Manche Bigfeet wurden in der Nähe von Energiequellen gesichtet. Eine eher abwegig erscheinende Theorie besagt, daß Bigfeet aus UFOs kommen.

Die Meinungen gehen weit auseinander, jeder interpretiert die Spuren und Berichte anders, und keine Erklärung läßt sich verallgemeinern. Es ist höchstwahrscheinlich, daß das Wort „Tiermensch" eine ganze Reihe von Phänomenen einschließt, die sich aus unerklärlichen Gründen auf ein und diesselbe Art verkörperlichen. Es müssen noch viel Nachforschungen angestellt werden, ehe wir gesicherte Schlüsse ziehen können, bis dahin wird der Tiermensch auch weiterhin ein Rätsel bleiben.

Teile des chinesischen Puzzles

Die Chinesen scheinen für das Paranormale empfänglicher zu sein als wir Abendländer. Wissenschaftler nehmen an Jagden auf „wilde Menschen" teil, und Prophezeiungen von Astrologen spielen im alltäglichen Leben der Bevölkerung auch heute noch eine wichtige Rolle.

Sechs Funktionäre aus der Shennongjia Waldgegend in der Provinz Hubei (Zentralchina) fuhren am 14. Mai 1976 um 13.00 Uhr Richtung Chunshuya. Plötzlich sahen sie ein seltsames, schwanzloses Wesen mit rötlichem Fell neben der Straße liegen. Der Fahrer hielt an, und auch die anderen stiegen aus. Als sie sich auf etwa 2 Meter genähert hatten, warf einer einen Stein auf das Tier, das am Hinterteil getroffen wurde. Es zuckte zusammen, sprang auf, lief davon und verschwand alsbald in der Dunkelheit. So ein Wesen hatte keiner der Männer jemals zuvor gesehen. Telegrafisch wurde das Institut für Paläanthropologie und Paläontologie der chinesischen Akademie der Wissenschaften von diesem Vorfall unterrichtet. In jenem Jahr wurden in dieser Gegend des öfteren derart seltsame Wesen gesichtet.

Das Bergland von Shennongjia und die benachbarten Gebiete Chinling und Boshan weisen ein gemäßigtes Klima auf. In dieser dünn besiedelten Gegend gibt es viele seltene Pflanzen und Tiere, darunter auch den Großen Panda. Zweifellos leben hier noch unbekannte Wesen. In diesem Gebiet haben Wissenschaftler eine neue Bärengattung, den weißen Shennongjia-Bären, entdeckt. Angeblich sind die riesigen Wälder die Heimat des Yeren, des wilden Menschen, der seit jeher eine wichtige Rolle in Volksmärchen und Geschichten spielt. Auch aus anderen chinesischen Provinzen kommen Berichte über wilde Menschen. Wang Zelin, ein ehemaliger Biologiestudent, behauptet, während seiner Reise durch Südwest Shani im Jahre 1940 einem unbekannten Wesen begegnet zu sein. „Er sah aus wie die Gipskopie des Peking-Menschen", sagte er, „nur viel behaarter, er hatte eine häßliche, hervorstehende Schnauze." Die Bauern aus der Gegend versichern ebenfalls, dem Yeren begegnet zu sein, einem Wesen, das „wie ein

Die Chinesische Akademie der Wissenschaften organisierte eine großangelegte Expedition, um dem Yeren endlich auf die Spur zu kommen. Es wurden tatsächlich viele Indizien gefunden: Haare, Exkremente. Der Yeren wurde von einigen Jägern gesehen, aber es gelang nicht, ihn gefangenzunehmen.

Links:
Der lebende Beweis dafür, daß große Lebewesen in abgelegenen Gebieten Chinas unentdeckt leben können: der weiße Shennongjia-Bär, der von den Zoologen erst relativ spät entdeckt wurde. Möglicherweise wurde er manchmal für einen Yeren gehalten.

Unten:
Dr. Zhou Guoxing, ein Anthropologe. Die Aufnahme entstand während der großen Yeren-Jagd im März 1977. Es wurde zwar kein Yeren gefangen aber viel Beweismaterial für seine Existenz gefunden.

Ganz unten:
Einige Mitglieder der Chinesischen Akademie der Wissenschaften während einer Klettertour im Shennongjia-Gebiet auf der Suche nach dem Yeren. Seit mehr als 2000 Jahren glaubt man, daß in diesem bewaldeten Gebirge wilde Menschen leben.

Mensch geht, aber das Gesicht eines Affen hat".

1962 kamen aus einem entlegenen Gebiet in der Provinz Yunnan, Meldungen über Begegnungen mit dem Yeren. Ein Bauer berichtete, daß er 1947 zusammen mit Soldaten zehn Tage lang acht dieser Wesen durch den dichten Wald verfolgt hatte. Eines wurde von den Soldaten getötet und verzehrt. Am 23. Mai 1957 ließ ein 13jähriges Mädchen Kühe in der Nähe eines Flüßchens weiden. Es nieselte und dämmerte schon, als sich ihr plötzlich ein menschenähnliches Tier näherte. Sie schrie um Hilfe, das Tier geriet in Panik und wollte flüchten, blieb aber im Schlamm stecken. Dort wurde es von den zu Hilfe geeilten Frauen des Dorfes mit Stöcken erschlagen. Die Einwohner waren felsenfest davon überzeugt, den legendären „Bärenmenschen" erlegt zu haben. Sie hackten ihm Hände und Füße ab und schickten diese an die Kommunalbehörde in der Hoffnung, eine Belohnung zu erhalten. Ein Biologielehrer nahm den Körper des Tieres in Verwahrung. 1980 tauchte dieser wieder auf, aber erst im April 1982 wurden Einzelheiten über das Wesen aus Zhuatang bekannt. Es hatte einen langen Schwanz, war etwa 1,50 Meter groß und besaß ein langes, seidiges, schwarzes Fell. Eine genaue Untersuchung hatte ergeben, daß es sich um eine besondere Gattung des Kletteraffen handelte – und nicht um einen Yeren.

Die Jagd nach dem wilden Menschen

Die Mitglieder der Akademie der Wissenschaften zeigen ein lebhaftes Interesse an Berichten über wilde Menschen. 1959 nahmen einige von ihnen an einer Expedition zum Mount Everest teil, um Untersuchungen über den Yeti anzustellen. Sie mußte aber aus politischen Gründen abgebrochen werden. 1976 wurde aufgrund der vielen Berichte über Begegnungen mit dem Yeren im Shennongjia-Gebiet eine neue Forschungsreise unter der Leitung von Yuan Zhensin und Huang Wangpo organisiert. Im März 1977 brachen die 110 Expeditionsteilnehmer auf, zu ihnen gehörten Biologen, Zoologen, Fotografen und Soldaten. Sie hatten Pistolen, Betäubungsgewehre, Cassettenrekorder, Kameras und Hunde bei sich. Die Expedition dauerte acht Monate, endete aber erfolglos. Zhou Guosing, ein Anthropologe des Pekinger Museums für Naturgeschichte, erzählte später, daß eine Suchtruppe sich schon ganz nah an so ein unbekanntes Wesen herangeschlichen hatte, als sich plötzlich ein übernervöser Soldat in den Fuß schoß. Der Knall löste Panik aus, aus allen Himmelsrichtungen kamen die Expeditionsteilnehmer her-

Oben:
Gong Yulan, die Frau, die neben dem Baum steht, erzählt von ihrer Begegnung mit dem Yeren am 19. Juni 1976. Das Tier kratzte seinen Rücken an diesem Baumstamm. Später fand man hier feine Haare. Sie gehörten einer bisher unbekannten Tierart.

beigelaufen, das Tier aber bekam es mit der Angst zu tun und suchte das Weite. Während dieser Forschungsreise wurden jedoch eine ganze Menge von indirektem Beweismaterial, in Form von Fußspuren, Haaren und Exkrementen, gefunden und anschließend untersucht. Das Team befragte Hunderte von Menschen, Lehrer, Jäger, Kräutersammler und andere über ihre Begegnungen mit dem Yeren. Im Juli 1979 wurde in der Zeitschrift „China Reconstruction“ ein zusammenfassender Bericht von der Expedition und der Untersuchung veröffentlicht: „Am 19. Juni 1976 beobachteten Gong Yulan, 31, und ihre vierjährige Tochter in Fangsian, wie sich ein seltsames Wesen an einem Baumstamm den Rükken kratzte. Als unser Team die Leute in der Gegend befragte, erinnerte sich die Frau des Brigadeführers, wie Gong Yulan völlig atemlos und verschwitzt zu ihr gerannt kam und schrie: ‚Ein Yeren, ein Yeren‘.“ Gong Yulan führte uns zu der Stelle, wo das Wesen gestanden hatte. Am Baumstamm fanden wir in 1,30 Meter Höhe feine Haare von unterschiedlicher Länge. Im August des gleichen Jahres fand eine andere Gruppe am selben Stamm in 1,80 Meter Höhe zwei lange Haare. Sie wurden genau untersucht, und man fand heraus, daß sie von einem höheren Primaten stammten, und nicht etwa von einem Braun- oder Schwarzbären. Vier Arten von Affen leben in den Wäldern von Shennongjia: der Goldene Langur, der Weißkopflangur, der Rotgesichtsmakak und der Große Grüne Affe. Aber all diese Affen sind viel kleiner und sehen völlig anders aus als das Wesen, dem Gong Yulan begegnet ist.

Nachdem Tausende von Fußspuren, manche bis zu 45 Zentimeter messend, untersucht worden waren, kamen die Forscher zu dem Ergebnis, daß ein ausgewachsener Yeren bis zu 2,40 Meter groß sein kann, bis 250 Kilo wiegt und eine Schulterbreite von maximal 1,80 Meter aufweist. Seine Fußabdrücke sind denen der Menschen sehr ähnlich, nur der große Zeh ist nach außen gedreht.

Einige versuchten mit recht originellen Methoden, dem Yeren auf die Schliche zu kommen. Ein phantasievoller Wissenschaftler strich als Affe verkleidet durch die Wälder von Hubei und nahm ein paar Datteln mit, um bei einer eventuellen Begegnung den Yeren locken zu können. Die Wissenschaftler der Akademie nehmen an, daß der Yeren ein Nachkomme des Gigantopithecus ist, ein Menschenaffe, dessen 200 000 Jahre altes Skelett in Hubei ausgegraben wurde.

Ungeheuer der Tiefe

Auch in China gibt es Geschichten über Seeungeheuer. Im Juni 1980 wurde angeblich so ein Tier im großen Menbu-See in der tibetanischen Hochebene gesehen. Bauern und Parteifunktionäre behaupten, dieses Ungeheuer habe einen Körper so groß wie eine Hütte, einen riesigen Hals und einen gewaltigen Kopf. Es gibt einen Bericht über einen Bauern, der auf dem See ruderte, als er plötzlich von dem Ungeheuer in die Tiefe gerissen wurde. Er blieb für immer verschwunden. Eine weitere Geschichte erzählt von einer Kuh, die in der Nähe des Sees an einen Baum festgebunden war und dann von einem unbekannten Wesen mit Gewalt ins Wasser gezogen wurde.

Drei Monate später wurden im Tian-Chi-See („Der Himmelssee“) in der Juilin Provinz ebenfalls Ungeheuer gesichtet. Der See befindet sich in einem Krater des Baitoushan-Vulkans, der zum letzten Male im Jahre 1702 ausbrach. Dies beweist, daß die Theorie, Seeungeheuer seien überlebende Dinosaurier, nicht

Rechts:
Gipsabdruck einer Fußspur, die im August 1977 in der Region Shennongji gefunden wurde. Kein uns bekanntes Wesen hinterläßt einen derartigen Abdruck, er könnte also von einem Yeren stammen.

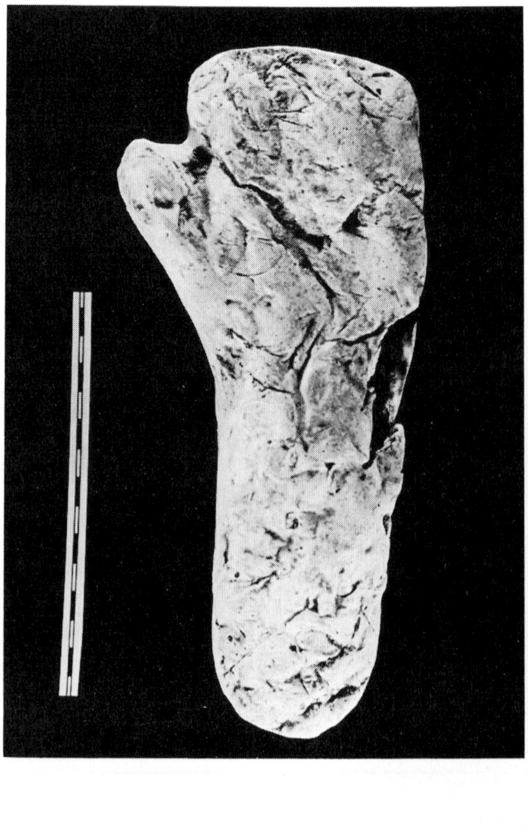

stimmen kann. Das Tier hatte den flachen Schnabel einer Ente, die Kopfform glich der einer Kuh, der Schädel war größer als der eines Stieres. Piao Longzhi, ein Meteorologe, schoß im August 1980 fünfmal auf das Wesen. Angeblich wurde es am Kopf getroffen. Einmal wurde eine ganze Gruppe von fünf Seeungeheuern beobachtet.

Magie und Okkultismus spielen in China schon seit jeher eine wichtige Rolle, und auch heute noch lassen sich die Menschen davon beeinflussen. Im Januar 1981 wurde bekannt, daß in Tibet ein Buch mit Prophezeiungen erschienen war. Die erste Ausgabe war bereits im Jahre 1961 herausgekommen. Das Buch fand reißenden Absatz, so daß Radio Lhasa sich gezwungen sah, die Menschen vor diesem Werk zu warnen. Denn es ermutigte die Menschen dazu, soviel wie möglich zu essen und Kleidung zu kaufen, denn der Tag des Jüngsten Gerichts wäre nahe. Hungersnot, Dürre, Überschwemmungen würden den baldigen Weltuntergang ankündigen. Das staatlich kontrollierte Radio gab bekannt, daß das alles nichts als Unsinn sei. Aber im März 1981 forderte China aufgrund der anhaltenden Hungersnot internationale Hilfe in der Höhe von 700 Millionen Dollar an, in der Provinz Hebei herrschte Dürre (23 Millionen Menschen waren davon betroffen), und die Provinz Hubei litt unter Überschwemmungen.

Ende März segelten 400 Menschen nach Hongkong und baten um Erlaubnis, bis zum 10. April bleiben zu dürfen. Astrologen und taoistische Priester hatten vorausgesagt, daß ein Erdbeben während dieser Zeit die Provinz Guangdong zerstören würde. Britische und chinesische Experten waren einhellig der Meinung, daß ihre Angst unbegründet sei. Die Ankererlaubnis wurde nicht erteilt, und die Dschunken unter Polizeigewalt aufs offene Meer geleitet. Am 9. April wurde die Gegend von Guangdong für zehn Sekunden von einem Beben erschüttert. Obwohl es nur die Stäkre 3–4 auf der Mercalli-Skala erreichte, sahen sich die Menschen in ihrem Glauben bestätigt. Sogar die Felsen schienen zu jener Zeit um Hilfe zu schreien. In der Zeitung „Shansi Dailiy“ vom Februar 1981 war zu lesen, daß Hilferufe aus einem Felsvorsprung oberhalb des Dongling-Sees in der Provinz Hunan zu hören waren. Es wurde vermutet, daß der Felsen die Schreie ertrinkender Segler irgendwie gespeichert hatte und sie unter günstigen Temperatur- und Lichtbedingungen freigab.

In der Oktoberausgabe der Zeitung „Canton Daily“ war vom „Wunder von Yunnan“ zu lesen. „Ein tanzender Baum“ wurde entdeckt. „Wenn man in der Nähe des Baumes Musik spielt, dann wiegt sich der Stamm im Takt hin und her, und die Blätter drehen sich zur Seite. Sobald die Musik endet, hört der Baum auf, sich zu bewegen.“ Aber der Baum sprach nur auf leise, melodische Musik an, er ignorierte Militärmusik. „Auch wenn Menschen sich in der Nähe des Baumes leise unterhalten, wiegt der Baum sich langsam hin und her, aber wenn sie schreien, bewegt er sich nicht.“

Oben:
Am 3. Dezember 1980 segelten hundert Fischerboote von der Volksrepublik China nach Hongkong, sie waren auf der Flucht vor einem Erdbeben, das Astrologen und Priester vorausgesagt hatten. Die Menschen wurden aber von den Behörden gezwungen, in ihre Heimathäfen zurückzukehren, wo tatsächlich ein Erdbeben am 9. April großen Schaden anrichtete.

Unten:
Der Tian-Chi-See in der Provinz Julin in Nordchina. Er ist verhältnismäßig jung und liegt in einem Vulkan, der 1702 zum letzten Mal ausgebrochen war, trotzdem wird behauptet, daß dieser See die Heimat von Ungeheuern ist.

Das Geheimnis des Minnesota-Eismenschen

Jahrelang reiste ein Schausteller mit der Leiche eines „Affenmenschen" in einem Eisblock von einem Jahrmarkt zum anderen. Handelte es sich wirklich um den toten Körper eines noch unbekannten Wesens?

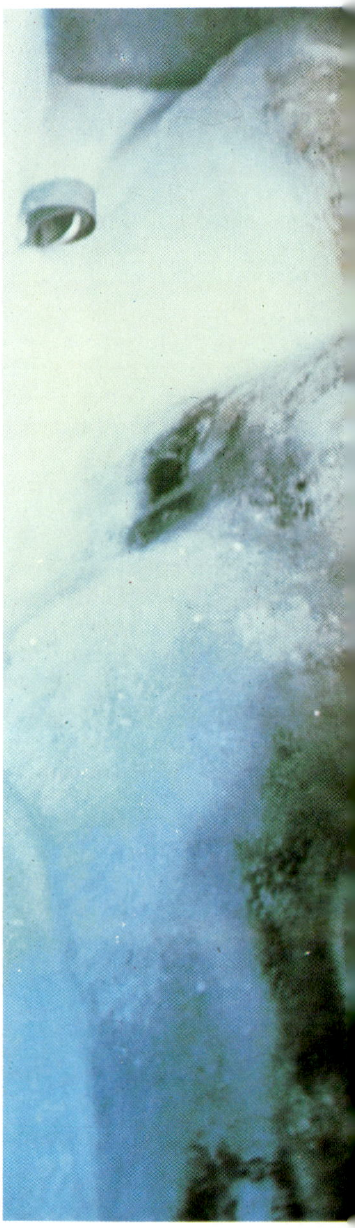

Ende des Jahres 1968 machte der belgische Zoologe Dr. Bernard Heuvelmans, der sich schon seit langem mit seltsamen Tieren befaßt hatte, einen außergewöhnlichen Fund. In einem Brief schrieb er: „Die Entdeckung eines bisher unbekannten Hominiden ist sicherlich die Krönung meiner Karriere als Forscher. Es ist kein Schwindel, kein gestellter Film, es ist echt."

Nachdem der Fund bekanntgeworden war, gab es natürlich viele konträre Diskussionen. Die Nachforschungen, die Heuvelmans über Riesentintenfische, Yetis, Meeresschlangen und andere Wesen angestellt hatte, fanden in der ganzen Fachwelt Beachtung, er wurde „der Sherlok Holmes der Zoologen" genannt. Seit Oktober 1968 befand er sich in den Vereinigten Staaten, um für sein Buch über Meeresschlangen und andere Meeresungeheuer Publicity zu machen. Eigentlich hatte er vor, anschließend nach Mittelamerika zu reisen, um der Wissenschaft noch unbekannte Wesen aufzuspüren. Aber sein neuester Fund hinderte ihn daran.

Anfang Dezember wohnte Heuvelmans auf der Farm des Zoologen und Schriftstellers Ivan T. Sanderson. Sie waren schon seit langem befreundet und halfen sich gegenseitig bei ihren Forschungsarbeiten. Sanderson galt als Experte für Yetis und Bigfeet. Aber viele Kollegen beargwöhnten ihn auch.

Am 9. Dezember bekam Sanderson einen Anruf von Terry Cullen, einem Schlangenhändler aus Milwaukee, der ihm von einem seltsamen Objekt erzählte, das er kürzlich auf einem Jahrmarkt gesehen hatte. Eine Art „behaarter Mann", und der Schausteller, der ihn zeigte, behauptete, daß dies das „fehlende Glied" zwischen Mensch und Affe sei. Sanderson machte sich sofort auf die Suche nach dem

Oben:
Der „Affenmensch" wird jährlich von Tausenden von Amerikanern bestaunt. Es wurde behauptet, daß er in einem Eisblock auf dem Meer trieb, als er gefunden wurde.

Links:
Anhand von Fotografien und Zeichnungen der Zoologen Ivan T. Sanderson und Bernard Heuvelmans entstand diese Rekonstruktion.

Rechts:
Sanderson und Heuvelmans berichteten, daß das Wesen ein „Boxergesicht" hatte, die Nasenspitze war nach oben gedreht, seine Stirn fliehend, sein Mund glich einem langen, schmalen Schlitz.

Schausteller und fand ihn. Sein Name war Frank Hansen, er lebte auf einer Farm in Rollingstone bei Winona, Minnesota. Sanderson rief ihn an und sagte, er „wolle das Objekt aus beruflichen Gründen sehen". Hansen erklärte sich einverstanden. Sanderson war wissenschaftlicher Redakteur des „Argosy Magazine", in dem auch nicht so fundierte Artikel zu finden sind, und eher über wissenschaftliche Sensationen berichtet wird. Die Zeitschrift erklärte sich bereit, eine Forschungsreise zu finanzieren. Heuvelmans und Sanderson fuhren quer durch den Kontinent und kamen am 17. Dezember bei Hansen an. Es war ein öder, eiskalter Ort, mitten im Winter. Neben der Farm stand ein Campingwagen mit einem riesigen Gefriergerät, in dem das geheimnisvolle Wesen aufbewahrt wurde.

Der Campingwagen bot innen nur wenig Raum. Aber in den nächsten drei Tagen verbrachten Sanderson und Heuvelman elf Stunden am Tag damit, Zeichnungen und Fotos von dem Wesen anzufertigen. Es war 1,80 Meter groß. Sanderson mußte sich auf den Glasdeckel der Gefriertruhe legen, um den „Menschen" zeichnen zu können. Heuvelmans verwendete eine Spiegelreflexkamera, Schrägaufnahmen waren kein Problem. Wollte er es aber von oben fotografieren, mußte er vier Einzelaufnahmen machen.

Im Gesicht und an den Lenden war das Wesen unbehaart. Die Hoden und ein kleiner Penis waren zu sehen, zumindest konnte man sein Geschlecht mit Leichtigkeit bestimmen. Der linke Arm war seltsam verdreht und offensichtlich gebrochen. Eine Augenhöhle war leer, den anderen Augapfel hatte man herausgedrückt, er lag neben dem Backenknochen. Der Schädel schien gebrochen zu sein. Eine Kugel muß genau durch den Kopf gegangen sein, es hatte vergeblich versucht, sie mit der Hand abzuwehren. Ganz deutlich konnte man das Blut sehen. Ein Fuß fing an zu verwesen, er war gräulich gefärbt.

Ursprung im Eis

Die zwei erfahrenen Zoologen waren sich einig, dieses seltsame Wesen im Eis war erst seit kurzem tot. Aber woher kam es? Hansen machte widersprüchliche Angaben über seine Herkunft. Sanderson und Heuvelmans kamen zu der Überzeugung, daß es aus dem Fernen Osten kommen mußte, obwohl sie keinerlei Beweise dafür hatten. Einmal behauptete Hansen, daß er es in einem Eisblock auf dem offenen Meer in Ostsibirien entdeckt hatte, ein anderes Mal sprach er von einem „Händler" in Hongkong.

Hansen versicherte, daß er nicht der Eigentümer des Objektes war. Angeblich gehörte es einem reichen Kalifornier, dessen Namen aber nicht bekannt wurde. Hansen wollte weder Publicity noch gründliche Untersuchungen des Wesens zulassen und nahm Sanderson das Versprechen ab, nichts von dem zu veröffentlichen, was er gesehen hatte. Heuvelmans weigerte sich. Als Wissenschaftler war es seine Pflicht, die Wahrheit der Öffentlichkeit zugänglich zu machen. Nach den Untersuchungen kehrten Sanderson und Heuvelmans nach New Jersey zurück, wo sie eine Zusammenfassung ihrer Eindrücke formulierten: „Der Rumpf des Wesens war breit und muskulös. Das Auffallenste an ihm war wohl seine Behaarung und seine riesige Stupsnase, die ihm Ähnlichkeit mit einem Boxer verlieh. Seine Beine waren kurz, die Füße breit und flach. Der große Zeh lag direkt neben dem kleineren zweiten Zeh, wie beim Menschen, es gab keine Lücke dazwischen, wie bei anderen Primaten."

Heuvelmans schrieb später eine wissenschaftliche Abhandlung darüber. Seine Fotografien in Farbe und Schwarzweiß waren sehr gut geworden. Was sollten die beiden nun mit all dem handfesten Beweismaterial machen? Um dieses Wesen näher untersuchen zu können, mußten sie das Interesse anderer Wissenschaftler erwecken. Am 4. Januar 1969 fuhren sie zu dem bedeutenden Anthropologen Carleton S. Coon nach Massachusetts. Er war ein erfahrener Gelehrter und zeigte sich von ihrem Beweismaterial beeindruckt. Auch er kam anhand ihrer Aussagen zu der Überzeu-

gung, daß es sich um ein menschenähnliches Wesen handelte. Er wünschte ihnen viel Glück bei ihren weiteren Nachforschungen, konnte ihnen aber keinerlei Unterstützung zusagen.

Am 14. Januar schickte Heuvelmans seinen Bericht an ein belgisches Museum. Etwas kühn nannte er das Wesen Homo Pongoides, er war also überzeugt, daß es sich um einen Menschenaffen handelte. Die Abhandlung wurde vom Museum mit Begeisterung aufgenommen, und schon einen Monat später sollte sie der Öffentlichkeit zugänglich gemacht werden. Das ist der Beweis für die Bedeutung, die seine Kollegen der Entdeckung beimaßen, aber auch für den guten Ruf, den Heuvelmans in der Fachwelt genoß. Eine englische Übersetzung dieses Berichtes ging an W. C. Osman-Hill vom Yerkes Regional Primate Center in Atlanta, Georgia, und an Dr. John Napier von der Smithonian Institution in Washington. Napier war über die Entdeckung hoch erfreut. Er verwendete als erster das Wort „Eismensch“, Heuvelmans haßte aber diese journalistische Bezeichnung, „die ein ernstes Problem bagatellisierte“. Aber unter dem Namen „der Eismensch von Minnesota“ wurde dieses Wesen bekannt.

Hansen war empört, als er von der Veröffentlichung des wissenschaftlichen Berichtes hörte. Da in diesem Bericht die Sprache von einem Menschen ist, der erschossen wurde, bekam es Hansen mit der Angst zu tun. Am 18. Januar hatte Sanderson sich mit dem FBI in New Jersey in Verbindung gesetzt. Dieser zeigte aber kein Interesse, da man nur von Mord sprechen kann, wenn ein Homo sapiens das Opfer ist. Am 11. März 1969 erschien in einer belgischen Zeitung zum ersten Mal ein Artikel über die Entdeckung. Zwei Tage später setzte sich die Smithonian Institution mit Frank Hansen in Verbindung und bat um Zusammenarbeit bei den weiteren Nachforschungen. Obwohl Dr. Napier schon seit mehr als einem Monat von der Entdeckung wußte, fand er es nicht der Mühe wert, nach Minnesota zu reisen, um sich dieses Wesen anzuschauen. Jetzt war es zu spät. Hansen war in Panik geraten und zusammen mit dem „Eismenschen“ verschwunden.

Die Regenbogenpresse zog das ganze ins Lächerliche. Heuvelmans war von Anfang an darauf bedacht, die Aufnahmen in angesehenen Zeitschriften wie „Life“ oder „National Geographic“ zu veröffentlichen. Aber die zeigten keinerlei Interesse. Die Fotos erschienen schließlich in der Maiausgabe der Zeitschrift „Argosy“ zusammen mit einem Artikel von Ivan Sanderson. Es war ziemlich ungeschickt vom Verfasser, dem geheimnisvollen Wesen den Namen „Bozo“ zu geben (nach einem berühmten Fernsehclown). Für diesen Leichtsinn mußten sie büßen: Die Presse war an der ganzen Sache nicht länger interessiert. Wer in Amerika glaubt schon an einen Homo pongoides, wenn er nach einem Clown benannt wurde?

Dieser Vorfall beeinträchtigte Sandersons Arbeit wesentlich. Heuvelmans mußte mit Bestürzung feststellen, daß sein Freund keinen Satz mehr sprechen konnte, ohne zu übertreiben. Die amerikanischen Wissenschaftler, die sie für ihre Sache interessieren wollten, nahmen Sanderson nicht mehr ernst. Der Grund für die seltsame Persönlichkeitsveränderung Sandersons war, wie sich später herausstellte, ein Gehirntumor, an dem er 1973 starb.

Anonyme Schreiben schienen schließlich doch zu beweisen, daß alles auf Schwindel beruhte. Der Eismensch war ein Produkt Hollywoods. Es wurde behauptet, daß ein Kostümbildner namens Peter Corrall dem Wesen das Haar eingepflanzt hatte. Nach einem Monat „Ferien“ tauchte Hansen wieder auf und bestätigte die Gerüchte: Sein Eismensch wäre nichts

Oben:
Der Belgier Bernard Heuvelmans befaßt sich schon seit geraumer Zeit mit geheimnisvollen Tieren. Er war von der Echtheit des Eismenschen überzeugt und gab ihm den Namen Homo Pongoides.

Unten:
Ivan Sanderson. Seine sensationshaschende Berichterstattung über ernsthafte wissenschaftliche Themen schadete nicht nur seinem Ruf, sondern auch einer objektiven Untersuchung.

anderes als ein Modell. Fotografen und Journalisten kamen in Scharen, um es zu sehen und Hansen zu interviewen.

Während seiner „Ferien" hatte Hansen die Leiche aufgetaut und einige Veränderungen vorgenommen. Die neuen Fotografien lassen einige Einzelheiten erkennen, zum Beispiel die linke Hand und die Zähne im nun offenen Mund. Obwohl es nun etwas anders aussah, war es aber immer noch ein und dasselbe Wesen. Heuvelmans und Sanderson waren immer noch davon überzeugt, daß das, was sie vorgefunden hatten, kein Modell war. Heuvelmans wies darauf hin, daß niemand das angebliche Modell während der Herstellung gesehen hatte, und die Geschichten seien nichts als Gerüchte. Aber für die Medien und die Wissenschaftler blieb das alles zu undurchsichtig. Es wurde angenommen, daß die zwei Enthusiasten in ihrer Euphorie über die große Entdeckung, den Unterschied zwischen einem primitiven Menschen und dem Werk eines Hollywood-Requisiteurs nicht erkannten. Sanderson gab später zu, einer Fälschung aufgesessen zu sein.

Oben:
Der riesige Lastwagen, mit dem Hansen von einem Jahrmarkt zum anderen fuhr. Obwohl er relativ groß ist, hatten Sanderson und Heuvelmans große Schwierigkeiten, auf so engem Raum zu fotografieren und Zeichnungen vom Eismenschen anzufertigen.

Unten:
Frank Hansen, der Schausteller. Er erzählte den Wissenschaftlern, daß sein Schaustück nur ein Modell war, den Besuchern jedoch schwindelte er vor, daß es echt sei. Einmal behauptete er, daß er das Wesen während einer Jagd in den Wäldern von Minnesota selbst erlegt hatte.

In einem Interview behauptete Hansen, das Wesen während eines Jagdausfluges in Minnesota erschossen zu haben. „Wahrheit oder Dichtung?" hieß es in der Überschrift. Eine Zeitung aus Chicago stellte Nachforschungen an und fand heraus, daß Hansens Geschichte erlogen war. Auch die Erzählung eines Mädchens, das behauptete, das Wesen erschossen zu haben als es versuchte, sie zu vergewaltigen, war reine Phantasie. Immer mehr Unsinn wurde über den Minnesota-Eismenschen geschrieben.

John Napier veröffentlichte 1972 eine Zusammenfassung der ganzen Story und bestätigte, daß alles nur Schwindel war. Er könne nicht verstehen, daß zwei erfahrene Zoologen wie Sanderson und Heuvelmans auf so etwas reinfallen konnten. Heuvelmans behauptete aber weiterhin, daß das Wesen echt war und er erklären könne, was es ist und woher es gekommen sei. Er glaubte nicht an einen Betrug.

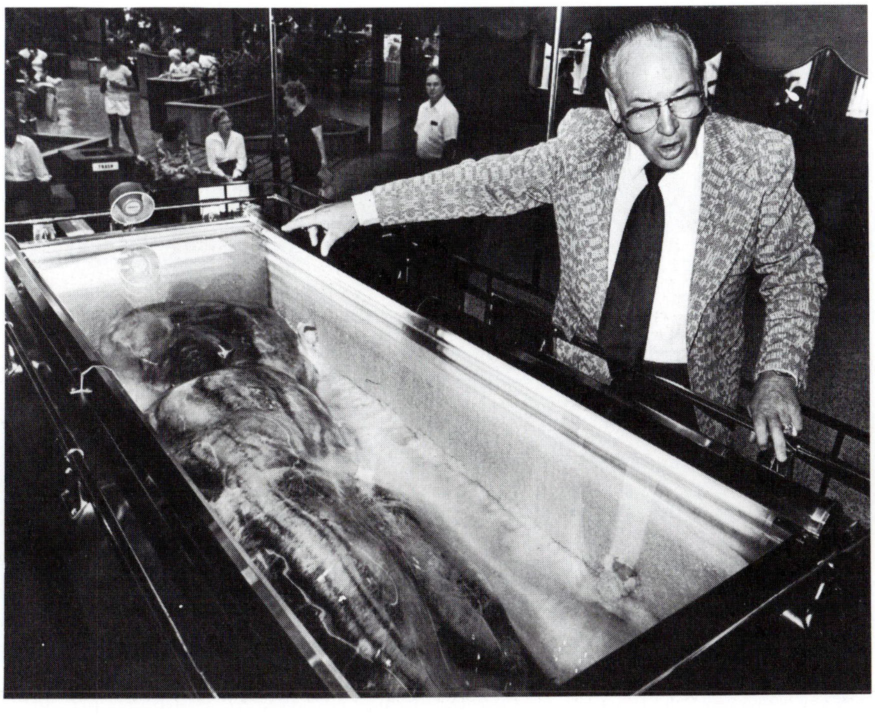

re 1974 nahm er zu der ganzen Affäre Stellung. Das haarige Wesen im Eis, das angeblich anhand von wissenschaftlichen Beschreibungen angefertigt wurde, war nie und nimmer das Modell eines Cro-Magnon. Dieser hatte überhaupt nichts mit Menschenaffen zu tun.

Heuvelmans schloß nicht aus, daß so ein Modell vielleicht irgendwann einmal ausgearbeitet worden ist, aber er behauptete nach wie vor, daß das, was er und Sanderson gesehen hatten, die Leiche eines unbekannten Wesens war, die nun von einer amerikanischen Kleinstadt zur anderen transportiert würde. Es konnte niemals bewiesen werden, daß der Eismensch wirklich nur ein Modell war. Diese Geschichte beruhte auf vagen Gerüchten, während die Beschreibung des Eismenschen sich auf wissenschaftliche Tatsachen stützt. Falls es sich bei dem Schaustück wirklich um die Leiche eines unbekannten Wesens handelte, was war es für ein Wesen und woher kam es?

Heuvelmans zieht verschiedene Möglichkeiten in Betracht: Das Exemplar war entweder ein Affe, der durch zahlreiche Tricks in einen Menschenaffen verwandelt worden war, oder es könnte sich um einen seit geraumer Zeit gefrorenen fossilen Menschen handeln. Aber keine dieser Theorien erklärt das Rätsel ganz. Durch eine gewissenhafte Überprüfung seiner

Wer war der Minnesota-Eismensch?

Kann es sein, daß der „tiefgefrorene Affenmensch“ eines amerikanischen Schaustellers Verwandte in den südostasiatischen Wäldern hat? Obwohl seine Echtheit umstritten ist, sollte man der Sache nachgehen.

Frank Hansen zog mit dem „Eismenschen“ weiterhin von einem Jahrmarkt zum anderen. Einmal reiste er sogar nach Kanada, hatte aber bei seiner Rückkehr Schwierigkeiten mit dem Zoll. Bernard Heuvelmans hoffte immer noch, daß die Leiche des Affenmenschen eines Tages für wissenschaftliche Untersuchungen freigegeben würde, um endlich die Wahrheit herauszufinden.

Ende des Jahres 1981 trat eine überraschende Wende ein. Eine Zeitung aus Rhode Island berichtete, daß das seltsame Wesen in den sechziger Jahren von einem Disneyland-Künstler namens Howard Ball angefertigt wurde. Das Fell hatte angeblich nicht Pete Corrall verpflanzt, sondern eine unbekannte Person in Mexiko. Die Witwe Balls und sein Sohn bestätigten, daß Ball den Auftrag erhalten hatte, ein Modell des Cro-Magnon-Menschen, des ältesten Homo sapiens, anzufertigen.

Heuvelmans vertrat nach wie vor die Meinung, daß das Exemplar kein Modell war. Alle, die das Gegenteil behaupteten, hielt er für Ignoranten. In einem Artikel aus dem Jah-

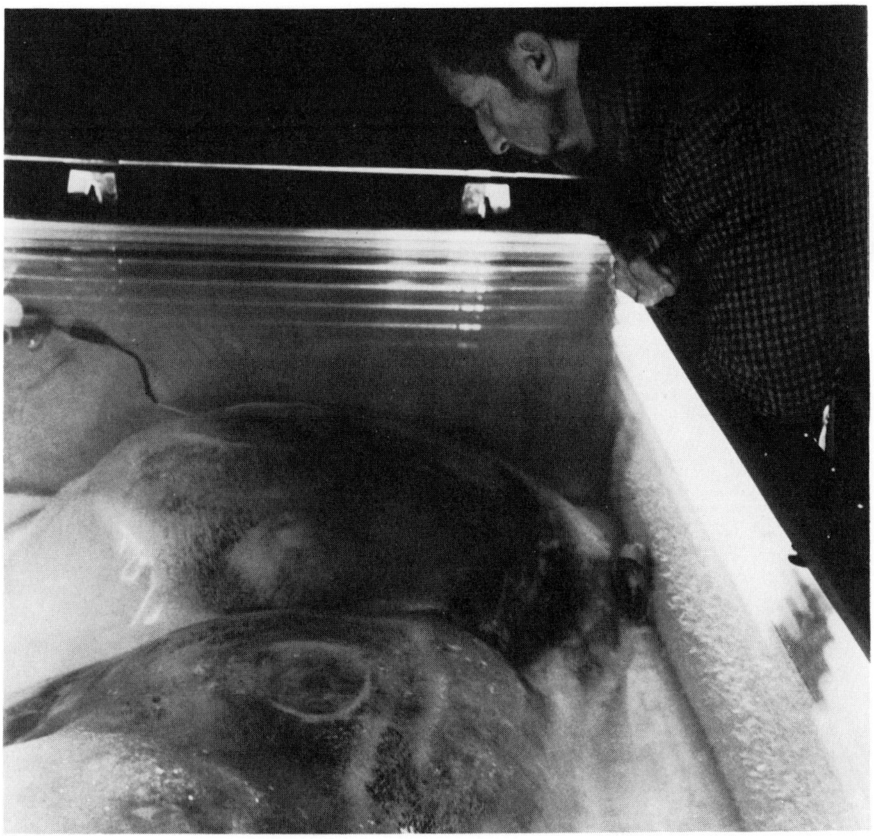

Heuvelmans machte auf Höhlenmalereien und einer kleinen Knochenschnitzerei in der Höhle von Isturitz (bei Biarritz in den Pyrenäen) aufmerksam. Sie zeigen ein behaartes, stupsnasiges Wesen. Laut Heuvelmans wäre es durchaus denkbar, daß die damaligen Höhlenbewohner überlebende Neandertaler abgebildet haben. Lange Zeit war man der Meinung, daß der moderne Mensch den Neandertaler ausgerottet hat, aber es kann ohne weiteres sein, daß einige Exemplare lange genug überlebt haben, um in Kunst und in Mythen verewigt zu werden. Es ist schon merkwürdig, daß Spuren von wilden Menschen in Gegenden gefunden wurden, wo Archäologen Überreste von Neandertalern ausgegraben haben. Berichte über diese Wesen wurden von Forschern und Reisenden gesammelt. Oberst Przewalski, ein berühmter Forscher des späten 19. Jahrhunderts, hatte schon viel von wilden Menschen gehört. Er entdeckte das mongolische Wildpferd, das nach ihm benannt wurde. Es ist auf vielen frühen Höhlenmalereien in Europa zu sehen. Und viele mögen sich vielleicht jetzt die Frage stellen: Wenn prähistorische Pferde in der Mongolei überleben können, warum sollte es dort nicht auch noch wilde Menschen geben?

Erst als Professor Porchnew und seine Kollegen aus Moskau und Ulan Bator anfingen, unveröffentlichtes Beweismaterial zu sammeln, bemerkten sie, wie umfangreich es war.

Fotografien und Messungen kam Heuvelmans zu der Überzeugung, daß es nur eine Erklärung gibt: Die flache Stirn, die dicken, hervorstehenden Brauen, das großflächige Gesicht, die breite, nach oben gebogene Nase, das riesige Gebiß und die großen Zähne (auf späteren Fotografien ganz deutlich zu erkennen), der kurze, untersetzte, muskulöse Körper sind Merkmale, die nur auf ein Wesen zutreffen – auf den Neandertaler.

Überreste von diesen Frühmenschen wurden 1856 bei Düsseldorf und in Frankreich in La-Chapelleaux-Saints ausgegraben. Was der französische Paläontologe Marcellin Boule rekonstruierte, war ein brutal aussehendes, nach vorne gebeugtes Wesen. Studien späterer Funde in Europa und Asien haben gezeigt, daß der Neandertaler ganz anders aussah, als Boule angenommen hatte. Er hatte schon viel Ähnlichkeit mit dem modernen Menschen, besaß Kultur und begrub seine Toten. Aber wir werden nie wissen, wie er wirklich aussah, denn alles, was noch vorhanden ist von ihm, sind Knochen. Heuvelmans fand heraus, daß sich die Maße seines Exemplares mit denen eines Neandertalers völlig deckten. Es war demnach ein menschliches Wesen, ein Homo sapiens, aber kein Jetztmensch. Für einen Yeti oder Bigfoot war er viel zu klein.

Auf der ganzen Welt gibt es Geschichten über „wilde Menschen", sie waren vor allem im Mittelalter sehr verbreitet. Aber aus Asien kommen auch heute noch immer wieder derartige Berichte, vor allem aus dem Kaukasus, der Mongolei und aus China.

Oben:
Der belgische Zoologe Bernard Heuvelmans lehnt sich über das mysteriöse Wesen im Eis. Er war davon überzeugt, daß dieses Wesen ein überlebendes Exemplar der angeblich ausgestorbenen Neandertaler war.

Linke Seite oben:
Der Homo pongoides. Diese Rekonstruktion wurde von einem Künstler anhand von Beschreibungen von Heuvelmans und Ivan T. Sanderson angefertigt.

Links:
Ein Neandertaler. Er hatte buschige, wulstige Augenbrauen und einen vorstehenden Kiefer. Er besaß bereits eine verhältnismäßig hohe Intelligenz. Laut Heuvelmans bestand zwischen dem Eismenschen und dem Neandertaler eine frappierende Ähnlichkeit.

Der Ursprung des Eismenschen

Was hat nun all das mit dem Eismenschen zu tun? Hansen hatte doch irgendwann mal erzählt, daß das Wesen aus Asien stamme, sich aber nie näher darüber geäußert. Später behauptete er dann, daß das Wesen in einem Eisblock auf dem offenen Meer getrieben hatte und von einem Händler (angeblich ein Drogendealer) erstanden wurde. Als er es das erste Mal sah, war es in eine Plastikhülle eingewickelt. Diese gab es zu jener Zeit in Amerika zu Hunderten. In ihnen wurden die sterblichen Überreste der im Vietnamkrieg gefallenen Soldaten in ihre Heimat zurückgebracht. Auch Hansen hatte in Da Nang in der US Air-Force gedient.

Und genau hier sieht Heuvelmans einen Zusammenhang. Es war eine nur allzu gut bekannte Tatsache, daß in den Flugzeugen, welche die Toten aus Vietnam transportierten, auch Heroin aus dem „Goldenen Dreieck" Thailand, Laos und Vietnam geschmuggelt wurde. Der Skandal führte schließlich zu einer öffentlichen Untersuchung und Verhaftungen. Der Luftstützpunkt in Da Nang war ein wichtiger Umschlageplatz für den Drogenhandel.

Es ist ohne weiteres möglich, daß Hansens „Eismensch" in Südostasien getötet wurde und in einer dieser Plastikhüllen zusammen mit toten Soldaten und Drogen in die Vereinigten Staaten gelangte. Heuvelmans war der Meinung, daß Hansen die Geschichte, er habe die-

ses Wesen in Amerika erschossen, nur deshalb erfunden hatte, um bestimmte Tatsachen zu verschleiern. Auffällig ist, daß das FBI sich nicht veranlaßt sah, der Sache nachzugehen, und Hansen hatte immer wieder behauptet, nicht der rechtmäßige Besitzer dieses Wesens zu sein. Der geheimnisvolle Millionär, der uns vielleicht einiges über diesen Eismenschen erzählen könnte, wurde nie gefunden. Hansen war nichts anderes als ein mittelloser Schausteller, und niemand konnte sich vorstellen, daß er etwas mit Drogenschmuggel zu tun hatte. Man glaubte auch nicht, daß das Wesen auf seine Veranlassung hin in die Vereinigten Staaten gebracht wurde.

Aber es gibt ein paar Spuren zum Anfangspunkt der Geschichte. Im November 1966 legte Jim Lucas, Kriegsberichterstatter der „New York World Journal Tribune", einen Bericht über seltsame Zwischenfälle entlang der damaligen entmilitarisierten Zone zwischen Nord- und Südvietnam zu den Akten. Manchmal gingen US-Soldaten im dichten Dschungel auf Tigerjagd. Es ist auch zu lesen, daß „einige Matrosen einen riesigen Affen erlegt haben".

Soviel bekannt ist, leben in Vietnam keine große Affen. Kann es sein, daß es sich bei dem Eismenschen um so einen Affen handelt, der nur 18 Monate nach seinem Tod, im Mai 1967, auf einem Jahrmarkt ausgestellt wurde? Heuvelmans bestätigte, daß es Gerüchte gab, die besagen, während des Vietnamkrieges seien „einige wilde behaarte Menschen" erschossen worden.

Wilfred Burchett, ein australischer Journalist, schrieb, daß Tran Dinh Minh, führendes Mitglied der Nationalen Befreiungsbewegung, einmal einem solchen Menschen begegnet sei.

Oben:
In vielen englischen Kirchen befinden sich Schnitzereien von wilden Menschen. Diese stammt aus der Kathedrale von Canterbury, einige wilde Menschen, einer zu Pferd, erlegen gerade ein Wildschwein.

Oben rechts:
Professor Boris Porchnew, ein russischer Wissenschaftler, hat Berichte über Begegnungen mit Tiermenschen gesammelt. Auf diesem Bild aus dem Jahre 1972 hält er den Gipsabdruck einer riesigen Fußspur in der Hand, die angeblich von einem wilden Menschen stammt.

1949 verfolgten er und ein paar andere Männer Spuren eines barfüßigen unbekannten Wesens entlang des Grenzgebietes von Dak-Lak. Sie führten zu einer Höhle, die von primitiven behaarten Menschen bewohnt wurde. Nachdem Heuvelmans Hinweise darauf hatte, daß es sich um Neandertaler handeln könne, mußte er die Eismenschen-Version auf sich beruhen lassen. Nach anfänglichem Enthusiasmus zeigte die Fachwelt nun keinerlei Interesse mehr. Heuvelmans lehnte ein Angebot seiner Freunde ab, die den Kadaver im „Namen der Wissenschaft befreien wollten".

Hansen zog weiterhin mit dem Eismenschen von Jahrmarkt zu Jahrmarkt. Sein Werbeslogan lautete: „Ist der Bigfoot wirklich nur ein Mythos?" und lud die Leute ein, das „geheimnisvolle Wesen, das die Fachwelt verblüffte und von dem in vielen Zeitungen zu lesen war," selbst zu bestaunen. Einmal wurde er gefragt, ob er wisse, was er dort ausstelle. Er lachte und sagte: „Nennen wir es eine Illusion." Trotzdem lag der Geruch von verwestem Fleisch in der Luft, ein Beweis dafür, daß diese „Illusion" einmal gelebt hatte.

Die Schrecken der Tiefe

Die Meeresbiologie ist eine junge Wissenschaft, und zudem sind die Ozeane von gewaltiger Ausdehnung. Ihre Tiefen bleiben trotz moderner Tauchgeräte, Kleinstunterseebooten wie Piccards Bathyskaph und Sonarmessungen dem Menschen noch immer weitgehend verschlossen. Aber auch die oberen Meeresschichten und tiefe Binnenseen geben uns noch zahlreiche Rätsel auf. Viele Berichte von seltsamen Lebewesen der Tiefe klingen glaubwürdig.

Gerüchte, Sagen und Legenden

Seit langem schon gibt es Berichte über ein seltsames Ungeheuer, „Nessie", in dem dunklen, geheimnisvollen Gewässer von Loch Ness. Der folgende Beitrag basiert auf Material, das Adrian Shine, der Leiter des Loch-Ness-Forschungsprojektes, gesammelt hat.

Es gibt heute wohl kaum noch ein Fleckchen Erde, das nicht erforscht worden wäre – keine wilden und unwegsamen Landstriche, wie Urwälder und unzugängliche Gebirgszüge, keine einsamen Inseln, kaum noch geheimnisvolle Meerestiefen, wo noch Ungeheuer darauf warten könnten, entdeckt zu werden. Aber trotzdem gibt es noch zoologische Überraschungen.

Entdeckt man einmal die Spur eines unbekannten Wesens, geht die Suche auf breiter Ebene los, und dabei darf man auch nicht die Beobachtungen der ortsansässigen Bevölkerung ausklammern. Die Nachweise für die Existenz unbekannter Wesen setzen sich zusammen aus glaubhaften Beobachtungen und fundierten wissenschaftlichen Ergebnissen. Skeptiker mögen nun Dorfgeschichten, Überlieferungen und Legenden einfach von der Hand weisen, in Wirklichkeit jedoch können sie oft nur nach mühevoller Kleinarbeit, Nachforschungen und Dokumentationen widerlegt oder bestätigt werden, und schon so manches „Ungeheuer" entpuppte sich zum Schluß als irreales Phantasiegebilde oder als reales Lebewesen.

Der Drang des Menschen, alles Unbekannte erforschen zu wollen, hat schon zu mancher sensationeller Entdeckung geführt. Erst vor wenigen Jahren entdeckte man in den dichten Wäldern des Kongo den Berggorilla, den größten Menschenaffen der Welt, und eine Antilopenart, deren Kopf einer Giraffe ähnelte und deren Hinterteil einem Zebra glich. Ebenfalls erst in diesem Jahrhundert entdeckte man den Komodowaran. Die Heimat dieser seltsamen Echsen sind abgelegenen Inseln des indonesischen Archipels. Wie schrieb doch der deutsche Afrikaforscher Hans Schomburgk in seinem Buch *Zelte in Afrika*? „Gewiß kann nur der exakte Nachweis über die Existenz eines Lebewesens unbekannter Art entscheiden. Ebenso gewiß ist indessen, daß noch immer manches Lebewesen seiner Entdeckung für die Wissenschaft harrt und der Weg zu zahllosen

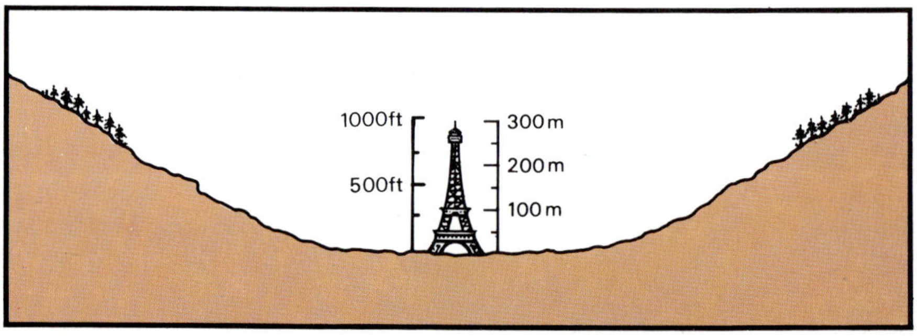

Ganz oben:
Die verzauberte Schönheit von Loch Ness bei Morgengrauen.

Oben:
1968 tauchte ein U-Boot 250 m bis auf den Grund des Loch Ness; nach offiziellen Schätzungen beträgt die Tiefe im Durchschnitt 230 bis 300 m. Der See ist 1,5 km breit mit ungewöhnlich steil abfallenden Ufern.

Oben:
Komodo-Warane sind derart seltsame Wesen, daß niemand an ihre Existenz glaubte, bis man sie zu Beginn des Jahrhunderts auf einer abgelegenen indonesischen Insel entdeckte.

Rechts:
Ein Seedrachen als Galleonsfigur eines Wikingerschiffes aus dem 9. Jahrhundert. Die nordische und keltische Mythologie ist voller Legenden über Seeungeheuer in den Seen Nordeuropas.

Unten:
Ein gigantischer Meeressaurier aus einem englischen Tierbuch des 19. Jahrhunderts. Das Werk enthält zahlreiche Berichte über Beobachtungen von Seeschlangen.

Entdeckungen mit Hinweisen begonnen hat, die mancher ‚nüchterne Kenner' in das Reich der Fabel verwiesen hätte."

Loch Ness liegt auf der zentralen Längsfurche des schottischen Hochlandes. Es ist ein relativ unerforschter See, schwer zu erreichen, in einer einsamen Landschaft. Er ist bis zu 230 m tief und erstreckt sich bei nur 1,5 km Breite über eine Länge von 35 km. Schwebestoffe erschweren die Sicht unter Wasser. Die Erforschung eines solchen Gebietes stellt hohe Anforderungen. Nur mit modernsten technischen Geräten wird es vielleicht gelingen, das Geheimnis des Sees zu lüften.

Das wissenschaftliche Interesse am See erwachte, als in den fünfziger Jahren des vorigen Jahrhunderts Telegraphenleitungen, die durch den See gelegt worden waren, aus 1830 m Tiefe geborgen wurden. Sie waren über und über mit kleinen Meerestieren besetzt, was die allgemeine Auffassung widerlegte, alles Leben ende in einer Tiefe von 500 m.

Als die große Seefahrtnation übernahm Großbritannien auch die Führung in der Ozeanographie. Im Zuge der „Expedition Challenger" untersuchte man 1871 bis 1876 die großen Meere. Man zögerte jedoch noch mit der Erforschung von Süßwasserseen. Die ersten Arbeiten über einen britischen Binnensee verdanken wir der Privatinitiative des Leiters der Expedition Challenger, John Murray. Es wurden in erster Linie Tiefenmessungen in den schottischen Lochs durchgeführt.

Bemerkenswert an den schottischen Lochs (das gälische Wort für See, Meeresbucht) ist nicht so sehr ihre Fläche, als ihre enormen Tiefen, die nur von den umliegenden Meere überboten werden. Loch Moror etwa ist 305 m tief, das ist mehr als der Eiffelturm an Höhe mißt. Die schottischen Lochs entstanden um die gleiche Zeit wie die weitverzweigten Seen Skandinaviens oder Irlands. Die Gletscher der späteren Eiszeiten vertieften die Täler noch mehr, bis dann vor etwa 10000 Jahren das Eis endgültig verschwand. Eine Zeit lang waren die Lochs direkt mit dem Meer verbunden, dessen Spiegel – aufgrund des Schmelzeises – gestiegen war. Je mehr das Eis sich zurückzog, umso höher erhob sich das Land. Loch Ness etwa liegt heute 16 m über dem Meeresspiegel. Gerade weil diese Seen mit dem Meer verbunden waren, scheint es nicht uninteressant, Geschichten von „Meeresungeheuern" zu erwähnen, die den Beschreibungen des Ungeheuers von Loch Ness ähneln.

Legenden über Seeschlangen

Als noch riesige Seeschlangen den Bug der Wikingerschiffe zierten, berichteten bereits nordische und keltische Überlieferungen von schlangenartigen, buckeligen Ungeheuern, die in den nordischen Gewässern ihr Unwesen trieben. Bischof Erik Pontoppidan von Bergen beschrieb in seinem 1752 erschienenen Werk *Naturgeschichte Norwegens* zwei Seeungeheuer, die vor der Küste Norwegens gesichtet worden

Oben:
Seeschlange aus Conrad von Gesners „Fischbuch" von 1698. Damals glaubte man noch allgemein, daß Ungeheuer in den Tiefen der Meere hausten und Jagd auf Schiffe machten.

sein sollten. Das erste war ein riesiger Krake, ein Wesen zahlreicher Mythen und Fischermärchen, „rund, flach, mit unzähligen Armen". Erst 1870 gelang es schließlich Wissenschaftlern, diese sagenumwobene Krake als eine Art Riesentintenfisch zu identifizieren. Ein Riesentintenfisch war nämlich an die Küste Neufundlands geschwemmt worden.

Etwa zur selben Zeit startete man die „Expedition Challenger", und dieser Fund bestärkte die Überzeugung der Teilnehmer, Außergewöhnliches in den Weltmeeren entdecken zu können. 1852 bezeichnete ein französischer Wissenschaftler ähnliche Überreste von Riesentintenfischen als pflanzlichen Usprungs, denn „die Existenz eines solchen Tieres widerspräche den Gesetzen von Harmonie und Gleichgewicht, die alles Leben beherrschen".

Das zweite mythische Wesen, das Pontoppidan beschrieb, war eine gewaltige Seeschlange. Der berühmteste Bericht über dieses Ungeheuer stammt von Lorenz von Ferry, einem Kapitän aus Bergen. Er spiegelt die klassische Auffassung von Seeschlangen wider, als Wesen, die sich wellenförmig fortbewegen. Gesichtet wurde ein solches Tier zum ersten Mal an einem heißen Augusttag des Jahres 1746 in Molobe (Norwegen). Es herrschte absolute Windstille. Das Schiff mußte gerudert werden, als Ferry auffiel, daß sein Steuermann vom Kurs abwich. Beim Versuch, einer Seeschlange auszuweichen, befahl er, so nah wie möglich heranzufahren, denn bislang hatte er den Gerüchten über dieses Tier nicht viel Glauben geschenkt.

Seeschlange in Sicht!

Das Tier hielt einen pferdeähnlichen Kopf mit einer dichten weißen Mähne etwa einen Meter aus dem Wasser. Es hatte riesige Augen, ein gewaltiges Maul, und hinter dem Kopf zeichneten sich im Abstand von etwa 60 Zentimetern

Links:
„Kelpie", der heimtückische Wassergeist der schottischen Seen. Es soll als Pferd getarnt am Seeufer Menschen aufgelauert haben. Manche Anrainer erinnern sich, als Kinder davor gewarnt worden zu sein, in dem See zu baden, um Kelpie nicht zu reizen.

sieben oder acht „Buckel oder Wellen" ab. Als Kapitän Ferry einen Schuß auf das Tier abfeuerte, tauchte es unter. Später befahl er zweien seiner Seeleute, gerichtlich zu beeiden, was sie gesehen hatten. Auf Grund solcher Quellen konnte Pontoppidan äußern, er würde nicht alles „was über Seeschlangen in Süßwasserseen erzählt wird, als blanken Unfug abtun".

In Skandinavien erzählt man sich immer wieder von Tieren, die sporadisch in diesem oder jenem See auftauchen: Vom Suldal-See gibt es solche Berichte, auch vom Storsjö-See, wo heute noch jene Geräte besichtigt werden können, mit denen man Ende des 19. Jahrhunderts versucht hatte, das „Tier" einzufangen. Ähnliche Geschichten existieren über den Okanagan-See in Nordamerika, dem Lagerflat in Island oder den Connemarasee in Irland, die von Wassergeistern oder dem „Wasserpferd" bewohnt sein sollen.

Das Bild vom Wassergeist in Pferdegestalt

geht auf alte Überlieferungen des schottischen Hochlandes zurück. Obgleich das Ungeheuer von Loch Ness bereits 565 n. Chr. erwähnt wurde, schenkt man den Berichten über Loch Ness seltsamerweise erst in letzter Zeit intensivere Aufmerksamkeit. Zum ersten Mal schrieb der Heilige Adaman, daß Seeungeheuer durch Gebete des heiligen Columban vertrieben wurden. Erscheinungen dieser Art wurden und werden in Schottland auch heute noch – bis zu einem gewissen Grad – mit Skepsis betrachtet oder als schlechtes Omen gedeutet. Ein Beispiel ist das Ungeheuer Mhorag. Es erscheint in der Regel nur im Loch Morar, wenn ein Mitglied einer bestimmten schottischen Familie sterben wird. Mhorag erhebt sich in 3 Stufen aus dem Wasser: Die erste Stufe bedeutet Tod, die zweite Sarg und die dritte Grab.

Nur wenige dieser Geschichten drangen im 19. Jahrhundert über das schottische Hochland hinaus. Engländer, welche die Gegend während der Jagdsaison besuchten, belächelten sie. Umso erstaunlicher ist es, daß Lord Malmesbury diese Geschichten in seine Memoiren miteinbezog:

„Mein Treiber und sein Bursche berichteten mir heute morgen (3. Oktober 1857) von einem sonderbaren Tier, das in Loch Arkaig leben soll. Sie nennen es den Wassergeist in Pferdegestalt. Es ist dasselbe Wesen, von dem man ab und zu in den Zeitungen liest und das in den Hochlandseen des öfteren gesichtet worden sein soll. Mein Treiber will das Tier bei Achnacarry schon einmal gesehen haben. Beide Male bei Sonnenaufgang an einem strahlenden Sommermorgen, als die Wasseroberfläche spiegelglatt war. Er sah den Kopf des Tieres aus dem Wasser ragen, auch seinen hinteren Teil, der keinesfalls dem eines Fisches oder Seehundes ähnelte, sondern eher dem Rücken eines Pferdes glich."

Lord Malmesbury beschrieb in seinem Werk „Memoiren eines Exministers" Beobachtungen seines Treibers John Stewart, der das „Seepferd" im Arkaig-See gesehen haben will. Die Highlander fürchteten das Wesen, das „etwas Diabolisches in sich bergen soll".

Lord Malmesbury fügte hinzu, die Hochländer seien sehr abergläubisch „und ich glaube, sie halten es für eine Art Satan". Erst in jüngster Zeit berichtete der Autor Gerwin Maxwell, der sich an die Westküste Schottlands zurückgezogen hatte, über ähnliche Wesen, die Freunde von ihm im Meer und in den Seen gesehen haben wollen. Es waren zum Teil erfahrene Seeleute, die die Tierwelt an der Westküste sehr gut kannten.

Neben all den Geschichten von anderen Seen tauchten immer wieder Berichte über Loch Ness auf. Manche Anrainer erinnern sich noch daran, daß ihnen als Kinder verboten war, in dem See zu baden, aus Furcht vor dem Wassergeist. Berühmt wurde der See erst nach 1933, als dem nördlichen Ufer entlang eine Straße gebaut und dabei alle Bäume und Sträucher gefällt wurden, die den Blick auf das Wasser verstellten. Als Folge strömten die Besucher scharenweise zum See, und so mancher wußte zu berichten, das „Ungeheuer von Loch Ness" tatsächlich gesehen zu haben. Am 14. April 1933 machten Mr. und Mrs. Mackay die ersten Beobachtungen. Es erschien ein ausführlicher Bericht im „Inverness-Courier". „Das Ungeheuer tauchte über eine Minute lang auf. Sein Körper glich dem eines Wales."

Es folgten weitere Sichtungen. Sie machten Loch Ness bald weltberühmt. Inzwischen widmeten sich Wissenschaftler immer mehr der Süßwasser-Biologie, und mit Hilfe primitivster Ausrüstungen wurden am See von Windermere die ersten Untersuchungen an Mikroorganismen durchgeführt. Es sollten noch 10 Jahre vergehen, bevor die Entwicklung der Sonde und der Tauchergeräte Forschern ermöglichte, Loch Ness systematisch zu untersuchen und noch weitere drei Jahre, bevor man mit modernen Unterwasserkameras versuchte, jenes Wesen aufzuspüren, das irgendwo dort unten in den dunklen Tiefen des Sees hausen soll.

Eine vereinfachte Zeichnung von all jenen Orten, an denen Nessie gesehen worden sein soll. Meistens wird es an Flußmündungen gesichtet.

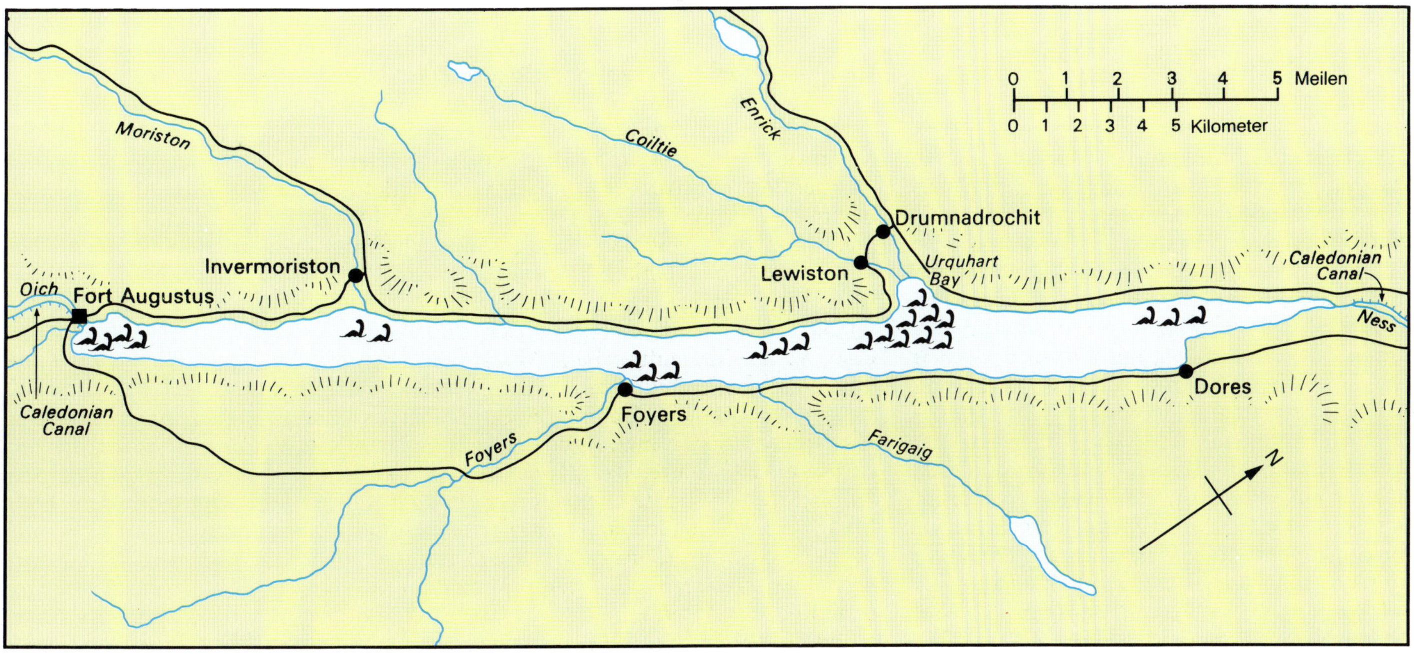

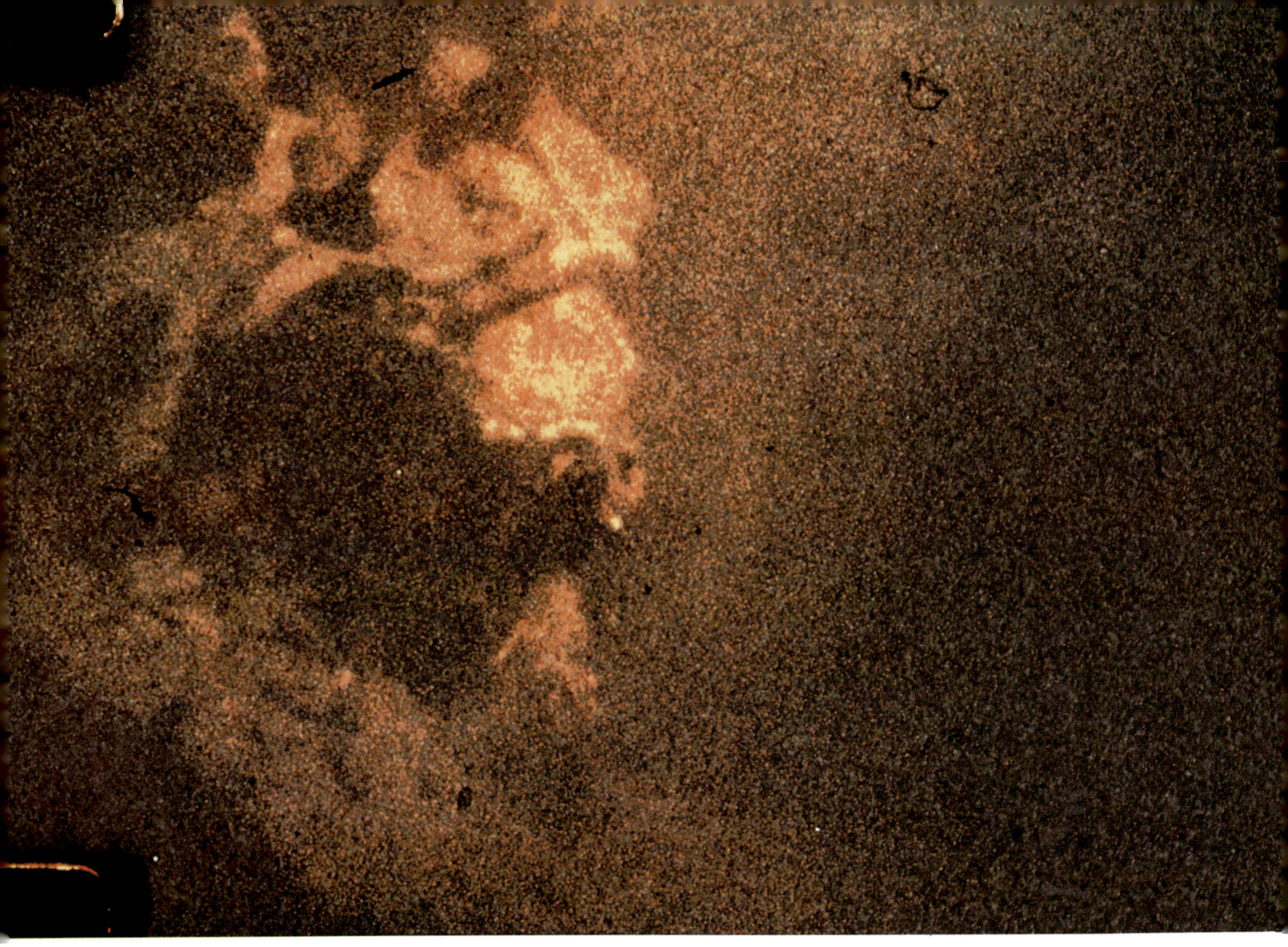

Mit Sonargeräten und Echolot

Seit den dreißiger Jahren gibt es unzählige Versuche, das Ungeheuer von Loch Ness auf Film festzuhalten. Die Archive sind voll von Fotomaterial, das die Existenz des Ungeheuers beweisen soll – aber was davon ist echt? Und welche Aussagekraft haben sie?

Die Beobachtungen der Mackays am 14. April 1933 lösten eine Sensation aus. Jeder war begierig, das Geheimnis von Loch Ness zu erfahren. Seither häufen sich die Berichte in Form von Filmaufnahmen, Fotos und anderem Material. Allein im Jahre 1933 wollen 50 weitere Personen das Tier gesehen haben. Seit bekannt wurde, daß Loch Ness ein Geheimnis in sich birgt, hält man nach allem Ausschau, was ungewöhnlich sein könnte. Dies führte gleichzeitig aber auch zu den wildesten Spekulationen und Hypothesen. Realität und Phantasie zu trennen, wurde immer schwerer. Ehrliche Menschen werden oft mißverstanden oder belächelt. Schwindler können einen durchaus glaubhaften Eindruck machen, und selbst Gelehrten wirft man allzu oft zu rege oder zu wenig Phantasie vor. Tatsache ist, daß ohne spezifische Erfahrungswerte von Menschen Zeit, Größe, Entfernung und Geschwindigkeit kaum genau beurteilt werden können, insbesondere über Wasser.

Oben:
Ist das der Kopf des Ungeheuers von Loch Ness? Dieses Foto wurde mit einer Unterwasserkamera aufgenommen von Dr. Robert Rines von der Akademie für angewandte Wissenschaften des Institutes für Technologie in Massachusettes (USA) am 20. Juni 1975. Trotz der schlechten Sicht in dem trüben Wasser lassen die Konturen darauf schließen, daß es sich um eine Art Tier handelt; andererseits meinen viele Fachleute, das Foto zeige nur den Seegrund.

Am See selbst kommt es oft zu optischen Täuschungen, denn seine Oberfläche ist manchmal so glatt und ruhig, daß die hohen Uferklippen tiefe Schatten werfen oder sich im Wasser spiegeln. Unter solchen Voraussetzungen entsteht oft ein verzerrtes Bild von den tatsächlichen Gegebenheiten – von kleinen Tieren, Wasservögeln und dem Wind. Das Kielwasser von Booten, die über den See fahren, kann vom Ufer zurückgeschlagen werden, so daß es in der Mitte des Sees eine stehende Welle bildet, lange nachdem das Boot schon vorbeigefahren ist. Was ist nun von den Tausenden von Augenzeugenberichten, Aufnahmen, Dokumenten von Forschungsgruppen – wie dem Loch-Ness-Forschungszentrum, das zwischen 1962 und 1972 bestand – zu halten? Die Beschreibungen des „Tieres" stimmen, und das ist das Erstaunliche, im großen und ganzen überein: ein Wesen mit einem langen Hals und gewölbtem Rücken. Manchmal bewegt es sich schnell und wippt mit dem Hals rhythmisch mit, ein andermal taucht es nur kurz auf, um gleich darauf wieder zu verschwinden.

Oberleutnant Rupert Gould sammelte als erster in seiner Chronik „Das Ungeheuer von

Links:
Darstellung des Seeungeheuers von Dr. Rines' Fotografie. Manche glauben, es benütze die Hörner als Schnorchel und spare sich so das Auftauchen, um Luft zu holen.

Loch Ness" (1934) 42 Beobachtungen, die zwischen 1923 und 1933 gemacht worden waren. Seiner Meinung nach handelte es sich bei diesem Wesen um einen Einzelgänger, der in dem See gefangen war. 1957 veröffentlichte Constance White ein Buch unter dem Titel *Mehr als eine Legende* mit über 60 Berichten von angeblichen Beobachtungen. Das Phänomen – so Constance White – existiere auch nach 1934 noch, und die Tatsache, daß manchmal mehr als ein Tier im See gesichtet worden war, ließe auf eine ganze Kolonie schließen. Der Großteil des Materials der späteren Publikationen stammt vom Loch-Ness-Forschungszentrum, das alle Berichte über das Ungeheuer sammelt.

Ob die Masse der Augenzeugenberichte und die Art der Beweise die Existenz eines oder mehrerer größerer Tiere in Loch Ness beweist, erscheint fraglich. Die Meßergebnisse, die mittels Echolot erzielt wurden, lassen sich teilweise schwer deuten. Aus den Beobachtungen vom Verhalten des Wesens an der Oberfläche kann keine brauchbare Beschreibung abgeleitet werden. Außerdem wird es in den Sommermonaten, an den Flußmündungen und an windstillen, heißen Tagen häufiger gesichtet, als sonst, wobei sicherlich zu berücksichtigen ist, daß gerade der Sommer auch die Hauptsaison für sensationslüsterne Touristen ist.

Neben den Augenzeugenberichten gibt es noch umfangreiches Bildmaterial. Doch unwiderlegbare Dokumente sind Fotos nicht. Aufnahmen mit herkömmlichen Kameras sind oft wenig aufschlußreich, und außerdem können Fotografien nur allzu leicht retuschiert und für Montagen mißbraucht werden.

Gewöhnlich zeigt sich ein dunkles Objekt auf dem See vor hellem Hintergrund. Das Negativ kann hier ganz einfach gefälscht werden, indem man einen entsprechenden Umriß aufzeichnet und das Negativ dann erneut fotografiert und dieses als „Original" anbietet. Die einfachste und häufigste Fälschung ist die Fotomontage. Hier werden wahllos irgendwelche Gegenstände fotografiert – die Phantasie reicht hier von Autoreifen, einem Stein, den man ins Wasser wirft bis hin zu ausgefallenen Figuren aus eigener Werkstatt, was dann mit dem entsprechenden Hintergrund zusammenkopiert wird. Bilder mit dem Loch Ness im Hintergrund zeigen meist leicht modifizierte Motive, wie etwa Felsen oder Baumstämme.

Öfter tauchen jedoch Aufnahmen auf, die von Wert zu sein scheinen. Alle Fotografien von 1933 bis heute lassen sich in zwei Gruppen unterteilen: die „schlechten", die durchaus echt sein können, und die „guten", die meist gefälscht sind. Die „klassischen" Bilder fachen die Diskussionen um Loch Ness immer wieder an, obgleich ihnen die Mitglieder des Loch-Ness- und Morar-Projektes nicht allzugroße Beweiskraft zubilligen. Die Aufnahmen sind grundverschieden, und ihre Motive können

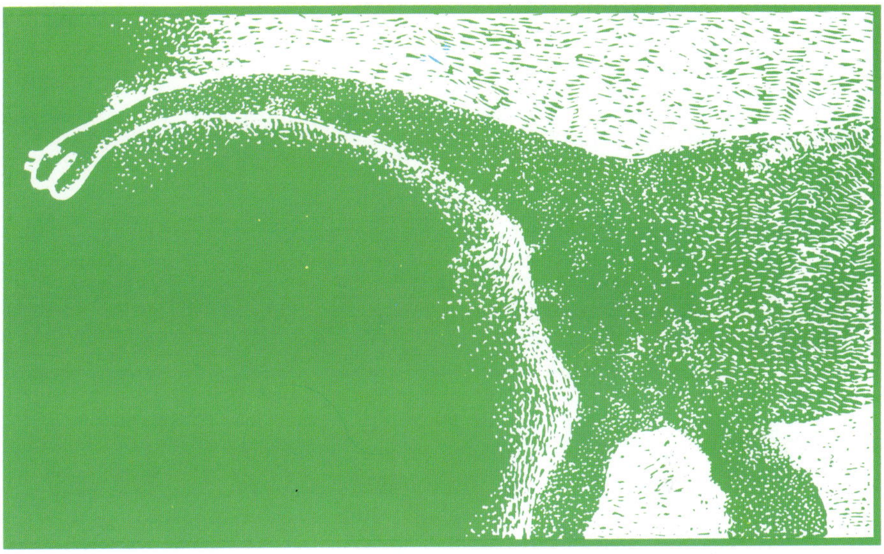

Oben:
Zeichnung aufgrund einer Reihe von Fotos von Dr. Rines. So ähnlich soll das Ungeheuer von Loch Ness aussehen. Es hat einen langen Hals, einen kleinen Kopf und Flossen, genau wie viele Augenzeugen es beschrieben haben.

durch kein Foto bestätigt werden, das während der zehnjährigen Studie der Loch-Ness-Forschungsgruppe aufgenommen wurde. Keine dieser Aufnahmen zeigt jenen Tierkörper, wie ihn die „klassischen" Bilder darstellen, sondern lediglich seichte Hügel und Wellen.

Filme sind weitaus schwieriger zu fälschen als Fotos und daher auch beweiskräftiger – obgleich auch nicht immer unanfechtbar. Besonders zwei Filmausschnitte sind hier hervorzuheben:

Den ersten drehte Tim Dinsdale am 23. April 1960 vom Fluß Foyers aus, der vom Süden her in den Loch Ness fließt. Er zeigt eine höckerartige Erhebung, die sich langsam entfernt, dann schneller wird und schließlich sich den Blicken entzieht und untertaucht. David James vom Loch-Ness-Forschungszentrum übergab den Film dem JARIC, dem Zentrum für atmosphärische Untersuchungen. Kurz zusammengefaßt hieß es in dem Untersuchungsbericht, das Objekt sei „vermutlich ein Lebewesen". Es sei etwa 1,7 m lang und bewege sich mit einer Geschwindigkeit von 16 Stundenkilometern.

Der zweite Film, den Richard Raynor am 13. Juni 1967 während der Loch-Ness-Expedition aufnahm, ist von außergewöhnlicher technischer Qualität. Der Streifen wurde genau am gegenüberliegenden Ufer bei Dores aufgenommen, also am nördlichen Ende des Sees und zeigt einen festen Körper, der am Ende eines Höckers auftaucht und – sobald das Schiff näher kommt – wieder verschwindet. Raynor zog die Möglichkeit in Erwägung, es handle sich hier um einen Otter (das Objekt war mit Sicherheit ein lebendes Wesen); seiner Meinung nach schien dies die einzige mögliche Deutung – mit der Einschränkung, daß es sich um etwas völlig Unbekanntes handeln würde. JARIC stellte jedoch fest – und genaue Daten waren anhand der hervorragenden Filmqualität leicht zu errechnen – daß das Tier eine Länge von 1,7 m hatte, ein für einen Otter mehr als ungewöhnliches Maß.

Dieser Film ist das beste vom Land aus aufgenommene vorhandene Dokument. Die Aufnahmen zeigen, daß wir es hier zweifellos mit einem größeren Tier zu tun haben, doch veranschaulichen sie auch gleichzeitig, wie unzulänglich unsere Mittel sind, es eindeutig zu identifizieren. Man kann im Wasser lebende Tiere nicht anhand der Körperteile studieren, die gerade aus dem Wasser ragen.

Erst 1970 begann man, Unterwasserkameras einzusetzen. Sie könnten praktisch das Tier in voller Größe fotografieren und die Studien einen riesigen Schritt weiterbringen; in der Praxis jedoch werden diese Möglichkeiten durch das trübe Wasser und unzureichende Ausrüstungen beschränkt. Die Unterwasseraufnahmen sind kaum verwertbar. Am aufschlußreichsten sind zwei Fotos eines Flossentieres, die 1972 von Dr. Robert Rines von der Akademie für angewandte Wissenschaften, Boston, mit einer Zeitlupenkamera mit Röhrenblitz aufgenommen und durch Computer ausgewertet wurden. Wenn dieses Etwas tatsächlich ein Flossentier ist, so hat es keinerlei Ähnlichkeit mit den uns bekannten Lebewesen des Sees.

Oben:
Foto von Tim Dinsdale vom 23. April 1960. Es ist höchstwahrscheinlich echt, aber wie so viele andere echten Aufnahmen sehr unscharf.

Unten:
Ein Beispiel dafür, wie ganz natürliche Dinge optische Täuschungen hervorrufen können. Die Kielwasserspur auf dem Foto ist, so behaupten Fachleute, nichts anderes als eine stehende Welle, verursacht durch einen Fischkutter auf einem Kanal, der in den Loch Ness mündet.

Die folgenden von Rines 1975 aufgenommenen Bilder zeigen 6 Motive, von denen mindestens 2 lebende Wesen darstellen. Andere Aufnahmen, welche den Seespiegel von unten zeigen, entstanden, so vermutet man, durch gröbere Erschütterungen der Kamera in zeitlichen Abständen von 70 Sekunden. Doch kann man annehmen, daß während einer Fotofolge die Kamera mindestens 2 Minuten lang ruhig im Wasser lag und nicht hin und her bewegt wurde. Eine Teilaufnahme – vermutlich vom Kopf – wies die Umrisse eines Lebewesens mit Hörnern auf.

Nur wird diese Vermutung gleich widerlegt, da andere innerhalb von 24 Stunden unter denselben Bedingungen gemachte Aufnahmen bei aller Phantasie keinen Hinweis auf ein Lebewesen ergaben. Entweder hatte man die Tiefe falsch berechnet und die Kamera war auf Grund gestoßen oder sie war beim Herunterlassen mit irgend etwas in Berührung gekommen, das sie auf und ab schwingen ließ.

Die Loch-Ness-Expedition von 1972–1973: Das Team vor Ort (oben); Dr. Robert Rines prüft eine der Unterwasserkameras, die für die Suche nach Nessie verwendet wurden (links). Es gelang dem Team, das Ungeheuer erstmals unter Wasser zu fotografieren. Für diesen Zweck wurden komplizierte technische Geräte verwendet, wie etwa ein Sonargerät, das den Film auslöste, sobald sich ein Objekt näherte. Auch die Expedition 1975 brachte erstaunliche, wenn auch vielfach angezweifelte Ergebnisse.

Die wichtigsten Materialien zum Auswerten lieferten zweifellos Echolot und Sonargeräte. Peilgeräte wurden während des Zweiten Weltkrieges entwickelt, um U-Boote aufzuspüren. Schallwellen werden ausgesendet, und wenn sie auf Gegenstände unter Wasser treffen, reflektiert. Es ist das einzige Instrument, mit dem man unter Wasser bewegliche Objekte nachweisen kann, besonders wenn das Wasser trüb ist.

Ein Sonargerät ist für diese Bedingungen nicht nur die logischste und naheliegendste, sondern auch bei weitem die erfolgreichste Untersuchungsmethode, ihre Ergebnisse sind objektiv überprüfbar. Es bedarf jedoch einiger Fachkenntnisse, um die Ergebnisse auswerten zu können und genau diese fehlt den Zoologen. Außerdem vermag Radar noch keine detaillierten graphischen Darstellungen zu liefern.

Der Schall wird meist durch den Hohlraum im Lebewesen reflektiert. Der Nachteil ist aber, daß er auch auf Fischschwärme, Temperaturveränderungen und aufsteigende Gase reagiert. Andererseits kann man so Bewegungen unter Wasser verfolgen und feststellen, ob es sich um Lebewesen handelt oder nicht.

Teams aus Oxford und Cambridge (1962), der Universität Birmingham (1968–1969), das Loch-Ness-Forschungszentrum (1969–1970) und die Akademie für angewandte Wissenschaften (zwischen 1970 und 1977) sowie die Partech Company (1976–1977) – sie alle haben Beweise geliefert für die Existenz eines Lebewesens im See, größer als ein Lachs und mit Bewegungen, die sich von denen eines Fisches unterscheiden. Die meisten Mitglieder der genannten Institute waren Experten auf ihrem Gebiet. Die Ergebnisse sind unbestreitbar, bieten aber dennoch keinen eindeutigen Beweis. Versuche, die Resultate insgesamt in Zweifel zu ziehen, müssen als ebenso erfolglos eingeschätzt werden wie die Versuche, das rätselhafte Tier zu identifizieren.

Eine seltsame Art Fisch?

Was für ein Wesen muß das sein, das in den kalten dunklen Tiefen des Loch Ness überleben kann? Ist es ein Säugetier, ein Reptil oder ein Amphibium? Und wie sieht es eigentlich aus?

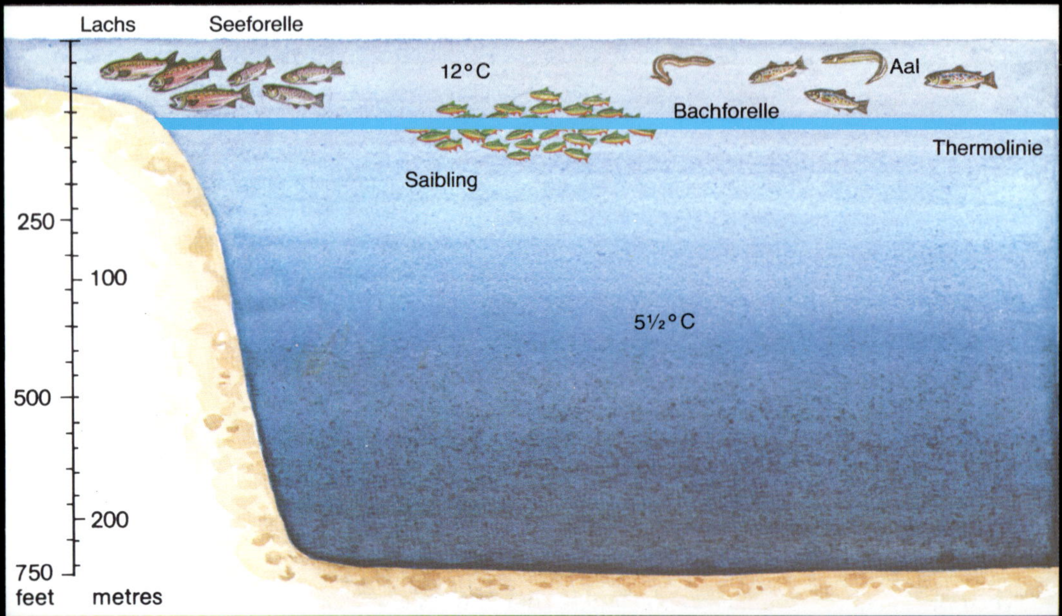

Oben:
Loch Ness mit Schloß Urquhart auf einem einsamen Küstenvorsprung im Hintergrund.

Links:
Ein Querschnitt durch Loch Ness mit seinem sommerlichen Fischbestand, der sich vor allem im oberen Teil konzentriert, wo das Wasser eine Temperatur von 12° C erreichen kann. Unter der sogenannten Thermolinie liegt das Gros der Wassermassen. Das kalte und trübe Wasser weist das ganze Jahr über eine konstante Temperatur auf. Von Lebewesen ist in diesen Tiefen nichts bekannt.

Loch Ness kann zweifellos als eine Art evolutionäre Sackgasse bezeichnet werden. Flora und Fauna des Sees gehen auf die letzte Eiszeit zurück. Sie stammen aus anderen Süßwasserseen oder aus dem Meer. Es ist aber ziemlich unwahrscheinlich, daß größere Tiere aus anderen Süßwasserseen sich im Loch Ness niedergelassen haben, da es keine solchen in unmittelbarer Nähe gibt und die Tiere weite Landstriche hätten überwinden müssen. Schenkt man also den Berichten Glauben, wonach „Ungeheuer" an der Küste Schottlands gesichtet worden sein sollen, scheint es wohl naheliegender, die Urheimat des mysteriösen Tieres im Meer zu suchen.

Alle größeren Meerestiere im Loch Ness könnten den See durch den Fluß verlassen. Es leben hier in erster Linie verschiedene Arten von Lachsen und Forellen, die fast ihr ganzes Leben im Süßwasser verbringen und nur zum Laichen abziehen. Wenn hier wirklich ein größeres unbekanntes Tier lebt, kann es nur über den Fluß Ness in den See gelangt sein. Ein Beweis für diese Theorie wäre das Verhalten der Lachse.

Oben:
Ein Taucher entnimmt Proben vom Grund des Sees. Analysen haben ergeben, daß Lebewesen hier unten ausreichend Nahrung finden.

Links:
Ein „fliegender" Lachs. Sie schießen oft mit ungeheurer Geschwindigkeit durch die Flüsse, die zum Loch Ness führen. Werden sie vom Ungeheuer gejagt?

Nessies Nahrungsvorrat

Charakteristisch für den See ist einerseits seine enorme Ausdehnung, andrerseits annähernd gleichbleibende Bedingungen. So bietet er einen idealen Lebensraum für Tiere, die an diese Umstände angepaßt sind. Der Großteil des Wassers weist eine konstante Temperatur von 5,5° C auf und ändert sich nur um maximal 1/2° C. Im Sommer mißt das Wasser bis in etwa 30 m Tiefe 12° C, wobei diese Schicht von dem darunterliegenden Wasser mit stets konstanter Temperatur getrennt ist. Man nennt dieses Phänomen „thermale Abweichung".

Als Quellen der Nahrungsversorgung stehen Pflanzen, Plankton, organische Ablagerungen (Detriti) und Fische zur Verfügung. Infolge des dunklen, trüben Wassers, der steilen Küsten und des kurzen Sommers gedeihen nur bis zu einer Tiefe von 3 Metern Wurzelpflanzen. Große Pflanzen wachsen lediglich in Ufernähe. Würde sich ein Tier ausschließlich pflanzlich ernähren, müßte man es öfter sehen als es bislang der Fall war. Für einen Pflanzenfresser ist die Vegetation in diesem See viel zu spärlich. Es hätte kaum Chancen zu überleben.

Einige der größten Tierarten ernähren sich von Plankton, wie etwa der Blauwal oder der Riesenhai und Walhai. Vielleicht ernährt sich das „Ungeheuer" auch von Plankton? Die Schottischen Seen sind jedoch in Relation zu ihrer Oberfläche sehr tief, aber auch relativ steril und weisen daher, verglichen mit anderen Seen, wie etwa im Lake District weiter südlich, einen geringen Bestand an Plankton auf. Tiere, die sich davon ernähren, haben besondere Organe, um das Plankton vom Wasser zu trennen. (zum Beispiel Borsten der Wale). Einige Fische haben spezielle Kiemen, die wie ein Sieb wirken. Diese Tiere besitzen meist auch ein ungewöhnlich großes Maul, um große Wassermengen auf einmal aufzunehmen zu können, was den Beschreibungen nach auf unser „Ungeheuer" nicht zutrifft. Im Gegensatz zu ihm zeigen sich all diese Tiere auch oft an der Wasseroberfläche, wo besonders große Mengen an Plankton zu finden sind.

Detriti sind organische Ablagerungen am Grund des Sees. Sie bilden das Hauptnahrungsmittel bestimmter Fischarten. Andere bevorzugen Weichtiere und Insektenlarven an den Klippen des Sees. Die Ablagerungen sind im allgemeinen nicht sehr reichhaltig an organischen Stoffen. Wie Proben gezeigt haben, beträgt der organische Bestandteil lediglich 15 bis 30 Prozent. Obgleich man in Loch Morar noch in 300 Meter Tiefe Weichtiere gefunden hat, die in den Ablagerungen leben, sind diese Feststellungen aber noch lange kein Beweis dafür, daß eine unbekannte Tierart hier ausreichend Futter fände. Dort, wo die Ablagerungen am stärksten waren, durchforschten Taucher Loch Morar, um größere Tiere, die sich in etwa 30 Meter Tiefe von organischen Sedimenten ernähren, nachzuweisen. Die Resultate sprechen aber eindeutig gegen eine solche Theorie.

Die wohl wahrscheinlichste Nahrungsquelle wären die Lachse. Der See ist, was seine Pflanzenwelt anbelangt, in der Tat recht artenarm, trotzdem weist er einen bemerkenswerten Bestand an Lachs- und Aalarten auf. Pflanzen und Einzeller bilden ihre Nahrung quasi selbst durch Photosynthese und verschiedene Nährstoffe. Daraus entsteht im Zusammenspiel mit der Zirkulation des Wassers das Phytoplankton (mikroskopische Pflanzen), das seinerseits als Nahrung für das Zooplankton (mikroskopische Tiere) dient. Das Zooplankton bildet zusammen mit den Insektenlarven und den Weichtieren das Futter für die Fische. Die sieben Zuflüsse in den See fließen so rasch über das felsige Terrain, daß nur geringe Mengen an Nährstoffen aufgenommen und mitgeführt werden können.

Links:
Eine Lederschildkröte kehrt ins Meer zurück, nachdem sie am Strand von Malaysia ihre Eier gelegt hat. Es ist unwahrscheinlich, daß das Ungeheuer von Loch Ness ein Reptil ist, also ein Kaltblüter, dessen Körpertemperatur von der Umgebung abhängt und somit im Loch Ness kaum Überlebenschancen hätte. Die Lederschildkröte hingegen hält es in jedem noch so kalten Wasser aus und wurde auch schon in Schottland gefunden.

Unten:
Eine Ringelrobbe an der eisigen Küste Grönlands. Robben können in kältesten Gewässern überleben: Diese Tatsache untermauert die Theorie, das Ungeheuer sei ein Säugetier.

Ein Lachsjäger

Wollen wir eine Lösung auf die Frage finden, wie Nessie sich ernähren könnte, müssen wir uns am besten an die Lachse und Forellen halten. Die Lachse schlüpfen in den Zuflüssen zum See und bleiben die ersten zwei Jahre im Süßwasser, bis sie ein Gewicht von etwa 250 g erreichen. Sie ziehen dann für die nächsten drei Jahre ins Meer und kehren erst später zum Laichen zurück. In dieser Zeit erreichen sie ein Gewicht von 18 kg, wobei sie ihre Energie und Nahrung aus dem Meer geschöpft haben. Der Lachs nimmt im Süßwasser keine Nahrung zu sich und beeinflußt so in keiner Weise das biologische Gleichgewicht des Sees; der junge Lachs ist lediglich in den ersten Jahren auf seine Nahrungsquellen angewiesen. Größere Lachse sind das ganze Jahr über im See zu finden, meistens jedoch im Sommer und Frühjahr.

Manches weist darauf hin, daß es sich bei unserem Ungeheuer um einen Fischräuber handeln könnte. Er wird meistens bei Flut, wenn die Lachse zum Laichen kommen, abseits der Flußmündungen gesichtet. Die Geschwindigkeit, mit der sich das Tier fortbewegt, läßt darauf schließen, daß es Fische jagen kann. Gäbe es wirklich ein noch unbekanntes Tier im See, wäre es naheliegend, daß es diese einzige mögliche Nahrungsquelle ausschöpft.

Der Existenz von unbekannten Tierarten im Loch Ness widerspricht die Tatsache, daß noch keinerlei Überreste von ihnen gefunden wurden. Tiere werden in der Wissenschaft oft anhand von Überresten identifiziert, noch lange bevor ein lebendes Exemplar gesichtet oder gefangen wird. Pierre David etwa stieß 1869 auf das Fell eines Riesenpandas. Ein lebender Panda wurde erst 50 Jahre später, nämlich 1929 entdeckt. Es gibt alte Berichte über einige seltene Kadaverfunde in schottischen Seen. Loch Ness und Loch Morar sind sehr kalt, und die Ufer fallen steil ab, wobei besonders der Wasserdruck den Verwesungsprozeß verlangsamt und den Kadavern so Zeit genug bleibt, in die Tiefe abzusinken. Nicht umsonst heißt es „Loch Ness gibt seine Toten niemals frei".

Viele Reptilien und Säugetiere zu Wasser und zu Land haben die kuriose Angewohnheit, kleine Steine zu schlucken, als bräuchten sie das zusätzliche Gewicht, besonders wenn sie nahe der Oberfläche schwimmen und tauchen wollen. Manche Seehunde haben oft bis zu 11 kg Steine im Magen. Schluckt auch unser Monster Steine, um unter Wasser zu bleiben, sinkt es nach seinem Tod wohl auf den Grund des Sees, ohne jemals geborgen werden zu können?

Die wichtigste Frage ist wohl, was ist dieses „Ungeheuer" überhaupt? Die Existenz eines Fischräubers im See wäre ja nicht weiter verwunderlich, erstaunlich ist viel mehr, daß es nicht identifiziert werden kann. Außerdem

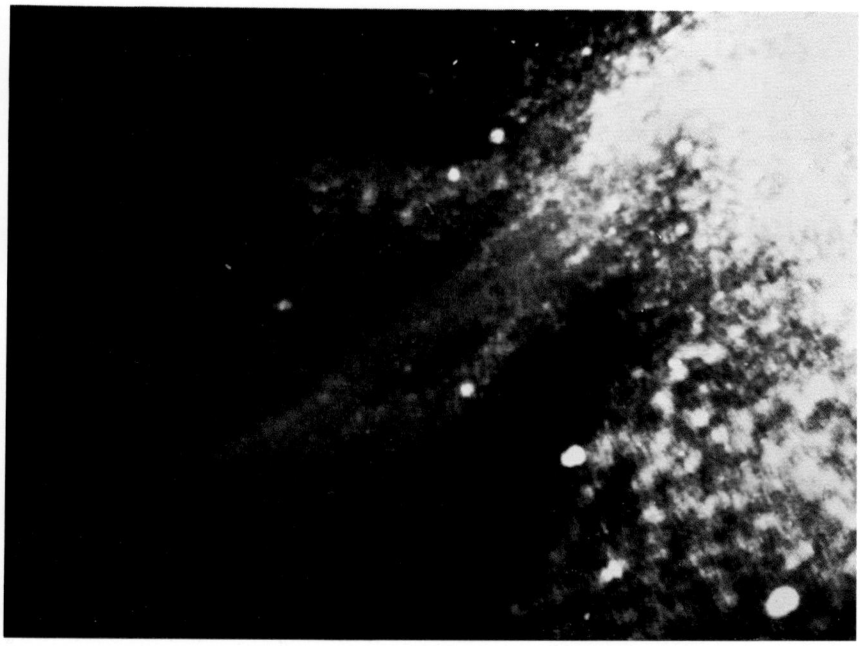

siosaurier“ gehört zu der Gruppe der Paddelsaurier und galt als seit 70 Mio. Jahren ausgestorben, bevor er 1938 im Indischen Ozean entdeckt wurde. Dieses Tier hätte sich leicht den Gegebenheiten in Loch Ness anpassen können. Reptilien und Säugetiere, die im Wasser leben, haben darüber hinaus eine wasserabweichende Hautschicht und wasserdichte Atmungsorgane, also Lungen und keine Kiemen. Sie sind daher unempfindlich gegenüber osmotischen Spannungen, die entstehen, wenn sie vom Salz- ins Süßwasser wechseln oder umgekehrt. Es ist für sie daher möglich, sich für längere Zeit auf Süßwasser umzustellen. Tiere mit wasserdurchlässigen Hautschichten und Kiemen leiden unter dem Wechsel, da Süßwasser ihr inneres Gleichgewicht durcheinanderbringt, sobald es durch die Haut und die Kiemen in den Kreislauf des Körpers eindringt.

Umgebungsmäßig wäre ein Säugetier nicht auszuschließen. Die meisten Seehunde fühlen sich um so wohler, je kälter das Wasser ist, außerdem würden die Beschreibungen auf einen Seehund mit langem Hals passen. Allerdings stellt sich hier wieder das Problem der Fortpflanzung, da Seehunde ihre Jungen an Land zur Welt bringen. Außerdem müssen sie oft auftauchen, um Luft zu holen, müßten also öfter als bisher gesichtet werden.

weist es Eigenschaften auf, die sich kaum klassifizieren lassen. Und gerade das macht es den Zoologen so schwer, an ein „Ungeheuer“ zu glauben.

Das größte bekannte wirbellose Tier (Weichtier ohne Skelett) ist der „Riesenkrake“, der bis vor wenigen Jahrzehnten noch als mythisches Tier galt. Die Beobachtungen schließen eine Ähnlichkeit des Ungeheuers mit den Kraken aus, abgesehen davon, daß keine Art bekannt ist, die im Süßwasser lebt. Ein Amphibium wäre da schon eher glaubhaft, doch darf man die Tatsache nicht außer acht lassen, daß der See und das Meer einmal miteinander verbunden waren. Amphibien tauchen kaum auf, um zu atmen; sie überwintern und vermehren sich im Wasser. Das Problem ist allerdings, daß es keine Meeresamphibien gibt und auch nie gab. Wollen wir den Ursprung unseres „Ungeheuers“ im Meer finden, dürfen wir nicht nach einem Amphibium suchen.

Oben:
Dr. Rines Aufnahme von der Flosse des Ungeheuers aus dem Jahre 1972. Ist sie wirklich ein Teil von Nessie, kann sie Aufschluß darüber geben, was für ein Tier es ist? Das Bild zeigt eine rhombusartige Flosse mit einer Rippe in der Mitte.

Rechts:
Vergleich der Flosse eines Fisches (oben links) und der Extremität einer Robbe (oben rechts) mit der Flosse des Ungeheuers. Sie ähnelt am ehesten der Flosse des australischen Lungenfisches (unten), die ebenfalls versteift ist und in erster Linie zum Kriechen verwendet wird.

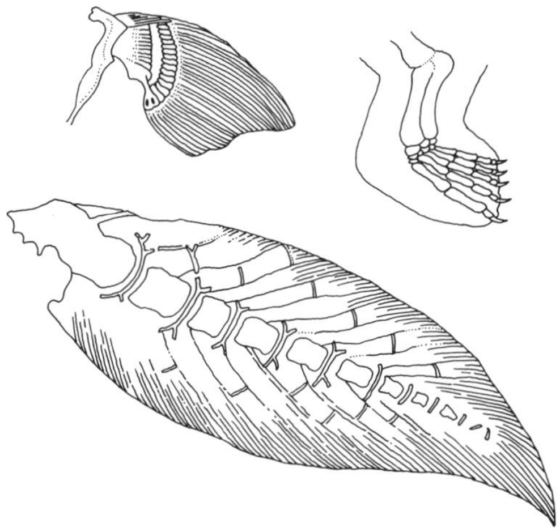

Reptil, Säugetier oder Fisch?

Allgemein wird die Theorie vertreten, das „Ungeheuer“ sei ein Reptil, obgleich biologisch vieles dagegen spricht. So ist etwa die Wassertemperatur des Sees zu kalt für ein Reptil (Wechselblut), es müßte öfter auftauchen, um zu atmen und an Land kommen, um seine Eier zu legen. Doch bestätigen hier und da Ausnahmen die Regel. So ist es schon vorgekommen, daß in amerikanischen Seen Süßwasserschildkröten unter der Eisdecke schwimmen (Loch Ness friert nie zu). Ihre Größe ermöglicht es der Lederschildkröte, ihre Körpertemperatur über der ihrer Umgebung zu halten, und sie wurde daher auch schon vor der Westküste Schottlands gefangen. Die Seeschlange gebärt ihre Jungen lebend im Wasser.

Den Beschreibungen nach ist der Schlangensaurier „Nessie“ am ähnlichsten. Dieser „Ple-

Ein Fisch scheidet wohl als mögliche Erklärung aus, obgleich er die Fortpflanzung im Wasser und das seltene Auftauchen plausibel machen würde. Die bisherigen Beschreibungen aber schließen eine Fischart aus. Manche der Anrainer sind aber der Meinung, es handle sich um einen „Riesenaal“. Das Echolot brachte Ergebnisse, die diese Theorie nicht ganz von der Hand weisen und durchaus auf einen Aal oder den europäischen Katzenfisch schließen lassen, da beide nachts aktiv werden. Die Tatsache, daß das Tier nur an heißen Tagen und bei nebliger See auftaucht, entspricht ganz dem Verhalten von Fischen, die auf dem Grund leben. Sie reagieren auf gewisse meteorologische Veränderungen. Dies gilt aber nicht

Unten:
Der australische Lungenfisch hat, den Flossen nach zu urteilen, mit dem Ungeheuer von Loch Ness auf Dr. Rines Fotografie noch die größte Ähnlichkeit.

nur für den Katzenfisch, sondern auch für den europäischen Sonnenfisch, der geradezu als lebendes Barometer bezeichnet wird.

Interessant ist auch eine Aufnahme von Dr. Robert Rines aus dem Jahr 1972. Sie zeigt vermutlich die rhombusförmige Flosse des unbekannten Tieres, die ihm den Namen „Nessiteras rhombopteryx“ einbrachte. Diese Flossenform eignet sich überaus schlecht zur Fortbewegung im Wasser. Die Flossen guter Schwimmer, wie die der Plesiosaurier, Seelöwen oder Pinguine sind durch feste Knochen mit dem Rumpf verbunden und funktionieren etwa in gleicher Weise wie die eines Tauchers. Sie ist in der Mitte „gerippt“, das heißt, sie faltet sich quasi beim Vorwärtsstoß und versteift sich beim Rückwärtsstoß. Dazu müßte die Flosse noch zusätzlich gedreht werden. Das führt zu der Annahme, daß die Flosse nicht der zentrale Antrieb des „Ungeheuers“ ist, da durch diese Bewegungen mehr Kraft verloren ginge, als gewonnen würde. Dadurch fällt aber ein Plesiosaurier als Lösung aus. Das Tier müßte sich also durch Schläge der Schwanzflosse weiterbewegen, und die Flossen wären nur als Steuer oder Bremse sinnvoll.

Sind diese Flossen wirklich Teil eines Lebewesens, dann eher die eines Fisches, denn der bewegt sich durch Schwanzschläge vorwärts und benutzt die Seitenflossen als Steuer. Den Flossen auf Rines Foto am ähnlichsten sind die des australischen Lungenfisches, der seine Flossen versteift, um sich auf dem Grund weiterbewegen zu können. Die Flossen gehören also vielleicht eher zu einem Fisch, der auf dem Grund lebt, und nicht zu einem Reptil oder Säugetier.

Es fehlen zur Zeit genügend Informationen, um diese Kreatur eindeutig einer bekannten Tierart zuzuordnen, doch was immer das Ungeheuer von Loch Ness sein mag, die Antwort wird sicher höchst interessant sein. Ist es ein Amphibium, wie ist es dann in den See gekommen? Ist es ein Reptil, wie kann es dann in diesem kalten Wasser überleben? Ist es ein Säugetier, weshalb taucht es dann als Lungenatmer nicht öfter auf? Ist es ein Fisch, dann ist es ein wahrlich ungewöhnliches Exemplar.

Unten:
Ein Modell des Plesiosauriers, das mit dem Ungeheuer identisch sein soll. Er gilt seit 70 Millionen Jahren als ausgestorben, doch besagt das noch nicht, daß eines mit dem Ungeheuer nicht doch identisch ist. Auch der überaus seltene Quastenflosser galt seit Jahrmillionen als ausgestorben, bis man 1938 einige Exemplare im Indischen Ozean entdeckte.

Die Seeungeheuer der Neuen Welt

Es gibt unzählige Schauergeschichten über Ungeheuer in den Seen Nordamerikas und Kanadas. In über 90 Seen und Flüssen sollen nicht identifizierte Tiere leben. Nur von den wenigsten von ihnen existieren heute Fotos oder Filme. Für die meisten Erscheinungen gibt es keinerlei Erklärungen, und sie bleiben ein Geheimnis für die moderne Zoologie. Leben wirklich unbekannte Wesen in den Seen, wo sind sie dann, und warum sieht man sie so selten?

Berichte über amerikanische Seeungeheuer haben eine sehr alte Tradition. Die ersten Legenden von riesigen Wasserungeheuern stammen von den Ureinwohnern des Kontinents, den Indianern. Es mögen alte Überlieferungen sein, doch können besonders die Darstellungen in der indianischen Kunst durchaus der Wahrheit entsprechen. So stimmen etwa die Beschreibungen der Mic-Mac-Indianer aus Neuschottland einer „geheimnisvollen Schlange" durchaus mit denen des Algonkin-Stammes weiter westlich überein. Die Irokesen im oberen Teil des Staates New York erzählten sich von einem Ungeheuer, das sie Onijore nannten, und in Indiana glaubten die Potawatomis an ein Ungeheuer, das im Manitou-See oder Wabash-Fluß hausen sollte. Zu Beginn des 19. Jahrhunderts verhinderten sie den Bau einer Mühle, die das Wesen in seiner Ruhe hätte stören können.

Der Ontario-See an der kanadisch-amerikanischen Grenze im Winter. Hier und in den anderen der Großen Seen sollen Ungeheuer gesehen worden sein. Ogopogo, das Ungeheuer aus dem Okanagan-See in Britisch Columbia. Eine Nachbildung dient heute als Touristenattraktion.

Links:
Der Nordosten Amerikas war einst mit Eis bedeckt. Zurück blieben unzählige kleine Seen. Haben hier prähistorische Tiere überlebt?

Oben:
Auf dieser Zeichnung aus dem Jahre 1872, veröffentlicht in der Zeitschrift „Canadian Illustrated News“, verfolgt ein Ungeheuer ein Kanu auf dem Utopia-See. Nach Augenzeugenberichten hatte das Ungeheuer ein „bluttriefendes Maul“.

Unten:
Der Champlain-See, die Heimat des berühmt-berüchtigten Ungeheuers „Champ“, das unter strengstem Naturschutz steht, ob es nun tatsächlich existiert oder nicht.

Diese Indianerstämme lebten früher alle in der Nähe der Großen Seen. Weiter westlich in den Staaten der Rocky Mountains erzählt man sich andere Geschichten. Die Shawnee glaubten an ein riesiges Reptil, das ein Zauberer mit der Hilfe eines jungen Mädchens getötet hätte – ähnlich der Sage vom heiligen Georg und dem Drachen. Die Kalapuya-Indianer am Willamette-Fluß in Oregon redeten von einem Ungeheuer namens Aturbi, das in den Seen, Flüssen und Bächen der Gegend leben soll. Den Völkerkundlern beschrieben sie dieses Wesen als eine Art Seehund oder Otter. Gehören all diese geheimnisvollen Lebewesen wirklich nur ins Land der Mythen? Oder sind sie außergewöhnliche, real existierende Tiere?

Die ersten Angaben – abgesehen von den Legenden – kommen aus den ersten Jahrzehnten des 19. Jahrhunderts. Es wird immer wieder behauptet, der erste Bericht von einem Seeungeheuer stamme vom Franzosen Samuel de Champlain, als er bei seiner Expedition durch Kanada den Vermont-See entdeckte. Das ist aber nicht wahr, sondern lediglich auf die falsche Berichterstattung eines Journalisten zurückzuführen. Seit 1960 wird diese „Ente“ immer wieder aufgegriffen. Champlain erwähnt in der Tat ein Seeungeheuer in der Nähe der Mündung des St.-Lorenz-Stromes, also viel weiter nordöstlich.

Einer der Pioniere auf dem Gebiet der Seeschlangen-Forschung ist Constantin Samuel Rafinesque. Er mißt den Überlieferungen über Wasserschlangen, die in einem Fluß bei Philadelphia leben sollen, große Bedeutung zu und hat dazu auch neuere Beobachtungen zusammengetragen:

„Am 3. Juli 1817 beobachtete die Mannschaft eines Schoners im Erie-See, 5 km von der Küste entfernt, eine Seeschlange von etwa 10 bis 12 m Länge und einem Durchmesser von 30 cm. Sie war dunkelbraun, fast schwarz. Die Angaben sind recht unvollständig. So konnte nicht einwandfrei eruiert werden, ob das Tier Schuppen hatte oder nicht; womit die Behauptung, es handle sich um eine Schlange, nicht mit Sicherheit bewiesen werden konnte. Ich persönlich neige eher zu der Auffassung, es handelte sich hierbei um eine Art Fisch.“

1819 wurde das Tier erneut gesichtet. Diesmal beschrieb man es als kupferfarben mit leuchtenden Augen und einer Länge von etwa 18 Metern. Es reagierte auch nicht auf die Schüsse, die man auf es abgab. Entweder wurde es durch die Schuppen abgeschirmt, oder der Schütze hatte sein Ziel verfehlt.

Man begann aber allmählich, die Geschichte über die Seeschlangen von Neuengland ernst zu nehmen, und ein Bericht über ein Ungeheuer im Ontario-See (der direkt mit dem Erie-See verbunden ist) erschien 1835 selbst in einem deutschen wissenschaftlichen Magazin.

Meldungen und Sensationen

Bald jedoch waren alle Seeungeheuer und Seeschlangen wieder in Vergessenheit geraten. Niemand beschäftigte sich ernsthaft mehr mit diesem Phänomen, sie bildeten aber ein dankbares Objekt für die Witzseiten der Zeitungen. Im Jahre 1855 geriet der Silbersee im Staate New York in die Schlagzeilen. Eine Seeschlange war im See entdeckt worden. Es gab zahlreiche Berichte über Beobachtungen, die in der örtlichen Presse groß herausgebracht wurden. Die folgenden Jahre wuchs Gras über die Sache, bis in einem Hotel in der Nähe Feuer ausbrach und Feuerwehrleute im Dachboden auf die Überreste der vermeintlichen See-

Unten:
Buffalo breitet sich am Erie-See aus. Im frühen 19. Jahrhundert, allerdings vor der starken Umweltverschmutzung, wurden hier viele Ungeheuer gesehen.

Ganz unten:
Eine Höhlenzeichnung von Naitaka, das Ungeheuer vom Okanagan-See. Die Shushwap-Indianer opferten Naitaka stets ein Huhn oder ein anderes Jungtier, um es zu besänftigen.

schlange stießen: eine Plastikfigur, die mit Luft über Wasser gehalten wurde und vom Hotelbesitzer gebastelt worden war, um den Umsatz anzukurbeln. Zuerst waren die Anrainer ziemlich wütend, doch später lachte man über diesen gelungenen Schwindel. Heute hält die Stadt Perry in Gedanken an diesen Streich jährlich ein „Seeschlangenfestival“ ab.

Auch die Journalisten Amerikas können die Phantasie der Bevölkerung anregen. In den dreißiger Jahren des 19. Jahrhunderts erschien zum Beispiel eine Serie über die Seen in Indiana im Mittleren Westen. Diese Meldungen, nach denen Siedler Seeungeheuer beobachtet hätten, wurden 100 Jahre später von einem Professor für Geschichte an der Universität von Indiana untersucht. Donald Smalley stellte dabei fest, daß es sich hierbei höchstwahrscheinlich um eine Erfindung handelt. Mit dem Abzug der letzten Indianer aus dem Gebiete waren die Legenden bald in Vergessenheit geraten.

Auch aus Kanada gibt es Berichte über Seeungeheuer in den Seen nahe der amerikanischen Grenze. Die erstaunlichste Meldung kam 1867 vom Utopia-See in Neubraunschweig. Holzarbeiter, die in einer Mühle am See arbeiteten, beobachteten ein Gebilde, das aus dem Wasser auftauchte und wieder verschwand. Der Bericht darüber sorgte landesweit für Aufregung. 1872 veröffentlichte die „Canadian Illustrated News“ einen Holzschnitt von einem Ungeheuer, das sich durch das Wasser schlängelt und zähnefletschend zwei Männer in einem Kanu verfolgt. Es soll angeblich immer kurz nach der Eisschmelze erscheinen, was wiederum im März Tausende von Besuchern an den See lockte, in der Hoffnung, einen Blick auf das Untier werfen zu können. 1950 berichtete eine Augenzeugin, eine große schwarze Gestalt gesehen zu haben, die aus dem Wasser wirbelte und sich blitzschnell hin und her bewegte.

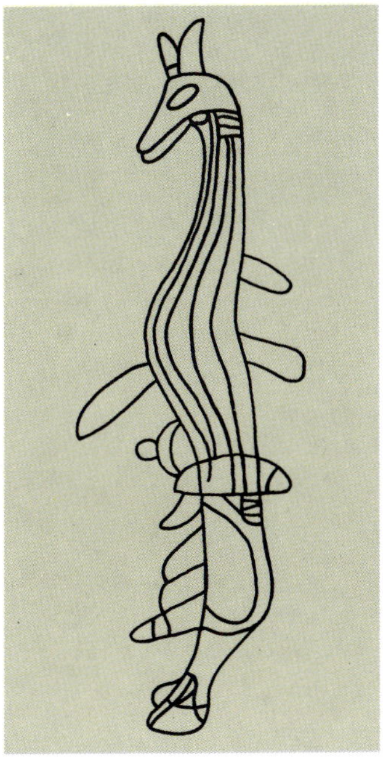

In solchen Wirbeln glauben manche Wissenschaftler die Lösung für einige dieser „Ungeheuer“ zu finden. In Norwegen etwa gibt es auffallend viele ähnliche Berichte von Bergseen, an denen Sägemühlen betrieben werden. In einem Fall, in dem ebenfalls ein Seeungeheuer gesehen worden sein soll, stellte sich heraus, daß Vergärungsgase riesige Mengen Sägespäne, Abfall und Seetang mit enormer Kraft an die Wasseroberfläche gewirbelt hatten, was aus der Entfernung in der Tat wie ein „Ungeheuer“ aussah.

Sind die „Ungeheuer“ des Utopia-Sees wirklich nur auf verrottenden Abfall zurückzuführen? Wenn ja, woher kommen die Legenden der Indianer? Was ist mit den Berichten von Ungeheuern in anderen Seen und den Beschreibungen der Wesen mit dem langen Hals? Dies alles kann nicht leichtfertig abgetan werden, sondern es gilt, sämtliche Gesichtspunkte in Erwägung zu ziehen, Berichte aus ganz Nordamerika und besonders aus den Rocky Mountains und dem Gebiet der Großen Seen zu analysieren.

Die Nachrichten über Seeungeheuer in Nordamerika konzentrieren sich alle erstaunlicherweise auf Bergseen und die damit verbundenen Flüsse. Dazu gehören auch die Großen Seen.

Eine Ausnahme bildeten lediglich die Berichte über ein Ungeheuer im Alkali-See (heute Walgen-See) im Grasland von Nebraska. Hier beobachtete ein Farmer 1921 zum ersten Mal, wie ein riesiges Tier Wasser 6 Meter hoch aufspritzen ließ. Mehrere ähnliche Meldungen folgten. So berichteten fünf Zeugen, ein riesiges, braunes Tier erblickt zu haben, das wie ein Fisch aussah. Sie sahen weder den Kopf noch den Schwanz, doch der Teil, den sie beobachten konnten, soll etwa einen halben Meter aus dem Wasser geragt haben und etwa 4 Meter lang gewesen sein. Ihrer Schätzung nach müßte das Tier eine Gesamtlänge von mindestens 6 Meter aufweisen.

Auch Falschmeldungen sind Sensationen

Unglücklicherweise stammten all diese Berichte aus der phantasievollen Feder des Journalisten John G. Maher, einem Korrespondenten des „New York Herald". Die Geschichten, die er in die Welt gesetzt hatte, entzogen sich aber bald jeder Kontrolle, und ein Geschäftsmann wollte sogar eine umfangreiche Expedition finanzieren, um das Ungeheuer zu fangen. Maher schrieb über Beobachtungen, die in früheren Jahren gemacht worden sein sollen, vergaß aber zu erwähnen, daß der See 1889 vollkommen trocken gelegt worden war, ohne auch nur die geringsten Anzeichen von einem Monster zu finden.

Viele Wahrnehmungen an zahlreichen amerikanischen Seen sind Einzelfälle und datieren vor allem aus dem 19. Jahrhundert. Überlieferungen aus alter Zeit, die bis heute durch Beobachtungen ergänzt werden, gibt es nur von wenigen Gewässern. Filtert man nun die einfallsreichen journalistischen Ergüsse heraus, ergibt sich doch ein eindrucksvolles, wenn auch nicht geschlossenes Gesamtbild. Eine dieser Regionen ist das Seengebiet von Wisconsin. Hier wurden in den vier Seen um Madison, in Waubeau, Red Cedar, Pewaukee und den Elkhart-Seen Ungeheuer gesichtet. Die Beobachtungen der jüngsten Zeit wurden allerdings noch nicht intensiv genug untersucht, und es ist daher kaum feststellbar, inwieweit sie glaubhaft sind.

Wesentlich interessanter sind da schon die Meldungen über riesige Wesen in den Bergseen. Die Gerüchte über Seeungeheuer in den Rocky Mountains inspirierten Schriftsteller sogar zu Science-fiction-Werken wie „Das Ungeheuer vom La Metrie-See", das 1899 erschien. Die Geschichte endet mit der Vernichtung eines prähistorischen Plesiosauriers in einem abgelegenen Bergsee durch die US-Kavallerie.

Diese recht unglaubwürdige Geschichte könnte ebensogut auf Tatsachen beruhen, wurden doch genügend Berichte über diese dem Plesiosaurier ähnlichen Wesen aufgezeichnet. Aus dem Bundesstaat Utah vernahm man die ersten Berichte dieser Art, nachdem die Mormonen sich dort niedergelassen hatten, und früher hatten die Indianer hier von sagenhaften Wasserungeheuern erzählt. Die Berichte konzentrierten sich Ende des 19. Jahrhunderts auf Beobachtungen am Utah-See und am Bear-See. Ein Journalist schrieb 1883: „Es gibt zahlreiche Hinweise auf die Existenz eines gewaltigen Wassertieres bislang noch unbekannter Art."

1871 ging die Meldung durchs Land, man habe ein junges Ungeheuer bei Fish Haven am Bear-See gefangen – ein etwa 6 Meter langes

Oben:
Überreste eines Ungeheuers? Im November 1970 wurde dieser halbverweste Kadaver bei Man Hill, Massachusetts, an Land gespült. Es hatte einen langen Hals und wog etwa 15–20 Tonnen. Später allerdings identifizierte man es als Hai, der diese merkwürdige schlangenähnliche Form annahm, nachdem seine verknorpelten Körperteile verwest waren. Dies war allerdings ein Meerestier. Es ist kein Seebewohner dieser Größe bekannt, der ähnlich aussehen könnte.

Rechts:
Das sagenhafte Ungeheuer vom La Metrie-See, das von der US-Kavallerie erlegt wurde. Die Geschichte von diesem prähistorischen Tier erschien im Jahre 1899.

Tier, das sich mit Hilfe seines Schwanzes und seiner Füße fortbewege. In früheren Veröffentlichungen las man von einem Wesen mit einem einem Meter langen Hals, Flossen und braunem Fell, ähnlich dem eines Otters, und einem Kopf wie ein Walroß – nur ohne Stoßzähne. Die Schoschonen, ein Indianerstamm, behaupteten, das Tier wäre auch ans Land gekommen.

Nach 1880 fielen diese außergewöhnlichen Nachrichten in Vergessenheit. Um 1930 – wahrscheinlich infolge der Sensation von Loch Ness – berichtete man plötzlich von Ungeheuern, die im Payette-See in Idaho gesehen worden sein sollen. Im Sommer 1941 folgte geradezu eine Flut von Meldungen. John McKay hatte ein riesiges Tier mit einem langen, dunklen Körper und Höckern gesehen. Wenige Monate später berichtete man von einem Kopf auf einem periskop-ähnlichen Hals. Die Wahrnehmungen wurden zunächst geheimgehalten. Dann erklärte ein Geschäftsmann der Presse, ein etwa 15 Meter langes Krokodil mit einer flachen Nase entdeckt zu haben. Im Juni 1977 fiel zwei Fischern in der Congar-Bucht ein Kielwasserstreifen auf, obgleich weit und breit kein Boot festzustellen war. Plötzlich tauchte ein schwarzes Etwas mit drei Höckern auf. Es war etwa 9 Meter lang und bewegte sich überaus schnell.

Gary S. Mangiacopra, der all diese Berichte untersucht hat, ist der Auffassung, es handle sich hier um eine Art Elefantenrobbe, wogegen wiederum die Höcker sprechen würden, die so oft erwähnt werden.

Vom Folsom-See in Kalifornien, den Seen im Trinity Hochland und vielen anderen Orten im Westen Amerikas kommen Berichte über krokodilähnliche Wesen, wobei die Beobachtungen am Flathead-See (Montana) am interessantesten sind. 1885 glaubte der Kapitän des Dampfers „US-Grant“ auf ein anderes Boot zuzusteuern, bevor er erkannte, daß es sich in Wirklichkeit um eine riesiges walähnliches Tier handelte. Einer seiner Passagiere feuerte einen Schuß ab, worauf es wieder untertauchte und verschwand. 1919 sahen Passagiere an Bord der „City of Polson“ etwas, was sie zunächst für einen Baumstamm hielten, doch dann erkannten sie ein Tier, das vor ihnen herschwamm.

Während der folgenden Jahrzehnte erfolgten noch zahlreiche ähnliche Beobachtungen, die zum Teil auch veröffentlicht wurden. Dabei wurde die Meinung vertreten, es handle sich bei dem Ungeheuer um einen riesigen Stör. Diese Theorie ist unhaltbar, da Störe nie in Seen laichen. Nur ein einziges Mal wurde ein Stör aus einem See gefischt, den man vermutlich als Jungtier dort ausgesetzt hatte.

Ein Stör (unten) aus dem Flathead-See. Viele neigen dazu, diesen Fisch als des Rätsels Lösung anzusehen. Er wurde aber vermutlich ausgesetzt (unten rechts), um die Angler zu unterhalten.

Unten links:
Die westlichen Seen Nordamerikas. Bergseen scheinen bei Ungeheuern besonders beliebt zu sein.

Auftauchen zum Luftholen

Die unzähligen Seen Kanadas und Alaskas bieten immer wieder Stoff zum Thema „Ungeheuer". Hinter den Berichten von heute steht eine jahrhundertelange Tradition indianischer Überlieferungen und Geschichten der Eskimos.

Ende der vierziger Jahre berichtete der kanadische Schriftsteller und Naturwissenschaftler Farley Mowat über ein Ungeheuer namens „Angeoa", das in einem See hoch im Norden Kanadas gesehen worden sein soll. Ein Eskimo hatte ihm erzählt, sein Vater und dessen Kamerad hätten Ende des 19. Jahrhunderts das Wesen mit eigenen Augen beobachtet, und auch die Knochen des riesigen Tieres hätte man am Ufer des Sees gefunden, den die Eskimos seither den „See der gehäuften Knochen" nennen. Das Ungeheuer beschrieb er folgendermaßen:

> „Es war etwas, was noch nie ein Mensch zuvor gesehen oder beschrieben hat. Mein Vater sagte, es sei länger als 20 Kajaks und breiter als 5 Meter gewesen. Auf der einen Seite ragte eine riesige Flosse in die Höhe, größer als ein Zelt. Den Kopf des Ungeheuers aber konnten weder mein Vater noch sein Kamerad sehen, und sie bezweifelten, daß es überhaupt einen hatte."

Zu Tode erschrocken, versuchten die beiden Eskimos zu fliehen, doch ihr Boot kippte um. Es besteht zweifellos ein mythologischer Zusammenhang zwischen diesem Wesen und dem Gott des Wassers und der Seen, den die Indianer an den Großen Seen den „Manitou Niba Nabais" nennen. Solche Legenden können nur der Ergänzung heutiger Berichte dienen.

Nehmen wir etwa die Legenden vom Ungeheuer im Iliamma-See in Alaska. Mit einer Fläche von etwa 1600 Quadratkilometern ist der See das siebentgrößte Binnengewässer der Erde. Er hat eine Länge von 145 Kilometer, im Gegensatz zu Loch Ness mit 35. In den Dörfern um den See herum erzählt man sich das Schauermärchen von dem Untier, das Kinder und Rentiere raubt und Kanus in Stücke reißt.

1971 soll das Ungeheuer in der Nähe des Dorfes Kokhanok das Eis durchbrochen haben und aufgetaucht sein. Kinder, die es gesehen hatten, fertigten Bilder von ihm an. Susie Noatak zeichnete es mit einem Auge unter dem Maul; John Nelson jr. malte eine Art riesigen Wal oder Stör. Die Wildhüter der Umgebung waren der Meinung, es handle sich um einen ungewöhnlich großen Stör. Mitte der sechziger Jahre überflogen zwei NASA-Piloten den See und beobachteten zwei riesige Schatten, die durch das Wasser zogen. Als sie näher herankamen, waren sie verschwunden. Ein alter Indianer erzählte Reuben Gaines, einem Fernsehmoderator und Schriftsteller, er habe mit eigenen Augen gesehen, wie jemand

Oben:
Der texanische Ölmagnat Tom Slick, ein engagierter Jäger des Ungeheuers. Seine Suche nach dem legendären Tier aus dem Iliamna-See in Alaska blieb ergebnislos. Das Foto entstand während der Jagd nach dem Yeti im Himalaya.

Rechts:
Der Sincoe-See, Ontario, die Heimat des Igopogo bzw. Kempenfeld-Kelly-Ungeheuers.

Rechts Mitte:
Das Ungeheuer Manipogo aus dem Manitoba-See. Am 12. August 1962 aufgenommen von zwei Fischern, die glaubten, es mit einer „großen, schwarzen Schlange oder einem Aal" zu tun zu haben. Es hatte einen Höcker von etwa 60 cm Länge. Trotz eines Außenbordmotors an ihrem Schiff waren sie nicht in der Lage, dem Tier zu folgen.

Ganz rechts:
Die Seen nördlich von Winnipeg, Manitoba. Das bekannteste Ungeheuer ist Manipogo aus dem Manitoba-See.

beim Anblick dieses Ungeheuers umfiel. Manche Indianer weigerten sich auch, mit einem roten Kanu auf den See zu fahren, denn – so meinen sie – die Farbe Rot erzürne das Ungeheuer.

Ist es nun ein riesiger Stör oder eine Art Wal? Diese Frage stellte sich Tom Slick, ein bekannter Ölmagnat aus Texas, der zusammen mit Kommandant Stanley Lee die Aufzeichnungen der beiden NASA-Piloten studierte. Ihre Suche nach dem Tier blieb jedoch ergebnislos, ebenso wie 1966 dem New Yorker Fotografen Leonard Rue kein Erfolg beschieden sein sollte. Die eingesessenen Bewohner sind der Meinung, es werde viel zu viel in

die Untersuchungen von Loch Ness investiert und viel zu wenig in die Erkundung der Seen Alaskas.

Der Iliamma-See ist auch nicht sehr einladend, und es wurden daher meist andere Gewässer untersucht. So forschte man im Simcoe-See jahrelang nach einem Wesen, das die Eingeborenen „Igopogo“ nennen und über das seit 100 Jahren ständig geschrieben wurde. 1952 will es ein indianischer Fallensteller gesehen haben, und 1963 berichteten ein Pfarrer, ein Leichenbestatter und deren Familien von einem 9 bis 21 Meter langen, kohlrabenschwarzen Tier mit einer Rückenflosse. Andere beschrieben es als ein Ding mit einem hundeähnlichen Kopf und einem Hals von der Breite eines Ofenrohrs.

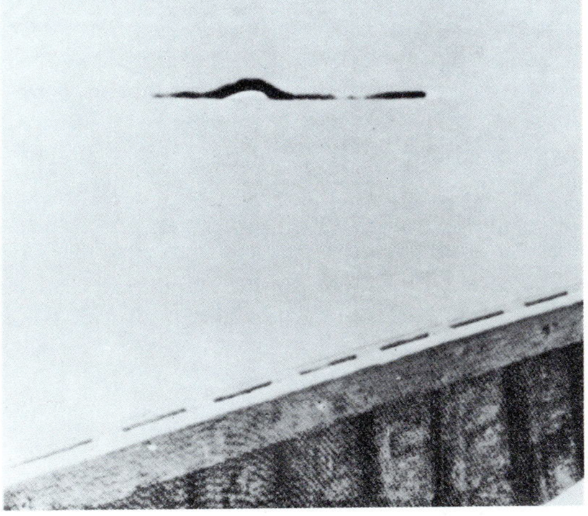

Da es meistens in der Bucht von Kempenfelt aufgefallen war, nannte man es kurzerhand „Kempenfelt Kelly“. Im Juli 1980 verseuchte man die Bucht mit etwa 4,5 Millionen Liter Abwasser, doch wenige Tage später behaupteten John Bergeron und sein Onkel Gaston das Tier wieder dort erblickt zu haben. Es hatte angeblich einen Kopf zweieinhalbmal so groß wie der eines Menschen, einen Kamelhöcker und einen 2 Meter langen Schwanz. „Es war direkt vor uns, glotzte uns mit riesigen Kuhaugen an und sprang mehrere Minuten lang im Wasser auf und ab.“ Offensichtlich hatte dem Ungeheuer die Wasserverschmutzung nicht geschadet.

Gerüchte kursierten auch um ein Ungeheuer im Ontario-See, die durch jüngste Beobachtungen bestätigt scheinen, und 1880 erzählte man sich von einem Monster im Deschene-See, wo sich einige Haarbüschel des Tieres sogar in einer Schiffsschraube verfingen. 1953 sorgte eine Art „Krokodil“ in New Hamburg, Ontario, für einige Aufregung. Außerdem gibt es zahlreiche Geschichten über Ungeheuer in den abgelegenen Seen im Norden. Weiter westlich, jenseits der Großen Seen, liegen die Seen von Manitoba. Nördlich von Winnipeg breitet sich eine ganze Reihe von Gewässern aus, die miteinander verbunden sind, nämlich der Winnipeg-, Manitoba-, der Winnipegosis- und der Dauphin-See. Allein der Winnipegsee hat eine Fläche von 300 Quadratkilometern.

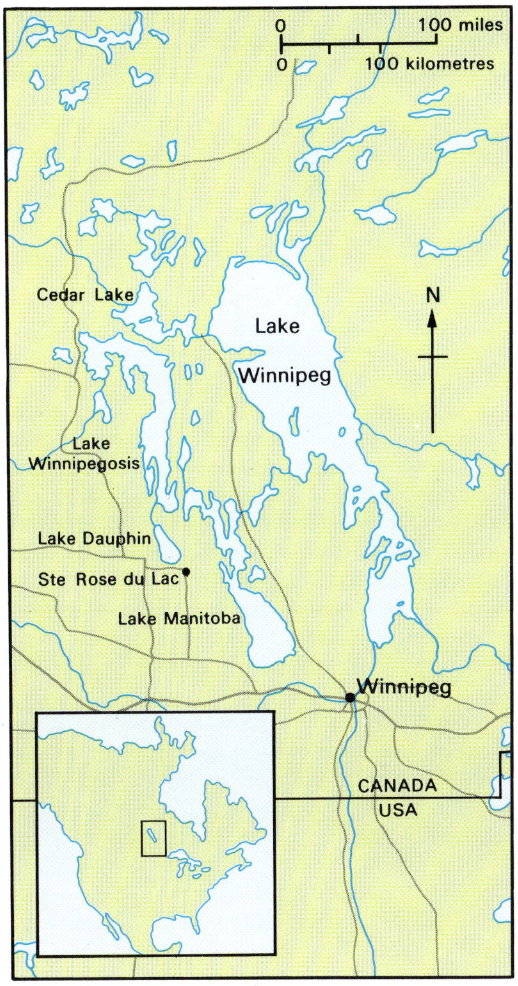

Links:
Ogopogo, das bekannteste See-Ungeheuer Nordamerikas. Diese Zeichnung wurde aufgrund der zahlreichen Beschreibungen angefertigt. Ogopogo bedeutet „Der Reumütige". Einer indianischen Legende zufolge war Ogopogo ein Mörder, der zur Strafe in eine Seeschlange verzaubert wurde.

Unten:
Ein Foto von Ed Fletcher aus dem Sommer 1976. Das Tier im Okanagan-See – falls es eines ist – blieb einige Stunden an der Oberfläche und wurde von Fletcher und seinen Freunden eine zeitlang verfolgt.

Zum ersten Mal war 1908 von einem Ungeheuer im Manitoba-See die Rede. Ein Jahr später erzählte ein Fallensteller von einem gewaltigen Tier, das mit einer Geschwindigkeit von etwa 3 Stundenkilometer vorbeischwamm. Es hatte einen dunklen, schimmernden Rücken, der etwa 1 Meter aus dem Wasser ragte. Weitere Berichte folgten. So sollen 1957 Louis Belcher und Eddi Nipanik ein schlangenähnliches Ungeheuer im Manitoba gesehen haben. Andere vernahmen einen schrillen Pfeifton, wie den einer Lokomotive. All diese Aussagen veranlaßten schließlich die örtlichen Behörden dazu, ein Forschungsteam an den See zu entsenden und der Sache im wahrsten Sinne des Wortes „auf den Grund" zu gehen. Das Ungeheuer erhielt den klangvollen Namen „Manipogo". Der Minister für Industrie und Handel behauptete damals sogar, Sicherheit und Wohlstand des Manitoba-Sees hänge von dieser Expedition ab. Aber auch diesmal war es nicht gelungen, ein Tier zu fangen, das den Beschreibungen entsprach oder irgendeine Bedrohung für Fischer oder Besucher darstellen konnte.

Trotzdem riß die Zahl der Meldungen nicht ab, und so organisierte man im Sommer 1960 eine großangelegte wissenschaftliche Untersuchung. Am 12. August 1962 gelang den Fischern Richard Vincent und John Konefell ein seltsamer Fang, von dem alle behaupteten, es könne nur Manipogo sein. Dr. James A. Macleod – ein Zoologe aus Winnipeg – meinte beim Anblick dieses buckeligen Etwas: „Nehmen wir an, es ist kein Ungeheuer – aber was zum Teufel ist es dann?"

Alle diese Berichte werden aber noch bei weitem übertroffen von der Menge an Beweisen für die Existenz von „Ogopogo", dem Ungeheuer des Okanagan-Sees. Die Geschichten und Meldungen über dieses Wesen füllen bereits Bücher. Man nennt es auch „Nessie aus Nordamerika", obgleich man Nessie eher als „Ogopogo aus Schottland" bezeichnen müßte, denn die Berichte über das kanadische Ungeheuer reichen zurück bis ins Jahr 1850 – also lange bevor Nessie so berühmt wurde.

Der Okanagan ist ein langer, tiefer Gebirgssee und erstreckt sich von Norden nach Süden durch das Obstanbaugebiet von British Columbia. Zahlreiche Berichte sprechen von einem dunklen Tier mit einem langen Hals und Höckern, wobei einige Beschreibungen genau übereinstimmen.

Im Juli 1890 sah Kapitän Thomas Shorts von seinem Dampfer aus vor Squally Point ein etwa 5 Meter langes Tier mit einem Kopf wie ein Rammbock und Flossen. Auf diese Meldung folgten bis 1925 etwa eineinhalb Dutzend weitere, bevor eine Zeitung in Vancouver die Geschichte aufgriff und groß herausbrachte. Die damals allgemein vertretene Theorie, es handle sich um einen gewaltigen Stör, wurde durch zahlreiche Darstellungen widerlegt, in denen von einem langhalsigen Tier die Rede war.

Im Juli 1959 beobachteten Dick Miller und seine Frau ein ihnen unbekanntes Tier, das drei Tage später wie folgt beschrieben wurde:

„Wir fuhren mit unserem Boot mit etwa 16 Stundenkilometern über den Okanagan-

See, als mir in etwa 75 Meter Entfernung ein schlangenartiges Tier auffiel, das uns im Kielwasser folgte. Mit gemischten Gefühlen griff ich zum Fernglas. Hatten wir Ogopogo entdeckt? Ich war fast sicher. Er schwamm schneller als wir fuhren – mit etwa 25 bis 27 Stundenkilometern. Der Kopf ragte etwas aus dem Wasser; er ähnelte dem einer Schlange mit einer flachen Nase ...“ (Sie wendeten und fuhren auf das Tier zu.) „Unsere Freude sollte nicht lange währen. Ogie mißfiel es offensichtlich, daß wir uns ihm nähern wollten. Nach etwa drei Minuten tauchte er seine fünf Buckel, die zuvor noch so deutlich sichtbar gewesen waren, unter und verschwand langsam. Den Schwanz hatten wir kein einziges Mal zu sehen bekommen. Die Farbe des Tieres wurde einstimmig als dunkelgrün bezeichnet ... Die Seeschlange glitt sanft und majestätisch durchs Wasser, ohne jedoch, wie echte Schlangen, seitwärts auszuschwingen. Das läßt vielleicht darauf schließen, daß es sich mit Hilfe von Flossen zwischen den Buckeln fortbewegt und seine Richtung steuert.“

Oben:
Arlene B. Gaal, die Ogopogo lange studiert hat, gelang es, wie sie glaubt, das Ungeheuer zu fotografieren.

Rechts:
Ogopogo auf einem Film von Art Folden vom August 1968. Auf dem Film sind drei Höcker sichtbar.

Oben rechts:
Das Kielwasser des Tieres, das sich mit großer Geschwindigkeit entfernt.

Unten:
Dieses Schild beweist, wie wichtig Ogopogo für den Fremdenverkehr ist.

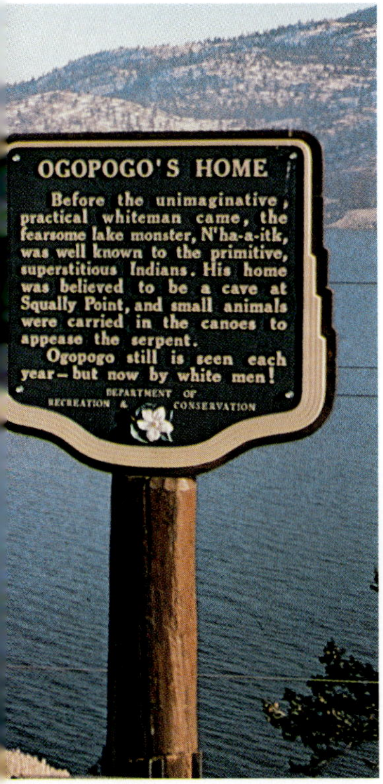

Gegenstand heißer Diskussionen war auch ein Film von Ogopogo, der 1968 von Art Folden aufgenommen worden war. Er und seine Frau waren gerade auf dem Weg nach Hause. Sie fuhren auf der Bundesstraße 97 den See entlang. In etwa 300 Meter Entfernung fiel ihnen ein riesiger schwarzer Fleck auf, der sich durchs Wasser bewegte. Zufälligerweise hatte Art Folden eine 8-mm-Kamera bei sich. Mit dem Teleobjektiv holte er das Wesen so nah wie möglich heran und filmte es etwa eine Minute lang.

War es endlich gelungen, das berühmteste Ungeheuer Kanadas auf Film festzuhalten? Folden zögerte mit der Veröffentlichung des Bildmaterials und führte den Streifen vorerst nur seiner Familie und den engsten Freunden vor. Ein Jahr später, Ende 1969, überredete ihn sein Schwager, der Öffentlichkeit diesen Film nicht vorzuenthalten. Ein kurzer Ausschnitt wurde im Februar 1970 gezeigt und sorgte für eine Sensation. Es folgten eine Reihe angeblich authentischer Beobachtungen, der Film allerdings wurde bald angezweifelt.

Man verglich das Objekt mit Pinien im Vordergrund und errechnete so eine mögliche Länge des Tieres von 18 Metern – die Größe eines Schleppers. Es war etwa ein Meter breit und bewegte sich rasch vorwärts. Manche behaupteten, auf dem Film deutlich Kopf und Schwanz erkennen zu können. Der Streifen vermochte aber nicht alle zu überzeugen. Arlene Gaal, der Verfasser eines der Bücher über das Ungeheuer von Okanagan, gelangte am Originalschauplatz zu der Überzeugung, Art Foldens Film zeige sehr wohl ein „ungewöhnliches, aber lebendes Wesen“.

1967 entdeckte man im Archiv der Handelskammer von Kelowna eine Schwarzweiß-Fotografie von Ogopogo. Der Fotograf wollte kein Aufsehen erregen, erzählte dann aber, in einer kleinen Bucht nahe der Kelowna-Brücke ein buckeliges Tier gesehen zu haben, das gleich darauf wieder untertauchte. Es ist aber auch nicht auszuschließen, daß das Bild uns Wellen zeigt, die auf die Entfernung wie Buckel erscheinen. Jährlich treffen mehr und mehr solcher Meldungen ein.

Am 3. August 1976 schoß Ed Fletcher aus Vancouver fünf Fotos, nachdem er mit einigen Freunden stundenlang Ogopogo gesucht hatten. Die Aufnahmen zeigen einen Gegenstand mit vielen Buckeln, der durch das Wasser gleitet. War es wirklich das Ungeheuer oder nur ein Zusammenspiel von Wind und Wellen? Es gibt nämlich langsame Wellen, die sich nicht überschlagen. Augenzeugen behaupten jedoch steif und fest, einen Kopf gesehen zu haben.

Der Okanagan-See bietet zweifellos die günstigsten Voraussetzungen für die Suche nach möglichen Seeungeheuern, doch haben nur wenige Wissenschaftler und Idealisten diese Herausforderung angenommen.

Einige schaffen es doch

Die Erklärungen für die Ungeheuer sind so zahlreich, wie die Berichte über angebliche Beobachtungen. Doch eines haben alle gemeinsam, nämlich das Geheimnis dieser unbekannten Tierart zu lüften.

Im Gegensatz zu den Jagdexpeditionen am Loch Ness, werden die Forschungen an den nordamerikanischen Seen bei weitem nicht so publik. Erwartungsgemäß neigten Zoologen und Fischereiexperten eher dazu, Erzählungen über Ungeheuer ins Reich der Fabel zu verweisen, manchmal jedoch wurden sie hellhörig und gingen den Meldungen über diese unbekannten Wesen nach.

Seit 1874 etwa kursieren Gerüchte über eine seltsame Tierart, die im Pohenegamook-See in Quebec leben soll. Eine Reihe ähnlicher Berichte folgte Anfang der zwanziger Jahre. 1957 ordnete Dr. Vadim Vladikov, der Leiter der Wild- und Fischereiabteilung von Quebec, nähere Untersuchungen in dieser Sache an. Das Ungeheuer erhielt den Namen „Poni" oder die „Seekuh aus dem Pohenegamook". Den Beschreibungen nach sah Poni folgendermaßen aus: Etwa 3,5 bis 5,5 Meter lang, braun oder schwarz, runder, schwarzer Rücken von etwa 60 bis 90 Zentimeter Durchmesser und von einer gezackten Flosse in der Mitte gekrönt. Sobald sich jemand näherte, tauchte es sofort unter.

Hieb- und stichfeste Beweise fand Dr. Vladikov allerdings für die Existenz des Tieres nicht. Mitte der siebziger Jahre führte die „Gesellschaft zur Untersuchung unerklärlicher Phänomene" neue Tests durch. 10 Tage lang suchten drei Taucher mit Sonden nach Poni, und es gelang ihnen tatsächlich, ein etwa 7,5 Meter langes Etwas auf Film festzuhalten.

Erfahrene Wissenschaftler beschäftigten sich mit Berichten über Ungeheuer in anderen ka-

Oben:
Das Ungeheuer aus dem Champlain-See an der kanadisch-amerikanischen Grenze. Seine Körperlänge wird mit 6 m angegeben.

Unten:
Der Champlain-See im Winter.

nadischen Seen. So sollen in den Gewässern nördlich von Winnipeg mehrere unbekannte Tiere aufgetaucht sein. Erwähnenswert ist hier in erster Linie der Manitoba-See. Seit 1908 gab es ständig Meldungen von Ungeheuern, doch die aufsehenerregendste stammt aus dem Jahr 1960, als am 22. Juli eine Gruppe von 20 Leuten ein „riesiges Reptil“ gesehen haben wollte. Drei Wochen später beobachteten weitere 17 Personen am selben Strand drei Ungeheuer, zwei große und ein kleines.

Diese Mitteilungen stießen auf reges Interesse, und Dr. James A. Macleod, Vorstand des Institutes für Zoologie der Universität von Manitoba, erklärte, ein prähistorisches Reptil könnte im nördlichen Teil des Sees bis heute überlebt haben. Genaue Untersuchungen jedoch scheiterten an den fehlenden finanziellen Mitteln.

In jüngster Zeit konzentrieren sich die Nachforschungen vor allem auf den Champlain-See an der kanadisch-amerikanischen Grenze, wo man hoffte, das Geheimnis der Seeungeheuer lüften zu können. Die ersten zuverlässigen Berichte stammen aus dem Jahre 1819, als Siedler bei Port Henry im Staate New York ein seltsames Tier in der Bulwaga-Bucht gesehen hatten. Die nächsten 50 Jahre verstummten die Geschichten über das Ungeheuer, das erst 1870 wieder von sich reden machte. Im Sommer 1871 beobachteten die Passagiere der „Curlew“ während einer Vergnügungsreise ein Ungeheuer. Es hatte angeblich einen kleinen Kopf auf einem langen Hals und schlug heftige Wellen.

Diese Berichte gelangten in die Hände von P. T. Barnum, der 1873 eine Belohnung von 50000 Dollar für die Ergreifung des Tieres ausgesetzt hatte und es in einem Aquarium in New York ausstellen lassen wollte. Am 30. Oktober desselben Jahres gelangte das Ungeheuer durch den Karikaturisten Thomas Nast zu noch größerem Ruhm. Nast unterhielt die Leserschaft eines bekannten Wochenmagazins mit eigenwilligen Darstellungen des Monsters.

Das war zwar alles recht amüsant, aber selbst die hohe Belohnung konnte die Existenz des Wesens nicht beweisen helfen. Im Juli 1880 jedoch sahen Dr. Brigham und Ashley Shelters das Ungeheuer auf der kanadischen Seite der Missiquoi-Bucht und beschrieben es folgendermaßen:

„Ein etwa 6 Meter langer Teil seines Körpers kam aus dem Wasser ... Sein Kopf war so groß wie ein Faß ... unförmig ... mit großen, grünen Augen. Interessant war auch die Aussage von Captain Mooney, dem Sherriff von Clinton County: Er beobachtete ein Tier, dessen Kopf anderthalb Meter aus dem Wasser ragte. Es war etwa 7,5 Meter lang, mit einem Halsdurchmesser von 20 Zentimetern. Mooney konnte deutlich die Muskeln in seinem Nacken erkennen, die sich auf und ab bewegten, wie bei einer Gans, die zum Fliegen abhebt.“

Oben:
Ein seltsames Tier im Champlain-See, fotografiert von Sandra Mansi 1977. Skeptiker meinen, was auf diesem Bild wie ein Hals und ein Kopf aussieht, sei in Wirklichkeit die Flosse eines kleinen Wales.

Unten:
„Ponik“, das Ungeheuer vom Pohenegamook in Quebec, mit seiner bemerkenswerten Sägeflosse auf dem Rücken. Ponik wurde mit Hilfe eines Sonargerätes ausfindig gemacht.

Aufregung verbreitete auch der Bericht über ein Tier, das sich im September 1899 zwei Meter weit an den Strand von Cumberland Head robbte. Es war oben dunkel, unten etwas heller – also typische Farben für ein Wassertier.

Bis 1982 waren 130 Berichte über das Ungeheuer vom Champlain-See eingegangen. In 33 Beschreibungen spielt der lange Hals eine wesentliche Rolle, ein Charakteristikum, das eigentlich bei allen Seeungeheuern zu finden ist. Eine einfache Erklärung, die alle diese Meldungen auf einen Nenner bringen könnte – es handle sich etwa um einen Seehund oder einen Otter –, gibt es wohl kaum.

Natürlich erzählen sich die Anrainer eines Sees auch die eine oder andere kuriose Geschichte. So weiß Carl Washburn, der im Jahre 1900 selbst das Monster gesehen haben will, zu berichten, daß es bereits einmal gelungen war, die Seeschlange bei Burlington zu fangen, sie aber leider entkommen sei.

Die Veröffentlichung vieler Berichte über Seeungeheuer verdanken wir dem persönlichen Interesse des Journalisten Walter Hard. Die meisten seiner Kollegen empfanden es als unter ihrer Würde, über derlei „Unfug" zu berichten, und eine schottische Zeitschriftenherausgeberin lehnte es aus Prinzip strikt ab, Artikel über Seeungeheuer aufzunehmen.

In der Tat führen Meldungen über Seeungeheuer meist dazu, daß jede Ungereimtheit gleich zu einer Seeschlangengeschichte aufgebauscht wird. So ging 1945 folgende Schlagzeile durch die Presse: „Seeschlangenbaby im Vermont-See gefangen! Ist es ein Nachkomme des Seeungeheuers?" Erwin Bell aus Burlington, einem Angestellten der Verkehrsbetriebe von Champlain, war es gelungen – so hieß es –, im seichten Wasser der Shellbourne-Bucht ein 35 Zentimeter großes Reptil zu fangen. Es sah aus wie ein Alligator, hatte aber ein kürzeres Maul. Bell selbst war eher der Meinung, das „Seeschlangenbaby" sei ein Salamander, womit er vermutlich recht hatte.

Regelrecht besessen von der Jagd nach dem Ungeheuer von Champlain war Joseph M. Zarzynski. Seit 1975 unternahm der 25jährige Lehrer für Soziologie mit Freunden regelmäßig Expeditionen und studierte alte Berichte über das Tier.

Seine Ausdauer sollte sich bald bezahlt machen. Er hatte unzählige Berichte gesammelt, studiert und dann den See gewissenhaft untersucht. Dabei fiel ihm auf, daß seit 1920 das Tier nicht mehr mit jenem charakteristischem langen Hals beschrieben wurde und daß die älteren Angaben weitaus detaillierter waren. Die Ungeheuer, so schloß er, wurden

Phineas T. Barnum, der große amerikanische Showstar, leistete einen eigenen Beitrag zur Studie unbekannter Seeungeheuer, indem er eine Belohnung von 50 000 Dollars für die Ergreifung des Ungeheuers von Lake Champlain aussetzte. Er wäre auch schon über Hinweise bezüglich des Aufenthaltes des Ungeheuers zufrieden gewesen, doch konnte ihm niemand weiterhelfen.

zunehmend von den Touristen gestört und vertrieben. 1979 rief er zum Schutz der unbekannten Wesen im See auf. Im Oktober 1980 wurde das Gewässer für die Öffentlichkeit gesperrt, um die Ruhe für „Champ", wie das Ungeheuer genannt wurde, zu gewährleisten. Champ wurde so das erste monströse Wesen, das somit unter dem Schutz des Staates New York stand.

Mit der Zeit wurden die Zeitungen auf die Expeditionen Zarzynskis aufmerksam und machten Champ fast so berühmt wie Nessie. Ende Juni 1981 erschien ein Farbfoto von dem Ungeheuer und löste heiße Diskussionen aus. Sandra Mansi behauptete, das Bild 1977 mit einer Taschenkamera aufgenommen zu haben. Es zeigte ein Tier mit langem Hals und buckeligem Rücken auf der Wasseroberfläche.

Man bat Physiker der Universität von Oregon, das Bild zu untersuchen. Das Original war zwar verschwunden, doch bestätigten Professor B. R. Frieden und sein Assistent J. R. Greenwell die Echtheit der Aufnahme. Professor Paul Kurtz von der Universität New York, bekannt für seine Skepsis allem Ungewöhnlichen und Unerklärlichem gegenüber, meinte hingegen lakonisch, das Ungeheuer sei genau so echt wie ein UFO, der Yeti oder die Märchenfee. Roy Mackal von der Universität Chicago wiederum meinte, das Bild zeige vielleicht einen Zeuglodon, eine primitive Walart.

Sandra Mansis Aussagen wurden umso mehr in Zweifel gezogen, als sie sich nicht mehr erinnern konnte, von welcher Stelle sie das Foto aufgenommen hatte. Aber die Suche nach dem Ungeheuer aus dem Champlain-See geht weiter. Clifford Rollins aus Rutland (Vermont), der den Wirbel um das Ungeheuer für reinen Humbug hält, hat eine Belohnung von 500 Dollar für die Ergreifung des Wesens ausgeschrieben: tot oder lebendig. Das ist nicht

Ein Trugbild der Sonne

W. H. Lehn, ein kanadischer Wissenschaftler, beschrieb, wie atmosphärische Einwirkungen gewöhnliche Objekte zu monsterhaften Erscheinungen verzerren können. Dazu kommt es, wenn eine warme Luftschicht über der kalten Luft nahe der Wasseroberfläche liegt. Lichtstrahlen, die ein Objekt, etwa ein Felsen, zum Wasser aussendet, werden nach unten hin in den Übergangsbereich zwischen den zwei Temperaturbereichen abgelenkt. Von einer bestimmten Entfernung aus sieht man nun das Zusammenspiel der verschiedenen Erscheinungsformen ein und desselben Objektes, einerseits bedingt durch die Lichtstrahlen, die auf direktem Wege, andererseits durch Strahlen, die auf Umwegen zum Beobachter gelangen. Dieses zusammengesetzte Bild kann auf verschiedenste Weise verzerrt erscheinen. Es dehnt das Original nur nach oben hin aus, was mit der häufigen Beschreibung des langen Halses übereinstimmen würde. Das Objekt wird so völlig unerkennbar – etwa ein Schiff. Oder die atmosphärischen Bedingungen ändern sich, und das Objekt erscheint klar und deutlich. In anderen Fällen erweckte eine Verschiebung von kalter und warmer Luft den Eindruck eines Wesens, das auf- und untertaucht. Das Objekt kann sich auch selbst bewegen. So kann die vermeintliche Seeschlange ein Wal sein, der kurz auftaucht. All diese Phänomene sind durch eine Luftspiegelung möglich.

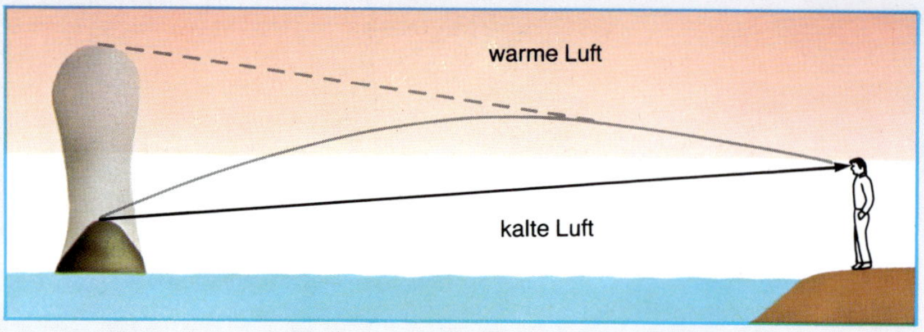

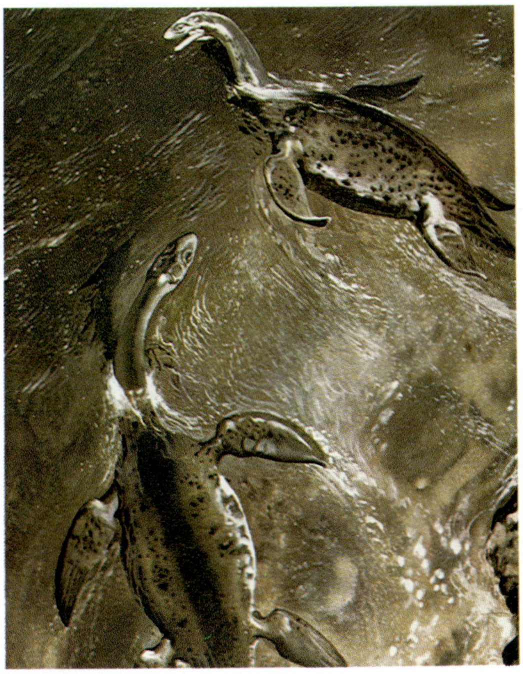

Links:
Zwei Plesiosaurier aus dem Jura. Man vermutet, einige haben überlebt und sind identisch mit den Seeungeheuern von heute.

Unten:
Der weiße Wal ist im Eismeer zu Hause. Auch ihn vermutet man des öfteren hinter dem Ungeheuer.

viel für die Lösung eines Rätsels, das die Menschheit seit Jahrhunderten beschäftigt. Bis jetzt gibt es aber noch niemanden, der Anspruch auf das Geld erhoben hätte.

Ungeheuer werden oft als Mythen, Unfug und optische Täuschungen abgetan, was jedoch nicht immer gerechtfertigt erscheint. In Wahrheit machen Fälschungen und Phantasiegeschichten nur einen Bruchteil aller Meldungen aus und werden sehr rasch durchschaut.

Manche Beobachtungen können sich in der Tat als optische Täuschungen herausstellen. Wie Professor Waldemar H. Lehn von der Universität in Winnipeg feststellte, können sanfte Wellen über einem kalten See eine Luftspiegelung verursachen und gewöhnliche Objekte oder Tiere, wie etwa eine Klippe, so verzerren, daß sie durchaus wie ein Tier mit langem Hals erscheinen. Dr. Lehn betont allerdings, daß er mit dieser Erklärung nicht unbedingt alle Beobachtungen als optische Täuschung bezeichnen will, zieht man vor allem jene beeindruckenden Beweise in Betracht, wie Unterwasserfotografien und Echolotmeßdaten.

Dr. Lehns Theorie ist vor allem unhaltbar als Erklärung von 6 bis 12 Meter langen, sehr schnell schwimmenden Tieren. Hier wird man den Augenzeugen zubilligen müssen, tatsächlich ein großes, furchteinflößendes Wesen gesehen zu haben. Vielleicht ist das, was gesehen wurde, gar kein unbekanntes Tier, sondern nur eines in einem ungewöhnlichen Lebensraum? Der Autor Loren Coleman meinte etwa, die Ungeheuer im kalifornischen Folsom-See seien Krokodile, die irrtümlich hierher geraten seien, aber ein Krokodil könnte in so kalten Gebirgsgewässern kaum überleben.

Dasselbe Argument spricht auch gegen die Theorie, es handle sich um irgendwelche prähistorische Tiere, in erster Linie um die Langhals-Plesiosaurier, die durch besondere Umstände überlebt haben. Später nahm man an, es gäbe irgendwelche prähistorischen „Warmblüter", die kaltem Wasser gegenüber eher resistent wären.

Es gibt aber auch nicht so weit hergeholte Erklärungen. So ist man etwa der Meinung, das Ungeheuer aus dem Flathead-See in Montana sei nichts anderes als ein gewaltiger Stör. Es gibt nämlich im Pazifik Störarten, die eine Länge von 5,5 Meter erreichen können, in Rußland sogar bis zu 8 Meter. Andere Interpreten sind überzeugt, es handle sich um riesige Stichlinge, Seekühe oder weiße Wale. Darüber hinaus gibt es auch noch Verfechter der radikalen Theorien, daß es seltsame psychische Erscheinungsbilder sind – eine geistige Eingebung des Beobachters zu einer bestimmten Zeit an einem bestimmten Ort.

Sollten diese Ungeheuer wirklich existieren und sind es Wesen aus Fleisch und Blut, dann wird es uns auch eines Tages gelingen, ihr Geheimnis zu enthüllen – durch ein Gerippe oder ein lebendes Exemplar.

Rechts:
Die Seekuh, ein pflanzenfressendes Säugetier, lebt in seichten tropischen Gewässern. Eventuelle Verwandte könnten die berüchtigten Ungeheuer sein.

Die Ungeheuer der Seen Irlands

Die zahllosen Seen und Sümpfe Irlands sind immer wieder Schauplatz für Beobachtungen von ungeheuren Wesen unbekannter Art.

Nicht weit von Nessies schottischer Heimat entfernt, dringen auch von den Irischen Seen immer wieder Meldungen von seltsamen Beobachtungen zu uns. Diese Berichte stammen nicht nur aus der heutigen Zeit, wo manche Neider Nessie zu übertrumpfen versuchen oder Werbeleute Touristen nach Irland locken wollen. Geschichten über Seeungeheuer gehören vielmehr schon zur Legende Irlands. Die Iren nennen sie piast, peiste, paystha, allphiast, ullfish oder Pferdeaal, wegen ihrer pferdeähnlichen Gestalt.

Im 12. Jahrhundert stand im gälisch verfaßten „Buch über die schwarze Kuh“ die Geschichte über ein riesiges „piast“ zu lesen, das in dem abgelegenen kleinen See von Slieve Mis in der Grafschaft Kerry hauste. Dieses Ungeheuer kroch von Zeit zu Zeit an Land und machte Jagd auf Menschen und Tiere, die in einem Fort am Ufer des Sees lebten. Eines Nachts hörte der irische Held Cuchulain das Monster herannahen und tat das, was man von einem Helden ganz und gar nicht erwartet hätte: Er ergriff in Panik die Flucht und rettete sich hinter die schützenden Mauern des Forts. Den Kampf mit den Seeungeheuern überließ man irischen Heiligen. So gelang es dem heiligen Mochua von Balla, das Ungeheuer des

Rechts:
Seeungeheuer werden heute vor allem in der Grafschaft Kerry gesehen und in Connemara, Galway.

Unten:
Lough Ree nahe Athlone, wo drei Priester im Mai 1960 ein Ungeheuer beobachteten.

Oben:
Cuchulain, der Held der irischen Mythologie. Selbst er, so heißt es, habe aus Furcht die Flucht vor dem Seeungeheuer ergriffen.

Oben rechts:
Der heilige Patrick, ein irischer Missionar des 5. Jahrhunderts und Schutzpatron Irlands. Er wurde in Großbritannien geboren und mit 16 Jahren von irischen Banditen als Sklave verschleppt. Sechs Jahre später gelang ihm die Flucht, doch er kehrte nach Irland zurück, um es zu christianisieren. Der Legende nach soll er ein Seeungeheuer gefangen, Schlangen verjagt und Druiden, keltische Priester, besiegt haben.

Connaught-Sees zu besänftigen, während die heilige Senanus und Kevin die „piasts“ von Scattery und Glendalough bezwangen. Der heilige Patrick konnte das Ungeheuer eines Sees im Süden Irlands in eine Falle locken und in ein Faß sperren. Der heilige Colman von Dromore rettete ein Mädchen, das gerade seine Wäsche am See wusch, aus den Klauen eines Ungeheuers. Die reiche Zahl an Legenden und Geschichten von Seeungeheuern weist immer wieder darauf hin, wie sehr die Bevölkerung an diese unheimlichen Wesen glaubte.

Interessanterweise stimmen Beschreibungen des Ungeheuers aus dem „Buch von Lismore“ aus dem 10. Jahrhundert mit Berichten aus dem 20. Jahrhundert überein. Der anonyme Verfasser des Buches hat zwar stark übertrieben, doch entsprechen seine Angaben zum Teil heutigen Meldungen: abstoßendes Äußeres, pferdeähnliche Statur, stechende Augen, gespaltener Schwanz, es lebt zu Wasser und seltener zu Land. Aus Irland und Schottland stammen die Überlieferungen vom Wasserpferd, das man kaum von gewöhnlichen Pferden unterscheiden kann. In den Legenden heißt es, die Wasserpferde kämen nachts aus dem Lough Ramor ans Ufer, um in den umliegenden Haferfeldern zu grasen. Einem Bauern sei es einmal gelungen, ein Wasserfohlen einzufangen und zuzureiten. Als er aber eines Abends am Seeufer entlangritt, wieherten die anderen Wasserpferde dem Fohlen zu, das flugs mit dem Reiter in den Wellen untertauchte. Weder das Fohlen noch der Bauer wurden jemals wiedergesehen. Dasselbe Schicksal ereilte einen Jungen, der in der Grafschaft Leitrim in der Nähe des Lough Caogh sein Feld bestellte.

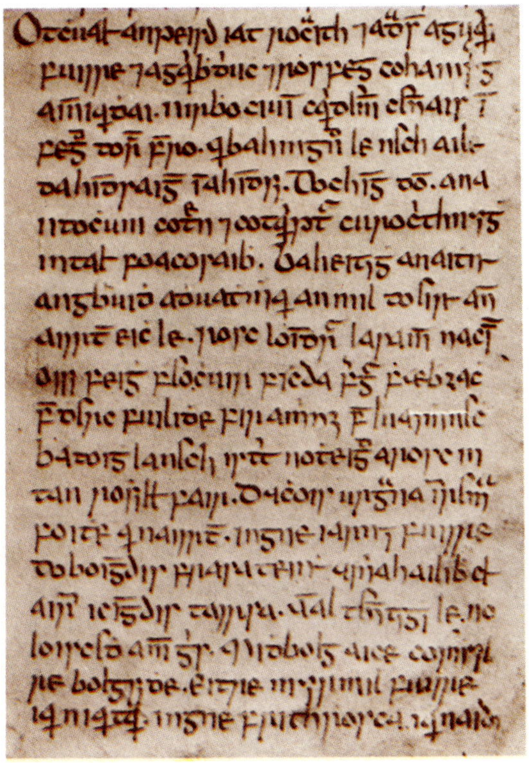

Links:
Das „Buch von Lismore“ aus dem 10. Jahrhundert.
Das Manuskript enthält eine detaillierte Beschreibung eines Ungeheuers, das abscheulich, außergewöhnlich, wild und furchterregend ist. Es zeigt das Vorderteil eines Pferdes, hat Klauen, speit Feuer und besitzt Flossen wie ein Wal. Der See brodelt, wenn das Ungeheuer erscheint. Es kann niemals gefangen werden, und es gibt kein Entrinnen für denjenigen, der in seine Klauen gerät.

Er fing ein Wildpferd ein und spannte es vor seinen Pflug. Doch es war ein Wasserpferd und zog Pflug und Jungen in den See, wo sie für immer verschwanden. Obgleich solche Geschichten märchenhaft anmuten, sollte man wohl auch die Möglichkeit in Betracht ziehen, daß sie auf wahren Begebenheiten basieren, die dann im Laufe der Jahrhunderte lebhaft ausgeschmückt wurden. Viele Beobachtungen vergleichen auch heute noch den Kopf der Ungeheuer mit dem eines Pferdes. So berichtete 1955 Patrick Canning von einem wunderschönen schwarzen Fohlen, das er bei Lough Shanakever in der Grafschaft Galway gesehen haben will. Er wollte gerade seinen Esel heimtreiben, als er aus etwa 180 Meter Entfernung ein schwarzes Tier in der Größe eines Fohlens sah, das um den Esel herumlief. Es hatte einen langen Hals und lange Ohren. Als er näher kam, verschwand es im Wasser. Es wurden aber auch noch andere ungewöhnliche Tiere im Lough Shanakever beobachtet.

Das Ungeheuer von Lough Muck

Gegen Ende des 19. Jahrhunderts beobachtete man von Zeit zu Zeit ein seltsames Tier im Lough Muck in der Grafschaft Donegal. Um 1885 watete eine junge Frau in den See, um Sumpfbohnen zu sammeln. Sie hörte, wie etwas ins Wasser fiel und als sie aufblickte, sah sie ein Ungeheuer mit riesigen Augen auf sich zuschwimmen. In Panik lief sie so schnell sie konnte ans Ufer.

Das Ungeheuer von Lough Muck wurde in den folgenden Jahren noch öfter gesehen. Das Erstaunliche ist, daß Lough Muck nicht einmal 1 Kilometer lang und 800 Meter breit ist, und es ist nicht der einzige kleine See in Irland, in dem Ungeheuer leben sollen. Dabei gibt es in so kleinen Gewässern nur einen begrenzten Nahrungsvorrat und wenige Fische, hauptsächlich Forellen. Es wäre also auf den ersten Blick nahezu unvorstellbar, daß ein größeres Tier in einem so kleinen See existieren könnte.

Lough Abisdealy in der Grafschaft Galway ist auch nur ein kleiner See von 1,5 Kilometer Länge und 400 Meter Breite. Übersetzt bedeutet der irische Name „See des Ungeheuers", und lange Zeit erzählte man sich auch hier die Legende vom Wasserpferd. Zum erstenmal wurde das Ungeheuer während des Krimkrieges 1854–1856 gesehen, danach kurz vor Ausbruch des Ersten Weltkrieges. Drei Personen, die in einer Kutsche am See entlang zur Kirche fuhren, bemerkten es gleichzeitig. Es war schwarz, mit einem langen Hals und einem hohen, flachen Kopf. Zwei wellenförmige Teile seines langen Körpers standen weit aus dem Wasser. Es ähnelte einer ungeheuren Schlange. Ein anderes Mal sah ein Mann, wie eine riesige Art Aal aus dem Wasser ans Ufer kroch.

Es wäre ja immerhin möglich, daß ein solches Monstrum auch Menschen angreift. So dachte auch Georgina Corberry, die 1954 mit Freunden das Ungeheuer im Lough Fadda in der Grafschaft Galway beobachtete. G. Carberry, sie arbeitete als Bibliothekarin in Clifden, erzählte erst 1960 F. W. Holiday von ihrem furchterregenden Erlebnis, der es sich zur Aufgabe gemacht hatte, das Ungeheuer zu fassen. Die junge Frau war mit drei Freunden zum Angeln auf dem See gewesen. Auch der Lough Fadda gehört zu den kleineren Seen Irlands. Die Gruppe zog später ihr Boot an Land, um zu picknicken, als einem der Freunde ein schwarzer Schatten im Wasser auffiel. Zuerst dachten sie, es sei ein Taucher, doch als er näher kam, bot sich ihnen der Anblick eines undefinierbaren Wesens. Es war nur noch etwa 20 Meter vom Ufer entfernt, als die jungen Leute sich ängstlich langsam zurückzogen. G. Carberry erzählte, das Tier hatte ein riesiges Maul, das es weit aufriß. Sein Körper war schlangenartig, es schien jede einzelne Faser seines Körpers zu bewegen. Der Kopf ragte weit aus dem Wasser, das Tier hatte einen langen Hals. Plötzlich tauchte es dann hinter einem Felsen unter, wobei eine riesige, gespaltene Flosse sichtbar wurde. Weiter in der Seemitte tauchte es wieder auf, und zwei Höcker ragten aus dem Wasser. Der Schock dieses Erlebnisses ließ Georgina Carburry tagelang nicht schlafen, und sie wurde von Alpträumen geplagt. Diese Reaktion ist durchaus verständlich, und allen wäre es bei einem ähnlichen Anblick ebenso ergangen. Jeder bekäme wohl Alpträume, wenn ein Untier mit aufgerissenem Maul auf ihn zustürzte. Am 18. Mai 1960 beobachteten drei Priester aus Dublin, die auf dem Lough Ree angelten, ein Tier mit einem

Oben:
Lough Muck in der Grafschaft Donegal gehört zu den kleineren Seen Irlands. Hier wurden Ende des 19. Jahrhunderts mehrere Male ein Ungeheuer mit zwei Höckern gesehen.

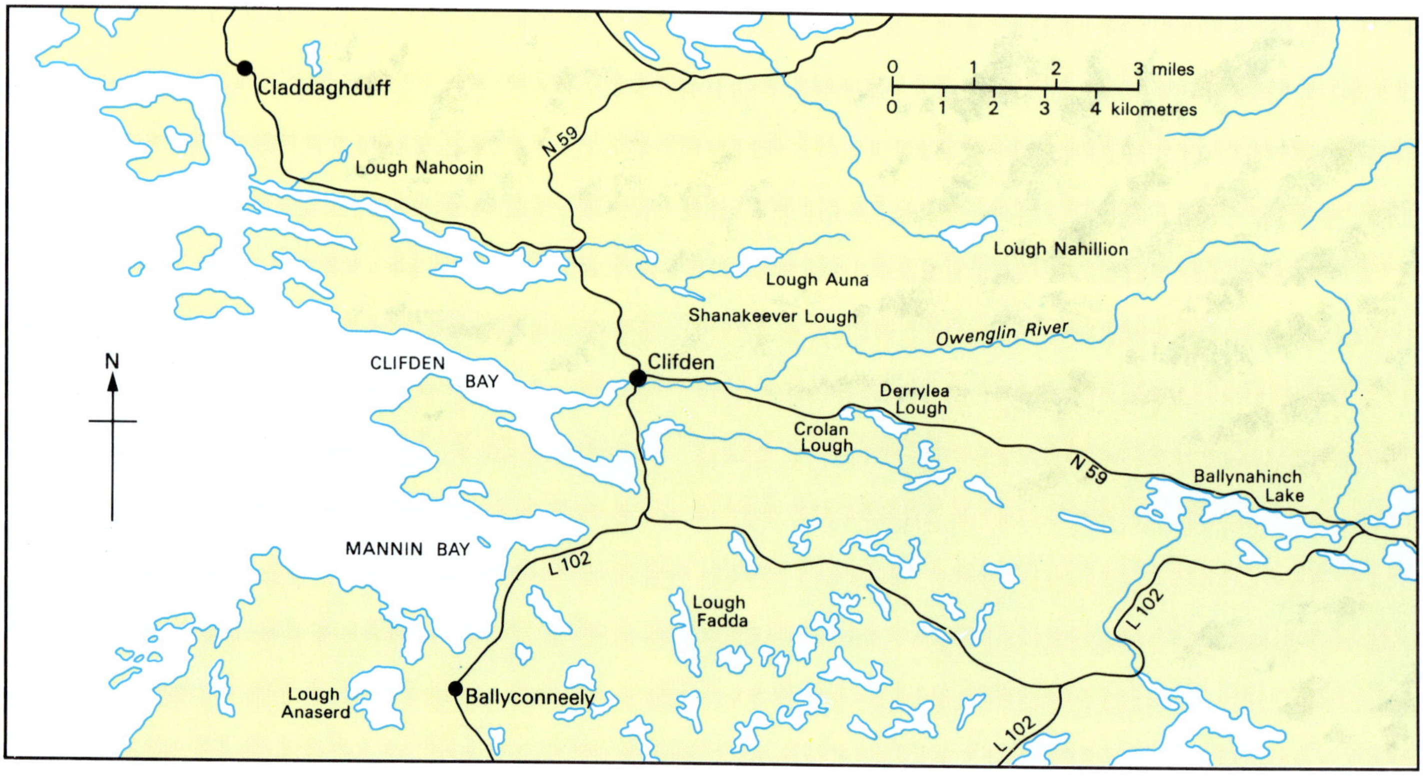

Unten:
Der Bezirk Connemara in der Grafschaft Galway, übersät mit kleinen Seen aus der Eiszeit. Viele dieser Gewässer sind zu klein, als daß sie ein Ungeheuer bergen könnten.

halben Meter langen Hals, flachen Kopf und buckeligem Rücken, das in 100 Meter Entfernung durch den See schwamm. Es kam langsam 2 bis 3 Minuten auf das Ufer zu, verschwand dann im Wasser, tauchte wenige Minuten wieder auf, um dann etwa 25 Meter vom Ufer entfernt endgültig unterzutauchen.

Angriffe eines Ungeheuers

Bis jetzt war die Rede von Wesen mit langen Hälsen und gewellten Körpern. In dieses Bild allerdings paßt die folgende Beschreibung ganz und gar nicht hinein. Bereits 1956 hatten drei Männer im Vough Dubh nahe Glinstk in der Grafschaft Galway ein seltsames Tier beobachtet, und 1960 waren drei Ungeheuer gesichtet worden, ein großes und zwei kleinere, bevor der Augenzeuge im März 1962 der Zeitung seine Beobachtungen mitteilte:

„Ich hatte meinem Sohn Alphonsus versprochen, mit ihm angeln zu gehen. Also nahmen wir eine etwa 4 Meter lange Rute mit einer festen Angelschnur und Blinker – passend für Barsche – und gingen zum See. Eine Zeit ließ ich den Jungen mit der langen Rute fischen und angelte selbst mit einer kürzeren und einem Wurmköder, hatte aber kein Glück. Es waren an dem Abend wohl keine Fische in der Nähe, trotzdem nahm ich nach einer Weile die lange Rute und versuchte mein Glück an mehreren Stellen am Ufer. Plötzlich zog etwas am Haken. Zuerst dachte ich, er hätte sich in einer Wurzel verfangen und zog vorsichtig an. Ich holte sie langsam ein, aber die Schnur verklemmte sich. Während ich versuchte, sie zu lösen, stieß mein Sohn einen markerschütternden Schrei aus.

Ich sah auf und erblickte das Tier. Ich hatte noch nie so etwas gesehen. Es besaß kurze, stämmige Beine und einen Kopf wie ein Nilpferd, war so groß wie eine Kuh oder ein Esel, hatte ein eckiges Gesicht und ein weißes, spitzes Horn auf der Schnauze. Es war dunkelgrau und über und über behaart."

Das Tier hing am Köder und versuchte nun, an Land zu kriechen und den kleinen Alphonsus anzugreifen, der vor Schreck zu schreien begann. Vater und Sohn ergriffen die Flucht, und als der Vater mit bewaffneten Männern zurückkehrte, war das Ungeheuer verschwunden.

In den sechziger Jahren wurden noch weitere Begegnungen gemeldet, was wohl in erster Linie auf das wachsende Interesse für die Sensation zurückzuführen ist. Wissenschaftler untersuchten einige der irischen Seen und sprachen mit den Anwohnern, die ungewöhnliche Tiere beobachtet hatten. Die meisten dieser Seen sind klein, abgelegen und kaum besucht, ganz im Gegensatz zu Loch Ness, das mit 65 Kilometer Landstraße umgeben ist und beliebter Ausflugsort so manches sensationslüsternen Touristen wurde. Die irischen Seeungeheuer werden hingegen vor allem von ortsansässigen Fischern und Farmern beobachtet.

So auch im Juni 1966 als W. J. Wood zum Fischen zum Lough Attcriff gefahren war und

Oben:
Georgine Carberry, eine passionierte Anglerin, sah das Seeungeheuer.

Unten:
Das Ungeheuer von Lough Fadda nach der Beschreibung von G. Carberry und ihren Freunden.

Ganz unten:
Lough Fadda in der Grafschaft Galway.

hier ein langes, dunkelbraunes Etwas auftauchen sah. Es hatte einen kalbsgroßen Kopf und riesige, glänzende Augen. Nach einigen Minuten war es wieder verschwunden. 1967 bemerkte Wood ein helles, gelbbraunes, etwa 2 Meter langes Ungeheuer, das unmittelbar neben ihm auftauchte, als er gerade im Lackagh-See in der Grafschaft Kerry angelte. F. W. Holiday sprach hier mit einem Anrainer, der ein Wesen mit einem langen Hals und einem kleinen Kopf mit zwei stumpfen Hörnern gesehen hatte.

Neuere Beobachtungen wurden vom Lough Brin gemeldet, einem abgelegenen See in Kerry, 8 Kilometer abseits einer Schotterstraße. Da er nur über unwegsames Gelände zu erreichen ist, kommen meist nur Menschen aus der näheren Umgebung hierher. 1979 sahen zwei Farmer eine Mischung zwischen einem riesigen Seehund und einem Drachen. Es war pechschwarz und 3 Meter lang und schwamm etwa 450 Meter durch den See, bevor es untertauchte.

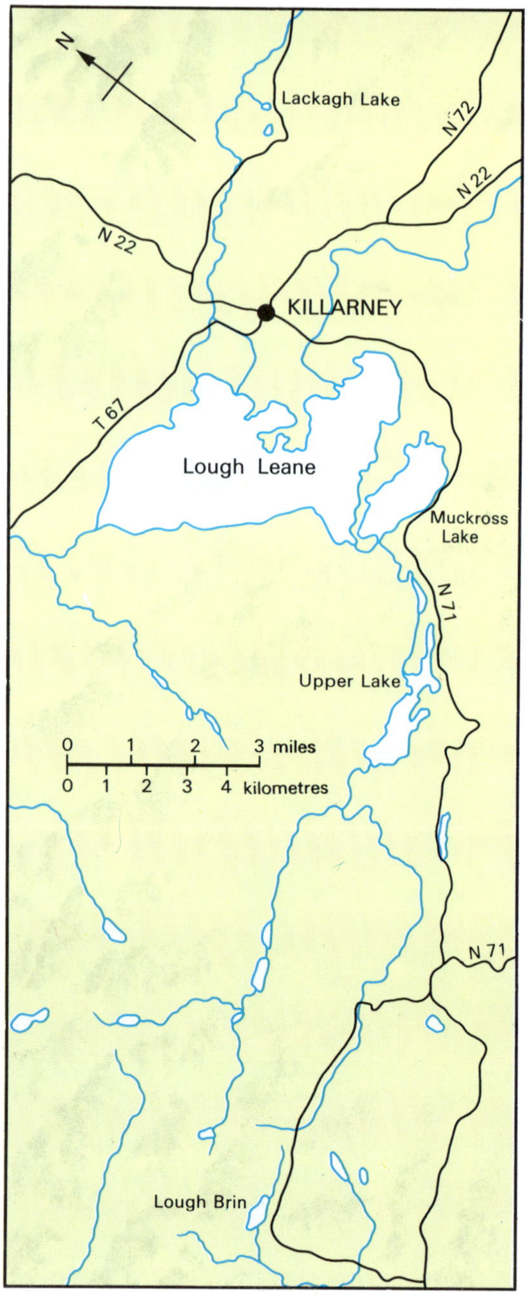

Oben:
Lough Dubh, wo Ungeheuer des öfteren gesehen wurden und einen Alphonsus Mullaney angegriffen haben sollen.

Rechts:
Das Ungeheuer von Lough Dubh mit einem borstigen Fell, einem Kopf wie ein Nilpferd und einem Horn auf der Nase.

Links:
Das Gebiet um Killarney in der Grafschaft Kerry.

Rechts:
Ein reptilähnliches Wesen in Lough Brin, gezeichnet nach Augenzeugenberichten.

Unten:
Eine Beschwörung durch diese jugendliche „Hexe" am Loch Keane 1980 erregte zwar die Aufmerksamkeit der Fotografen, aber nicht die des Ungeheuers.

Das sagenumwobene Peiste der Iren

Die irischen Loughs, in denen Ungeheuer hausen sollen, sind sehr klein – zu klein würde man meinen, um Tieren ungewöhnlicher Größenordnung Nahrung zu bieten. Manche jagen ihre Ungeheuer aber doch lieber hier, als im Loch Ness.

In den sechziger Jahren versuchte Kapitän Lionel Leslie die Ungeheuer von Connemara in der Grafschaft Galway an die Oberfläche zu locken. Seinen ersten Versuch unternahm er im Oktober 1965 im Lough Fadda, wo – wie berichtet – 1954 Georgina Carberry ein Ungeheuer gesehen hatte. Leslie erhielt die Genehmigung, mit Dynamit im See zu sprengen. Sein Ziel war es, das Ungeheuer durch die Erschütterung aufzuscheuchen und es so an die Oberfläche zu treiben. Sie brachten 2 Kilogramm Sprengstoff in den Felsen an, in dessen Nähe Georgina Carberry das Ungeheuer gesehen hatte, und zündeten ihn. 10 Sekunden später sahen der Kapitän und seine Helfer ein schwarzes Etwas auftauchen. Leider war der See durch die Detonation so unruhig, daß man keine Einzelheiten erkennen konnte. Doch das, was sie erblickten genügte, um die Gruppe von der Existenz eines Ungeheuers im See zu überzeugen.

Im Oktober 1967 plante Leslie, den Lough Fadda mit einem Netz auszufischen. Seine wochenlangen Bemühungen blieben jedoch ohne Erfolg. Der Kapitän ließ sich aber nicht entmutigen, und 1968 machte er sich erneut auf die Suche nach anderen Seeungeheuern. Mit einem großen Team plante er, den Lough Nahooin bei Claddaghduff (Galway) mit einem Netz abzusuchen. Es war ein kleiner See, nur 90 Meter lang und 75 breit. Die Chancen, das Ungeheuer zu fangen, standen recht gut. Sie waren überzeugt, fündig zu werden,

Oben:
Das Ungeheuer von Lough Nahooin nach Beschreibungen der Mitglieder der Familie Coyne.

Unten:
Lough Nahooin, ein Schlammsee in der Grafschaft Galway. Stephen Coyne (Bild) sah im Februar 1968 als erster das seltsame Wesen.

Links:
Beim zweiten Versuch, das Ungeheuer zu fangen, wurden riesige, grobmaschige Kunststoffnetze ausgelegt. Man hatte damit gerechnet, daß das Netz bis auf den Grund reicht, doch war der Seespiegel seit dem letzten Mal gestiegen, und so blieb unterhalb ein Spalt offen. Gleichzeitig wurden in zwei anderen Seen Netze ausgelegt, allerdings ohne Erfolg. In diesem kleinen Gebiet will rund die Hälfte der Bevölkerung schon Ungeheuer gesehen haben.

denn ein Bauer, der in der Nähe lebte – Stephen Coyne –, hatte es kaum fünf Monate zuvor gesehen. Coyne war zum Torfstechen an den See gekommen, begleitet von seinem 8jährigen Sohn und seinem Hund. Er sah etwas Schwarzes im See schwimmen. Er dachte, es sei sein Hund und pfiff ihn zurück. Zu seinem Erstaunen erschien dieser hinter ihm aus dem Wald und begann sofort wütend das Schwarze im See zu verbellen. Das Tier schwamm mit offenem Maul auf den Hund zu, vielleicht um dessen Gebell zu erwidern, doch als Coyne sich dem Ufer näherte, machte es kehrt. Mr. Coyne holte seine Frau und seine vier Kinder. Alle beobachteten gespannt das Ungeheuer bis zum Einbruch der Dunkelheit. Sie konnten es ziemlich genau beschreiben. Es war bis zu 5 Meter an sie herangeschwommen, war etwa 3,5 Meter lang und schwarz, mit einer Haut wie ein Aal. Sie konnten auch seinen Schwanz sehen und zwei Höcker, wenn es untertauchte. Der Hals war etwa 30 Zentimeter breit, sein Maul innen hell. Auf dem Kopf befanden sich zwei Hörner. Niemandem in der Familie waren die Augen aufgefallen. Das Ungeheuer, das Georgina Carberry in Lough Fadda beobachtet hatte, besaß auch ein weißes Maul und das Monster vom Lackagh-See zwei Hörner. Von Höckern berichten die meisten Augenzeugen. Stephen Coyne erzählte, er habe vor 20 Jahren schon einmal ein Ungeheuer in diesem See gesehen. Es schwamm auf dem Rücken und hatte einen hellen Bauch.

Am 15. Juli 1968 begann man damit, Lough Nahooin mit einem Netz zu durchsuchen. Der See ist höchstens 7 Meter tief, also weitaus leichter zu kontrollieren als Loch Ness mit seinen 250 bis 300 Metern. Was die beiden Seen allerdings gemeinsam haben, ist die Tatsache, daß Torfpartikel die Sicht unter Wasser

Links:
Tommy Joyce vor seinem Haus mit Blick auf den See, in dem er das seltsame Wesen gesehen haben will.

Unten:
Tommy Joyce hielt Schilfrohr, das sich bewegte, für ein Seeungeheuer.

erschweren. David James war mit seinem elektronischen Fischlockgerät jedoch ebenso erfolglos wie Leslie mit seinen mit Steinen gefüllten Fässern, die er hinter dem Schiff herzog, um das Ungeheuer aufzuscheuchen. Die Netze blieben leer, und Professor Mackal konnte seine Harpune wieder unbenutzt in die Ecke stellen; er war wieder nicht zu seiner ersehnten Gewebeprobe gekommen. Da ihnen nur wenige Tage in Irland zur Verfügung standen, mußte die Suche ergebnislos abgebrochen werden.

1969 entschlossen sich Kapitän Leslie, Ivor Newby, F. W. Holiday und andere zu einem neuerlichen Versuch. Dieses Mal suchten sie drei Seen mit Netzen ab: noch einmal den Nahooin, den Shanaheever und den Auna. Auna und Shanaheever sind miteinander verbunden und sollen beide Ungeheuer beherbergen.

Ende des 19. Jahrhunders sah eine Frau einen Pferdeaal aus dem Lough Auna ans Ufer kriechen. Sie ergriff bei dem Anblick sofort die Flucht. Einige Jahre später beobachteten Männer beim Torfstechen ein etwa 9 bis 12 Meter langes Tier mit Höckern. Es hatte eine Mähne oder Flosse am Hals. 1950 bemerkte – wie bereits erwähnt – Patrick Cunning ein schwarzes Wesen am Ufer des Shanaheever. 1963 oder 1964 sah Tommy Joyce, ein Bauer aus der Umgebung, ein etwa 2,5 Meter langes graues Etwas im Wasser aus dem Schilf ragen.

All diese Meldungen wurden an Captain Leslies Team weitergeleitet, das sich mit den Augenzeugen in Verbindung setzte. Es bestand kein Zweifel an der Echtheit ihrer Aus-

Das Ding im Lough Auna

Das Auftauchen eines Seeungeheuers war der Höhepunkt einer Grillparty im Sommer 1980 im Garten des ehemaligen Piloten der niederländischen Luftwaffe Kort. Er und seine Gäste waren gerade ins Haus gegangen, als er eine merkwürdige Gestalt im nahegelegenen Lough Auna bemerkte. Er beobachtete sie einige Minuten mit Adrian O'Connell, wie sie sich langsam zum westlichen Ende des Sees bewegte, und ein weiterer Gast sah sie im Schilf verschwinden. Kort schätzte die Länge des Wesens auf 1,5 Meter, und es ragte 30 Zentimeter aus dem Wasser. Manche Gäste vermuteten, es handle sich um einen sehr großen Fisch, andere glaubten, einen Otter erkannt zu haben mit drei Jungen auf dem Rücken. Kort meinte, keines dieser Tiere ziehe eine V-förmige Spur im Wasser. Es glitt durch das Wasser, ohne Wellen zu schlagen.

Rechts:
So viel sahen Mr. Kort und Mr. O'Connel von dem Wesen, das am Abend des Mai durch den Auna-See glitt.

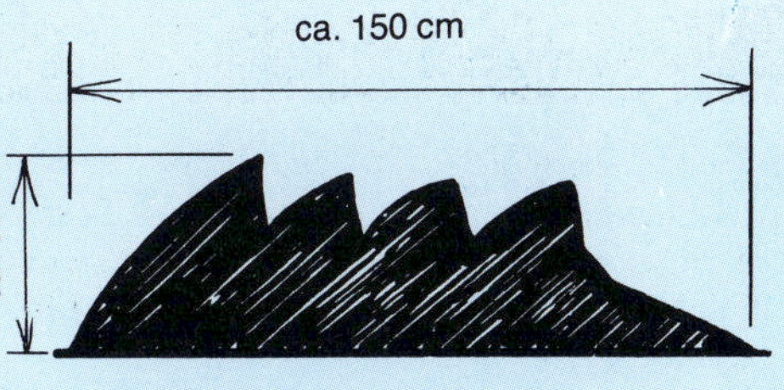

Unten:
Das Ungeheuer schwamm gegen Westen und verschwand im Schilf. Es wurde von drei Augenzeugen beobachtet.

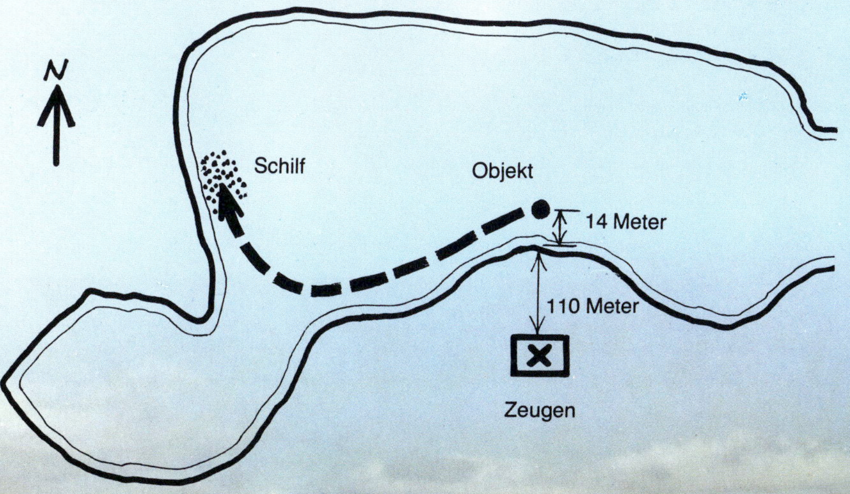

Unten:
F. W. Holiday auf der Jagd nach Ungeheuern. Er hatte Nessie intensiv studiert und versucht, Monster in anderen Seen zu fangen. Er ist überzeugt, daß es diese Wesen einmal gegeben hat, sie heute vielleicht ausgestorben sind und die Legenden übrigblieben.

sage, und sie waren überzeugt, etwas Außergewöhnlichem auf der Spur zu sein. Trotz der Fehlschläge, die sie vorher hatten hinnehmen müssen, machten sie sich mit Eifer und Zuversicht erneut an die Arbeit. Sie waren sogar bereit, den Lough Nahooin noch einmal zu durchsuchen, obwohl sie schon einmal enttäuscht worden waren. Doch nur einen Monat zuvor, am 8. September 1968, behauptete der Fischer Thomas Connelly, ein schwarzes Tier – größer als ein Esel – am Seeufer erblickt zu haben. Es hatte vier stämmige Beine, glitt langsam ins Wasser und verschwand. Diese Beobachtung erinnerte stark an die Beschreibung Patrick Cannings, der am Shanaheever ein fohlenähnliches Tier gesehen haben will.

Der Plan, Ketten über den Grund des Lough Nahooin zu ziehen, scheiterte daran, daß sie sich in den dichten Seepflanzen verfingen. Man legte also erneut Netze aus und wartete. Die unermüdlichen, aber erfolglosen Jäger mußten bald einsehen, daß sie kein Ungeheuer fangen würden.

Alle glaubwürdigen Berichte sprachen dafür, daß die sogenannten „Seeungeheuer" Amphibien sind, also zu Wasser und an Land leben können. Das Ungeheuer von Loch Ness wurde ebenso an Land beobachtet, wie alle anderen Wesen in den irischen Seen auch. Den Ungeheuern behagt es im Wasser aber offensichtlich mehr, da sie sich dort besser verbergen können. Sie gehen nur an Land, wenn sie gestört werden, zum Beispiel jemand Jagd auf sie macht. Dann verlassen sie ihren See und wechseln zu einem anderen Tümpel. Und die Auswahl ist in Connemara wahrlich reichlich.

Daß die Ungeheuer die Seen verlassen, machen auch zwei Berichte aus Connemara glaubwürdig. Im ersten sprach man von einem überdimensionalen Aal, der in der unterirdischen Verbindung zwischen dem Crolan und dem Derrylea-See stecken blieb und dort verendete. Bei Ballynahinch bastelte sich ein Mann rasch einen Speer, um ein 9 Meter langes Ungeheuer zu töten, das unter einer Brücke eingeklemmt war. Doch bevor er zustoßen

Oben:
Luftaufnahme von den Seen und Tümpeln von Connemara. Die Gegend ist von zahlreichen kleinen Seen durchzogen. Die Ungeheuer sind vielleicht Amphibien und wandern nachts von einem zum anderen, ernähren sich zu Wasser und zu Land.

Rechts:
Vor zwei Generationen noch verboten Eltern ihren Kindern im Grolan-See zu baden, aus Furcht vor den „Pferdeaalen". 1961 sah Tom Connelly ein 4 m langes, aalähnliches Wesen mit samtenem Fell, das eine halbe Stunde lang auf- und untertauchte.
Vor fast einem Jahrhundert wurde in einer Flußmündung ein aalartiges Wesen gefangen, doch niemand überwand sich, den ekelerregenden Kadaver zu bergen, so daß man es verfaulen ließ.

konnte, kam die Flut dem Tier zu Hilfe und schwemmte es davon.

Geschichten wie diese frustrieren natürlich diejenigen, die sich jahrelang vergeblich bemühen, ein solches Monstrum zu fangen oder auch nur einen Blick von ihm zu erhaschen. Wie kommt es, daß immer nur Leute ein Ungeheuer sehen, die gar nicht darauf gefaßt sind und dann in panischer Angst das Weite suchen, oder gerade keine Kamera zur Hand haben? 1968 erregten zahlreiche Beobachtungen vom Ungeheuer im Sraheens-See auf der Insel Achill Aufsehen. Das Tier war bereits in den dreißiger Jahren und dann 1966 gesehen worden. Auch dieser See ist relativ klein und bietet kaum ausreichend Nahrung für ein größeres Lebewesen.

Zwei Anrainer, Michael McNulty und John Cooney, begegneten dem Ungeheuer in der Nacht zum 1. Mai 1968 auf dem Nachhauseweg. Als sie am See vorbeifuhren, überquerte ein seltsames Tier die Straße und verschwand im Dickicht. Sie konnten es deutlich im Scheinwerferlicht ihres Wagens erkennen, doch versetzte sie der Anblick derart in Furcht, daß sie sich nicht lange mit der Frage beschäftigten, was es gewesen sein konnte und mit Vollgas das Weite suchten. Es war 2,5 bis 3 Meter lang, und etwa 75 Zentimeter hoch, hatte einen langen, dicken Schwanz, einen gestreckten Hals und einen Kopf wie ein Schaf oder ein Windhund. Es war glänzend braun und wippte beim Laufen von einer Seite auf die andere.

Eine Woche später fuhr der 15 Jahre alte Gay Dever am Tage mit dem Fahrrad am See entlang, als er ein Geräusch im Wasser hörte. Er stieg ab und sah, wie ein riesiges, schwarzes Tier an Land kroch. Es war größer als ein Pferd, hatte einen langen Hals, einen schafsähnlichen Kopf, einen Schwanz; die zwei hinteren Beine waren länger als die beiden vorderen. Gay Dever ergriff sofort die Flucht.

Unten:
Das Ungeheuer von Sraheens Lough wurde im Mai 1968 dreimal innerhalb von 10 Tagen gesehen. Es jagte den Augenzeugen an Land Todesangst ein.

Oben:
John Cooney erblickte das Ungeheuer im Scheinwerferlicht seines Wagens.

Zwei Tage später bemerkten zwei Autostopperinnen das Ungeheuer. Sie waren auf dem Weg nach Achill Sound und warteten in der Nähe des Sees auf eine Mitfahrgelegenheit. Als ein Wagen hielt, wandte sich eines der Mädchen noch einmal um. Sie und der Fahrer konnten im Mondschein deutlich das Ungeheuer erkennen.

F. W. Holiday, der sich lange Zeit mit Seeungeheuern beschäftigt hatte, meinte, es gäbe mindestens 50 glaubhafte Berichte über Ungeheuer. Die irischen Seen bieten aber mit Sicherheit nicht genug Nahrungsmittel für so viele Lebewesen. Und in Anbetracht der Tatsache, daß es bis heute nicht gelungen ist, die Existenz auch nur eines einzigen dieser Wesen zu beweisen, stellt sich die Frage, ob es sich vielleicht nicht um gewöhnliche Wassertiere handelt, sondern um unbekannte Arten mit abnormen Verhaltensweisen? Oft tauchen die Tiere auf, sobald der Beobachter seine Kamera wieder weggeräumt hat oder gerade der Film klemmt. Überaus treffend ist die witzige Bemerkung: „Ungeheuer sind eine Tatsache, aber nicht die, die wir zunächst angenommen haben.“

Die Ungeheuer aus der Tiefe

Erzählungen von Seeungeheuern sind so alt wie die Menschheit selbst. Besonders die großen Meere könnten auch heute noch so manches unbekannte Tier in sich bergen, und die Berichte darüber müssen durchaus nicht aus der Luft gegriffen sein.

Über 60 Prozent der Erdoberfläche ist mit Wasser bedeckt. Es ist daher nicht verwunderlich, daß Berichte über Seeungeheuer seit Jahrhunderten an erster Stelle stehen. Selbst heute noch sind sich Meeresbiologen der unendlich weiten, unerforschten Tiefen des Meeres bewußt und können daher nicht ausschließen, daß weit unten in den dunklen Tiefen des Wassers, vielleicht doch ein bislang unbekanntes und nicht identifiziertes Wesen seinen Lebensraum gefunden hat.

Fünfmal erwähnt das Alte Testament den Chaosdrachen Leviathan (eine sich windende Schlange, die im Meer haust). Von den Norwegern bis zu den Ureinwohnern Australiens, von den Chinesen bis zu den Indianern erzählt man von riesigen Seeschlangen.

Die ersten Aufzeichnungen über Seeungeheuer wurden von skandinavischen Klosterbrüdern gemacht. 1555 veröffentlichte Erzbischof Olaf Mansson, besser bekannt als Olaus Magnus, in seinem Exil in Rom, das er nach der schwedischen Reformation gewählt hatte, einen Band über die Naturgeschichte der nordischen Länder, das auch Berichte über Seeungeheuer enthält. Er beschrieb Seeschlangen von 60 Meter Länge und 6 Meter Breite, die Rinder verschlingen konnten und auch Lämmer, Schweine und selbst Menschen in ihren Booten nicht verschonten. Erzbischof Magnus war auch überzeugt, die Erscheinung eines solchen Ungeheuers bedeute Unheil und Krieg.

Interessanterweise kennzeichnete Magnus damals schon die Tiere als schwarz, mit einer Mähne, glänzenden Augen und hoch aufragendem Kopf. Diese Merkmale spielen auch in den Darstellungen von heute eine wichtige Rolle, so daß man annehmen kann, die Beschreibungen von Olaus Magnus basieren auf Tatsachen, wenn auch verzerrt und übertrieben.

Was der Erzbischof für das Zeichen des Bösen hielt, war auch 200 Jahre später noch Gesprächsstoff und Inhalt zahlreicher Erzählungen. Am 6. Juli 1741 tauchte ein solches Ungetüm vor der Küste Grönlands auf. Hans Egede, ein norwegischer Missionar, protokollierte damals: „Es war so sperrig wie ein Boot, aber 4–5 mal so lang. Es tauchte mal unter, mal wieder auf."

Ein weiterer eifriger Sammler von Berichten über Seeungeheuer war der bereits erwähnte Bischof von Bergen, Erik Pontoppidan. Nach umfangreichen Recherchen stellte er fest, daß kaum ein Jahr verging, ohne eine neue Meldung über ein Seeungeheuer vor der skandinavischen Küste. Seine Sammlung veröffentlichte er 1752. Ein Jahr zuvor ließ der Bischof vor dem Gerichtshof in Bergen einen Brief Lorenz von Ferrys verlesen, in dem eine Seeschlange

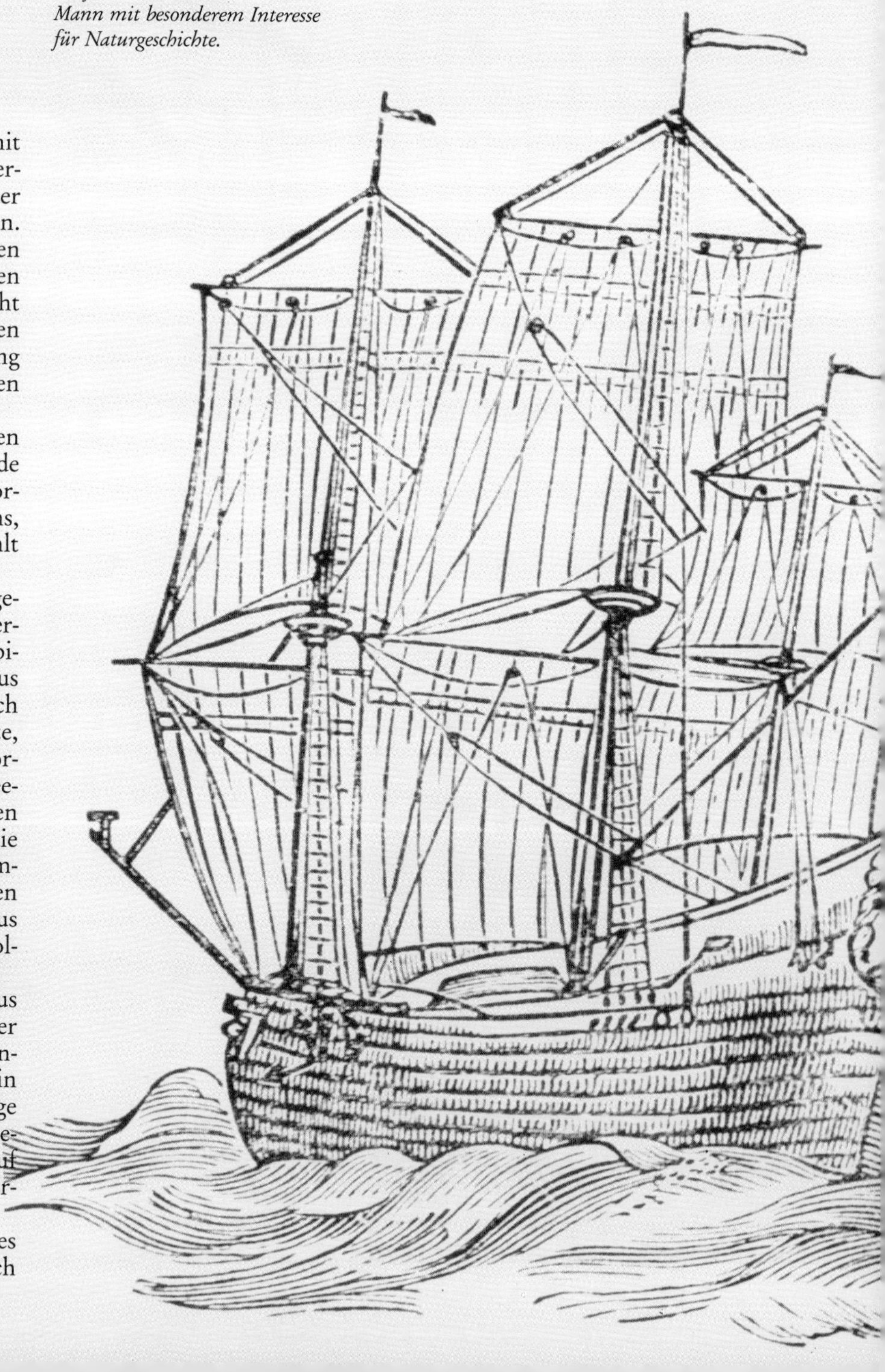

Unten:
Eine Zeichnung von einem furchterregenden Ungeheuer, das 1734 von Hans Egede vor der Küste Grönlands gesehen wurde. Egede, der Apostel Grönlands, war ein frommer und ehrenwerter Mann mit besonderem Interesse für Naturgeschichte.

Oben:
Der britische Naturwissenschaftler Sir Joseph Banks (1743–1820). Von der Existenz von Seeschlangen im Meer war er fest überzeugt.

Rechts oben:
Nachdem die Mannschaft eines französischen Schiffes aus den Klauen eines furchterregenden Ungeheuers gerettet worden war, widmeten sie aus Dankbarkeit der Kirche von St. Malo dieses Bild. Das Original ist zwar verschollen, doch existiert eine Kopie von dem Naturwissenschaftler Denys de Montfort aus dem Jahr 1790, der ebenfalls an die Existenz von Seeungeheuern glaubte.

beschrieben ist, die er und seine Mannschaft 1746 gesehen haben wollen.

Während des 18. Jahrhunderts suchte man krampfhaft nach wissenschaftlichen Erklärungen für diese Erscheinungen. In der Folge wurden die Berichte der Seeleute zunächst angezweifelt und dann ins Lächerliche gezogen. Der norwegische Wissenschaftler Peter Ascanius behauptete, die Höcker, welche die Seeleute gesehen hätten, wären nichts anderes gewesen, als eine Reihe von Delphinen. Diese Erklärung wirkte etwas gequält, wird aber von den Kritikern der Ungeheuer-Theorie immer wieder gerne angeführt.

Erstaunlicherweise halten Naturwissenschaftler, welche die Berichte studiert haben, die Existenz von Seeungeheuern durchaus für möglich. Einer von ihnen war Sir Joseph Banks, einer der führenden britischen Forscher des 19. Jahrhunderts, der mit James Cook um die Welt gesegelt war, und Thomas Huxley, der 1893 die Meinung vertrat, es gäbe keinen Grund, die Existenz von 15 Meter langen, schlangenartigen Reptilien im Meer zu bezweifeln. Anerkannte amerikanische Meeresforscher der damaligen Zeit stimmten überein, daß es noch durchaus unbekannte Tierarten in den Ozeanen geben könne, und der Leiter eines Londoner Zoos, A. D. Bartlett, schrieb 1877, es wäre unklug, so viele Beweise ignorieren zu wollen.

Constantin Samuel Rafinesque war einer der hervorragendsten und gleichzeitig umstrittensten Naturwissenschaftler seiner Zeit. Er hatte erheblich zur Erforschung der amerikanischen

Links:
Thomas Huxley (1825–1895), ein bekannter britischer Wissenschaftler und Verfechter der Theorie von riesigen Seeungeheuern.

Unten:
Am 6. August 1848 sahen Kapitän M'Quhae und sechs Leute seiner Mannschaft eine 18 m lange Schlange im Südatlantik. Ein illustrierter Bericht in der britischen Presse führte zu heftigen Diskussionen.

Ganz unten:
Eines der Seeungeheuer, das Erzbischof Olaus Magnus in seiner 1555 erschienenen Geschichte Skandinaviens beschreibt und illustriert.

Fauna und Flora beigetragen. 1783 in Europa geboren, emigrierte er 1815 nach Amerika und wurde Professor für Naturwissenschaften an der Universität von Kentucky. Sein besonderes Interesse galt den Seeschlangen, von deren Existenz er im übrigen vollkommen überzeugt war.

In der ersten Hälfte des 19. Jahrhunderts gab es zahlreiche Meldungen von Seeschlangen vor der Nordostküste Amerikas, vor allem im Fischereihafen von Gloucester, Massachusetts. Rafinesque prüfte dieses Material gewissenhaft und unterteilte es in vier Gruppen, die er allgemein *Megophias* nannte, „die große Schlange". Es gab aber auch viele Wissenschaftler, die das Phänomen der Seeungeheuer untersuchten und ihre Existenz bezweifelten. Zu ihnen gehörte Sir Richard Owen, ein einflußreicher aber konservativer Wissenschaftler des 19. Jahrhunderts, den Darwin als seinen „Hauptfeind" bezeichnete.

1848 griff Owen in einem Artikel in der „Times" Kapitän Peter M'Quhae scharf an. Es ging dabei um eine 18 Meter lange Seeschlange, die der Kapitän und seine Mannschaft am 6. August 1848 vom Deck der „Deadalus" aus im Südatlantik gesehen haben wollen. Owen suchte den Bericht mit einer einfachen Erklärung abzutun (in diesem Fall meinte er, M'Quhae habe einen Seelöwen gesehen), doch der Kapitän beharrte auf seiner Behauptung, es sei eine Seeschlange gewesen.

Der Niederländer Antoon Cornelis Oudemans war Biologe und stammte aus einer Familie von Wissenschaftlern. Er wurde 1858 geboren, studierte Biologie in Utrecht und wurde eine Kapazität auf dem Gebiet der Mikrobiologie. Darüber hinaus beschäftigte er sich eingehend mit Seeungeheuern.

Oudemans sammelte sein Leben lang (er starb 1943) einschlägige Aufzeichnungen und versuchte, diese zoologisch auch einzuordnen. Sein Buch „Die große Seeschlange" erschien 1892, basierend auf 187 Augenzeugenberichten, und untermauerte die Meinung derer, die an eine Existenz der Seeungeheuer glaubten, allerdings grenzt Oudemans die Zahl der Tiere auf lediglich eine Spezies ein – eine Art großen Seehund.

Vor allem Seeleute erzählen sich schon seit Generationen Geschichten über Ungeheuer. Manche dieser Storys sind zweifellos übertrieben, aber viele, die auch in den Logbüchern vermerkt wurden, klingen erstaunlich wahrheitsgetreu.

Im Mai 1901 sah ein Offizier von der Kommandobrücke der „Grangense" aus im Westatlantik ein riesiges krokodilähnliches Tier mit 15 Zentimeter langen Zähnen, das im Wasser vorbeiglitt. Der Kapitän weigerte sich, diese Meldung ins Logbuch einzutragen: „Sie werden sagen, wir waren alle betrunken", meinte er. „Und ich wäre Ihnen dankbar, wenn Sie die Sache vor niemandem erwähnen und für sich behielten."

Aber es gab auch andere, die nicht so auf ihren Ruf bedacht waren, wie etwa George Sandford, dem Kapitän des Handelsschiffes „Lady Combermere". 1820 berichtete er, im Atlantik eine 18 bis 30 Meter lange Schlange bemerkt zu haben, die Wasser in die Höhe spritzte wie ein Wal. Am 15. Mai 1833 sahen in der Mahone-Bucht 65 Kilometer westlich von Halifax vier Angehörige der Britischen Armee und ein Händler beim Fischen eine 24 Meter lange Schlange vorbeischwimmen. Sie erachteten ihre Beobachtung für so wichtig, daß sie diese sogar schriftlich festhielten und unterzeichneten:

> „Es war kein Irrtum, keine Sinnestäuschung, und wir sind fest davon überzeugt, eine echte und leibhaftige Seeschlange gesehen zu haben, die bis jetzt nur in Sagen und Mythen oder als Hirngespinst einiger sturer Yankees existiert hat und nie ernstgenommen wurde."

Im Mai 1830 konnten der Kapitän und die Mannschaft der „Eagle" ein krokodilähnliches Ungeheuer beobachten, kurz bevor sie in Charleston, South Carolina, anlegen. Kapitän Deland steuerte seinen Schoner bis etwa 22 Meter an das Tier heran und feuerte mehrere Schüsse ab. Das Ungeheuer tauchte unter das Schiff und schlug mit seinem gewaltigen Schwanz an die Seitenwand. Ein kleineres Schiff wäre unweigerlich gesunken.

Trotz scharfer Kritik von Wissenschaftlern des 19. Jahrhunderts rissen die Berichte über Seeungeheuer nicht ab. Die obere Zeichnung zeigt ein Ungeheuer, das 1819 ein Schiff vor der Küste von Massachusettes versenkt, ein Gebiet, wo besonders viele Seeschlangen gesichtet wurden.

Aus nächster Nähe sah Major H. W. J. Senior vom Bengalischen Militärkorps das Monster. Er fuhr auf der „City of Baltimore" über den Golf von Aden, als er am 28. Januar 1879 in etwa 450 Meter Entfernung einen Kopf und dann einen etwa 60 Zentimeter breiten Hals erblickte, der 6 bis 9 Meter aus dem Wasser ragte. Es schoß so schnell aus dem Wasser, daß er es mit dem Fernglas kaum verfolgen konnte. Das Ungeheuer riß sein Maul auf, tauchte unter und erschien wenige Minuten später wieder an der Oberfläche. Der Körper war nicht sichtbar. Major Senior verglich später den Kopf mit dem einer Bulldogge. Sein Bericht wurde von mehreren Zeugen unterzeichnet.

100 Jahre sind seit dieser Meldung vergangen, und auch heute noch tauchen Ungeheuer unerwartet vor überraschten Beobachtern auf. Der unerschrockene Transatlantik-Ruderer Kapitän John Ridgway sah ein Ungeheuer am 25. Juni 1966 kurz vor Mitternacht. Sein Kamerad, Sergeant Chay Blyth, schlief gerade, als Ridgway ruderte. Er hörte ein Zischen und sah eine 10 Meter lange Schlange, die leuchtend hell in der Nacht schimmerte, als wäre sie in Neonlicht getaucht. Sie schwamm auf das Boot zu, tauchte unter und verschwand. Gehören alle Seeungeheuer zu einer Familie? Warum geben sie ihr Geheimnis nicht preis?

Ein Meeresriese

Viele Zoologen sind der Meinung, der Krake – das legendäre norwegische Meeresungeheuer – sei ein Riesenexemplar des Architenthis, einer Polypenart (Kalmare). Diese Wesen leben im Ozean und können bis zu 18 Meter lang werden. Der einzige Feind dieses Ungeheuers ist der Pottwal, der oft grausame Kämpfe mit ihm austrägt. Der hier gezeigte Riesenpolyp wurde 1954 bei Ranheim in Norwegen an Land geschwemmt und hatte eine Länge von 9 Meter. Es gibt noch weitaus größere Exemplare dieser Gattung.

Seeschlangen oder Riesenottern?

Nicht alle Berichte über Seeungeheuer können als seriös angesehen werden. Das bedeutet aber nicht, daß die Existenz solcher Wesen auszuschließen ist. Viele Wissenschaftler zweifeln nach wie vor an ihrer Existenz. Trotzdem gehen unaufhörlich Meldungen über gewaltige, unbekannte Meereswesen um die Welt.

Eines der meistdiskutierten Ungeheuer der letzten Jahre ist Morgawr, zu deutsch „Seeriese", das öfter vor der südenglischen Küste Cornwall gesichtet wurde, vor allem in den Jahren 1975 und 1976. Am 5. März 1976 erschienen sogar zwei Fotos in einer Zeitung. Obgleich sie anonym eingesandt wurden, sind sie doch recht überzeugend. Sie zeigen ein Tier mit einem langen Hals.

Ein anderes seltsames Tier fiel in der Cardigan-Bucht an der Westküste von Wales auf. Am 2. März 1975 gingen sechs Schulmädchen am See spazieren, als etwa 200 Meter entfernt gerade ein undefinierbares Tier ins Wasser stieg. Nach den Beschreibungen der Mädchen war es etwa 3 Meter lang, hatte einen langen Hals, einen Schwanz und große, grüne Augen. Die Mädchen liefen erschrocken davon und alarmierten die Küstenwache. Später beschrieben sie das Tier ihrem Zeichenlehrer Colin Palmer, der eine Skizze anfertigte. Er zeigte das Bild einer Gruppe von Fischern, die das Ungeheuer bei Bardsey Sound schon einmal gesehen hatten, und sie erkannten es sofort wieder.

Derartige Veröffentlichungen haben zweierlei Auswirkungen: Die Zahl ähnlicher Meldungen schnellt rapid in die Höhe, und Schwindler nutzen die Gelegenheit zu plumpen Fälschungen. Vor allem letzteres wollen die Wissenschaftler sofort herausfiltern. Falschmeldungen stellen auch diejenigen bloß, die es ernst meinen, mit dem was sie sagen. Eine solche Zeitungsente erschien 1848 im „Globe", kaum eine Woche nachdem die „Times" den Bericht von Peter M'Quhae, dem Kapitän der „Deadalus", gedruckt hatte.

Morgawr, das Seeungeheuer von der Küste Cornwalls, wurde 1975 und 1976 mehrere Male gesehen. „Mary F." gelang es, das Wesen, von dem 5 bis 6 m aus dem Wasser ragten, im Februar 1976 bei Rosemullion Head bei Falmouth zu fotografieren.

Oben:
Bis zur Aufklärung im 18. Jahrhundert glaubten die Menschen, das Meer sei voller Ungeheuer. Auf diesem Bild aus dem 16. Jahrhundert wird der Wal als Riese mit furchterregenden Fängen und Klauen dargestellt.

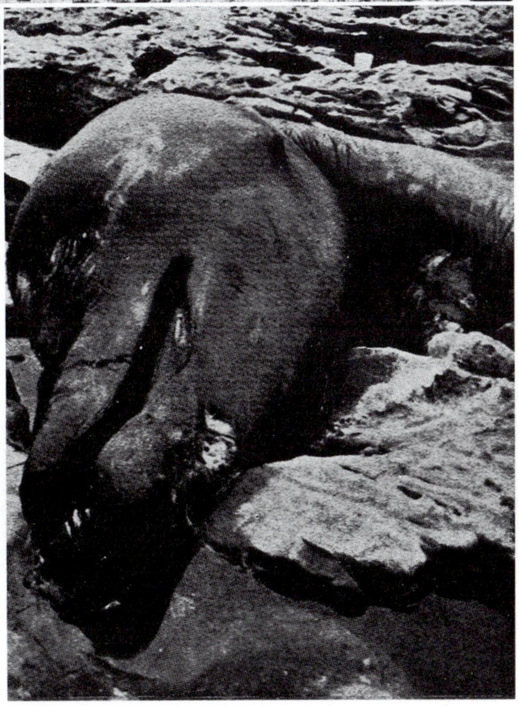

Rechts/unten rechts:
Dieser seltsame Kadaver mit einem gewaltigen Kopf und Entenschnabel wurde 1925 bei Santa Cruz (Kalifornien) angeschwemmt. Durch die starke Verwesung war das Tier kaum zu identifizieren, doch nach eingehenden Untersuchungen des Schädels stellte es sich als äußerst seltener Buckelwal heraus.

Die Falschmeldung stand in einer Art Leserbrief von einem James Henderson aus Glasgow, Kapitän der „Mary Ann". Darin hieß es, Kapitän Mark Trelawny von der „Daphne" habe am 20. September eine riesige Schlange mit einem Drachenkopf gesehen. Der Kapitän habe sein Gewehr geladen und auf das 30 Meter lange Ungeheuer gefeuert. Das Tier hätte sich aufgebäumt und sei dann mit einer Geschwindigkeit von 16 Knoten geflohen.

Ein Korrespondent richtete daraufhin eine Anfrage an die „Times", wie es der „Daphne" denn gelungen sei, in nur 10 Tagen vom Schauplatz der Beobachtung nach Lissabon gefahren zu sein, um Kapitän Trelawny von diesem Erlebnis zu erzählen – handle es sich doch immerhin um eine Strecke von 8000 Kilometern. „Habe das Ungeheuer die ‚Daphne' vielleicht ins Schlepptau genommen?" Im Zuge weiterer Recherchen stellte sich die Meldung als Ente heraus.

100 Jahre später – im März 1965 – erschien in einem australischen Magazin ein Artikel von dem Franzosen Robert Le Serrec über das Ungeheuer vom Great-Barrier-Riff. Er und seine Familie waren zum Zelten auf eine Insel im Great-Barrier-Riff gefahren. Hier fanden sie eine 24 Meter lange Seeschlange verletzt im seichten Wasser liegen.

Zuerst umkreisten sie das Tier vorsichtig mit ihrem Boot und fotografierten es. Le Serrec und sein Freund Henk de Jong stiegen dann ins Wasser, bewaffnet mit einem Gewehr und einem Fotoapparat. Als die Männer sich auf etwa 6 Meter genähert hatten, drehte das Tier den Kopf und riß sein riesiges Maul auf. Sie flüchteten wieder ins Boot, und das Ungeheuer verschwand im tiefen Wasser.

Die Geschichte und die Fotos wurden auch einer amerikanischen Zeitung angeboten, und der Herausgeber bat den britischen Biologen

Eine antike griechische Vase zeigt Herkules im Kampf mit dem Flußgott Achelous um die schöne Deianira. Der Gott ist halb Mensch, halb Schlange.

und Forscher Ivan T. Sanderson um seine Meinung. Später stellte sich heraus, daß Le Serrec versucht hatte, Sponsoren für eine Expedition zu finden, um mit der Entdeckung der Riesenschlange das große Geld zu machen.

Biologen, die das Foto untersuchten, kamen zu dem Schluß, daß es kein Lebewesen zeigte. Die Augen saßen zu weit oben auf dem Kopf. Le Serrecs Geschichte fiel wie ein Kartenhaus in sich zusammen.

Alles deutete auf einen Schwindel hin. Vielleicht zeigte die Aufnahme einen aufgeblasenen Plastikschlauch. Die amerikanischen Zeitungen verzichteten auf die Veröffentlichung der Geschichte.

Viele Wissenschaftler verlangen greifbare Beweise. Öfter werden auch tatsächlich Teile von Skeletten an abgelegenen Stränden angeschwemmt. Aber auch in solchen Fällen haben die Zoologen meistens keine Zeit, persönlich den Fundort aufzusuchen und stellen vage Ferndiagnosen.

1808 wurde auf der Insel Stronsay, die zu den Orkneys gehört, ein 17 Meter langer Kadaver angeschwemmt. Fischer und Bauern der Umgebung alarmierten die Behörden, doch bevor offizielle Untersuchungen hätten durchgeführt werden können, zerschellte das Gerippe in einem Sturm an den Klippen. Es wurde dann, aufgrund der Zeugenaussagen, eine Zeichnung angefertigt, die in der Tat ein außergewöhnliches Tier darstellte. Es hatte einen langen Hals, einen geschwungenen Schwanz und sechs Beine, höchst ungewöhnlich für ein Wirbeltier!

Der britische Chirurg und Haispezialist Everard Home identifizierte das Skelett anhand von Überresten des zerstörten Gerippes schließlich als Hai. Gewisse Teile des Haies, nämlich Unterkiefer, unterer Schwanzteil und Flossen, verwesen so schnell, daß der Rest wirklich aussieht wie ein Tier mit langem Hals und Schwanz.

1925 wurde bei Santa Cruz, Kalifornien, ein nicht-identifizierbarer Körper angeschwemmt. Er hatte einen 9 Meter langen Hals und einen höckerigen Rücken, wurde aber später als das Skelett des überaus seltenen Schnabelwales aus dem Nordpazifik ausgewiesen.

Das Skelett, das im Juli 1960 an einem einsamen Strand in Tasmanien angeschwemmt wurde, erregte erst im März 1962 regeres öffentliches Interesse, als es auch von Wissenschaftlern entdeckt wurde. Teile wurden mit Hubschraubern abtransportiert und näher untersucht. Offiziell hieß es, es handle sich um verwesendes Fettgewebe, vermutlich von einem Wal. Andere Biologen hielten diese Theorie für ziemlich unwahrscheinlich.

Am 25. April 1977 fischte der japanische Kutter „Zuiyo Maru“ einen riesigen, zum Teil

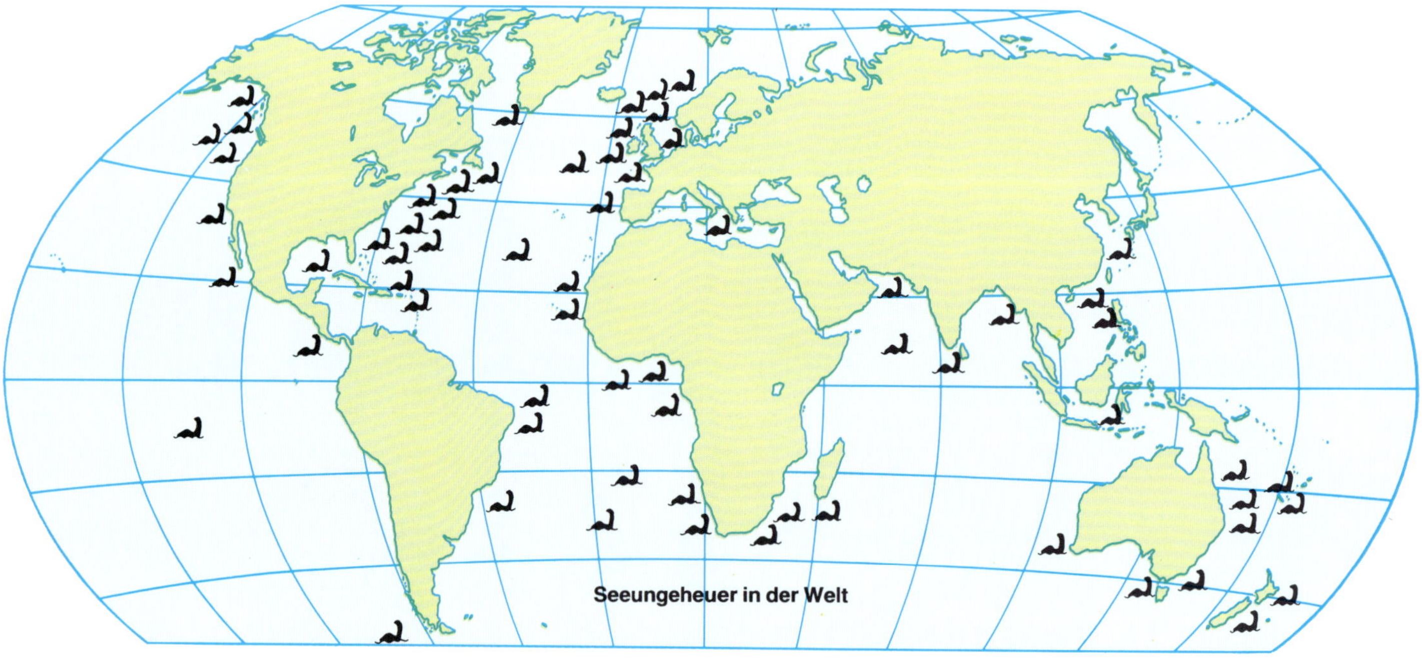

bereits verwesten, Kadaver 45 Kilometer östlich von Christchurch (Neuseeland) aus dem Meer. Der Kapitän fürchtete, es könnte seine Ladung verseucht werden. Er ließ daher nur einige Fotos von den Überresten machen und sie dann wieder ins Meer zurückwerfen. Die Nachricht von diesem Fund ging durch die Weltpresse, und ein Filmteam flog extra nach Japan, um der Sache nachzugehen. Die Mannschaft war sich sicher, ein unbekanntes Ungeheuer gesehen zu haben, doch die Bilder wiesen eher auf einen verwesten Hai hin. Die überzeugendsten Beweise für die Existenz von solchen Tieren stammen aus Gebieten mit jahrhundertalter „Seeungeheuer-Tradition". In der Straße von Georgia zwischen der Insel Vancouver (British Columbia) an der Westküste von Kanada haben Indianer schon von dem Ungeheuer „Caddy" oder dem „Cadborosaurus" berichtet, lange bevor weiße Siedler ins Land kamen.

Rechts:
Typischste Form der von Dr. Heuvelmans in neun Gruppen eingeteilten Ungeheuer ist die Seeschlange mit dem langen Hals. Das Wesen soll seinen Beschreibungen nach 5 bis 20 m lang sein und sich mit enormer Geschwindigkeit fortbewegen.

In diesem Jahrhundert erblickte der Regierungsbeamte F. W. Kemp „Caddy" zum ersten Mal. Am 10. August 1932 sah er zusammen mit seiner Frau und seinem Sohn das Tier blitzschnell durch das Wasser gleiten. Caddy wurde in den dreißiger Jahren sehr häufig beobachtet. 1950 sahen der Richter James Brown und seine Familie, wie eine 14 Meter lange Schlange aus dem Wasser ragte.

Weiter südlich entlang der amerikanischen Westküste liegt die Insel San Clemente, ein beliebtes Gebiet für Unterwassersportler.

Auch hier wurden zahlreiche Ungeheuer gesichtet. J. C. Davis, Autor von Sachbüchern für Angler, befragte einige Augenzeugen unabhängig voneinander und stellte fest, daß all diese Aussagen fast identisch sind. Viele

Oben u. rechts:
Ein Fund, der 1977 weltweit Aufsehen erregte, war dieser Kadaver an Bord des japanischen Fischkutters „Zuiyo Maru". Kapitän Akira ließ ihn fotografieren und ins Meer zurückwerfen. Biologen sind überzeugt, es handle sich hierbei um einen verwesten Hai und nicht um ein Ungeheuer.

Beobachter waren wohlhabende Mitglieder angesehener Anglervereine, die sich im Meer gut auskannten und vor allem absolut kein Interesse daran hatten, sich bloßzustellen.

Warum ist es bis heute nicht gelungen, diese Seeschlangen eindeutig zu identifizieren? Ein Grund dafür liegt vielleicht in der Tatsache, daß zwei Drittel der Erdoberfläche mit Wasser bedeckt ist und die internationalen Schiffahrtslinien trotzdem immer dieselben Routen fahren. Das Geräusch und die Erschütterung von Schiffsmotoren reicht aus, um scheue Tiere zu verjagen, im Gegensatz zu früher, als die Segelschiffe ruhig über das Meer glitten und den Meeresbewohnern keine Furcht einflößten. Außerdem waren die Schiffe abhängig von Wind und Wetter und kamen oft weit vom gewohnten Kurs ab.

Die oben erwähnten Fälle und Hunderte von anderen Berichten deuten eindeutig darauf hin, daß es verschiedene Arten von Meeresungeheuern gibt. 1965 veröffentlichte der belgische Zoologe Dr. Bernard Heuvelmans das bisher vollständigste und umfangreichste Werk über dieses Phänomen. Sein Buch ist für alle, die sich näher mit dem Thema befassen, von unschätzbarem Wert. Heuvelmans analysiert die Berichte, die zwischen 1963 und 1964 aufgezeichnet wurden und zieht verschiedene Schlußfolgerungen, die wir hier nun kurz zusammenfassen wollen:

Von den insgesamt 587 Berichten wurden 56 als Schwindel bezeichnet. Bei weiteren 52 stellt sich das vermeintliche Ungeheuer als gewöhnliches, bekanntes Tier heraus. 121 Berichte sind seiner Meinung nach ungenau und vage und somit für brauchbare Analysen ungeeignet. Übrig blieben daher 358 mit verschiedenen Merkmalen und Verhaltensweisen, die sich in 9 Untergruppen einteilen lassen: Von der Seeschlange mit dem charakteristischen langen Hals und zigarrenförmigen Körper, vier Beinen mit Schwimmhäuten und schnellen Bewegungen bis hin zu den seltener beobachteten Meeressaurieren, die wie Krokodile aussehen, 15 bis 18 Meter lang sind und in den tropischen Gewässern des Ozeans auftreten.

Die anderen Arten nennt Heuvelmans kurz Wasserpferde, mehrhöckrige Superottern, Meeresflossler, Superaale, Formen von Schildkröten und Gelbbäuche. Eine weitere Untergruppe nannte er „undefinierbare Periskopentiere“, zu denen sowohl die Superaale als auch die Tiere mit langem Hals gehören können. Die schlangenartigen Tiere und die ersten vier oben genannten Gruppen gehören seiner Meinung nach zu den Säugetieren.

Höcker-Seeschlange

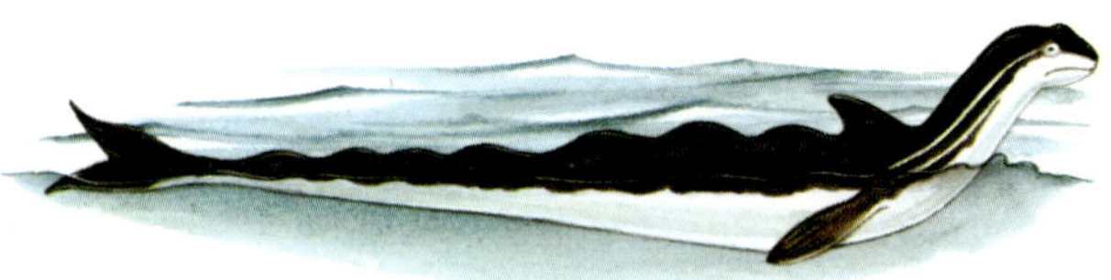

Superotter

Links:
Superotter und die Seeschlange mit den vielen Höckern haben etwa dieselbe Größe, nämlich 18 bis 20 m. Die Ungeheuer mit mehreren Höckern wurden vorwiegend entlang der Küste Neu-Englands (USA) gesehen. Die Meldungen nehmen seit Beginn dieses Jahrhunderts jedoch merklich ab. Superottern tauchten seit 1848 überhaupt nicht mehr auf. Dr. Heuvelmans vermutet deshalb, sie seien ausgestorben.

Rechts:
Hauptmerkmal der Seeschlange mit den vielen Flossen ist, das sie durch die Nase ausatmet. Sie wird bis zu 18 m lang und erschien bisher nur in tropischen Gewässern. Das letzte Säugetier in Heuvelmans Klassifikation ist das „Meerespferd“ mit großen Augen und rötlicher Mähne. Es wurde schon in fast allen Gewässern gesehen, außer im Polarmeer und Indischen Ozean.

Flossen-Seeschlange

Meerespferd

Der Superaal könnte ein Fisch sein, der normalerweise in den großen Tiefen des Meeres lebt und nur zum Sterben an die Oberfläche kommt. Der Meeressaurier ist vielleicht ein noch lebendes Relikt aus der Jurazeit, der unter der Oberfläche bis in die heutige Zeit überlebt hat. Die Gruppe der Gelbbäuche läßt sich – mangels ausreichender Details – schwerer klassifizieren, gehört aber vermutlich zur Spezies der Fische, vielleicht zu den Haien.

Eine weitere interessante Beobachtung, die Heuvelmans gemacht hat, ist, daß im letzten Jahrhundert besonders die Ungeheuer mit dem langen Hals gesichtet wurden, was wohl auf eine rapide Vermehrung dieser Spezies hinweist. Im Gegensatz dazu, wurde die Superotter 1848 zum letzten Mal gesehen. Nach Meinung Heuvelmans scheint diese Art im harten Kampf der Evolution untergegangen zu sein.

Das Leben im Meer ist noch lange nicht ganz erforscht und trotz so mancher skeptischen Äußerung gibt es genügend unwiderlegte Beweise für die mögliche Existenz von großen, unbekannten Seeungeheuern. Wissenschaftler sind zuversichtlich, bald alle Geheimnisse des Lebens im Meer enthüllen zu können. Es werden in der Tat Jahr für Jahr neue Arten von Lebewesen entdeckt, also wird sich das Seeungeheuer auch nicht mehr lange verborgen halten können.

Seltsamer als alle Legenden

Die Verhaltenspsychologie entdeckte ganz unglaubliche Eigenschaften bei Tieren. Die enormen Leistungen der tierischen Sinne – vom Geruchs- bis zum Orientierungssinn – bewundern wir zwar, aber dennoch reagieren wir skeptisch, wenn es sich um Verhaltensweisen handelt, die Intelligenz oder tiefe Gefühle voraussetzen, von denen wir nur zu gern glauben möchten, daß sie dem Menschen vorbehalten seien.

Bis ans Ende der Welt

Der Wandertrieb der Tiere gehört zu den erstaunlichsten Phänomenen unserer Natur. Warum nehmen viele Tierarten die gefährlichen Strapazen so langer Reisen auf sich?

Im Mittelalter, wo kaum jemand weiter als bis zum nächsten Dorf fuhr, war es für die Menschen unvorstellbar, daß Vögel über weite Meere flögen und auf Kontinenten überwinterten, die zu der Zeit noch gar nicht entdeckt worden waren.

In englischen Legenden hieß es, Eulen würden im Herbst zu Falken, und der griechische Philosoph Aristoteles behauptete mit eigenen Augen gesehen zu haben, wie sich eine Wanderdrossel zu einem Rotschwanz verwandelt habe.

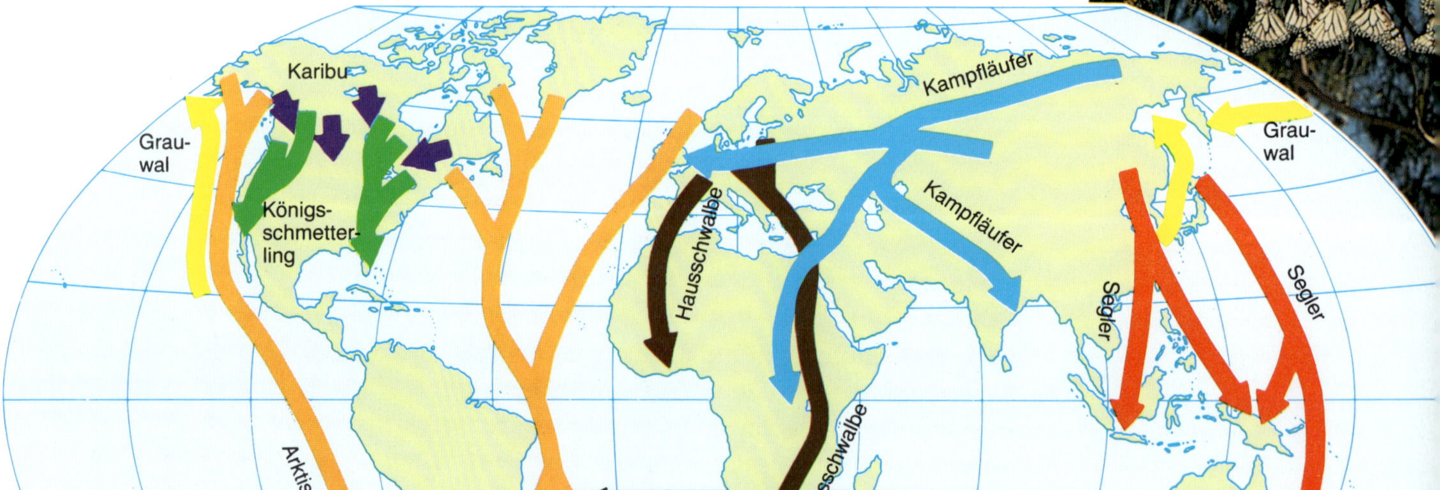

Von anderen Vogelarten nahm man an, sie überdauerten die kalte Jahreszeit im Winterschlaf. Während heute jedermann erkennt, wann Scharen von Schwalben sich auf den Weg in wärmere Gegenden machen, waren Naturwissenschafter des 18. Jahrhunderts, wie Gilbert White, unfähig, die Massenaufbrüche der Vögel im Herbst richtig zu deuten. Wie die meisten seiner Zeitgenossen glaubte auch White, daß Schwalben den Winter auf dem Grund eines Teiches verbrächten.

Seit der neuen Transportmittel des 19. Jahrhunderts, wie etwa das Dampfschiff oder die Eisenbahn, ganz zu schweigen von Auto und Flugzeug des 20. Jahrhunderts, ist es uns möglich, diesen außergewöhnlichen Instinkt der Tiere näher zu untersuchen und zu studieren. Wir wissen heute etwa, daß weit mehr Tierarten wandern als zunächst angenommen. So wechseln nicht nur Schwalben ihren Standort, sondern auch die Schmetterlinge, Tierarten, von denen man ein solches Verhalten eher nicht erwartet hätte.

Alle Tiere ziehen natürlich innerhalb ihres Lebensbereiches umher, und es gilt zunächst einmal festzustellen, ab wann man von einem effektiven Wandertrieb sprechen kann. Im großen und ganzen neigen Wissenschaftler dazu, diesen Begriff auf jahreszeitliche Ortsänderungen der Tiere einzuschränken, das heißt, den Wechsel zwischen Brutstätte und Winterquartier. So kann man etwa sagen, die Schwalbe wandert, weil sie in Europa ihre Jungen ausbrütet und dann in Afrika überwintert, während Spinnen nur vom Wind von einem Ort zum anderen getrieben werden.

Am erstaunlichsten beim Wandertrieb sind die gewaltigen Entfernungen, welche die Tiere oft zurücklegen. Der Rekordhalter unter den Vögeln ist zweifellos die Arktisschwalbe, die 26000 Kilometer von ihrer Brutstätte in der Arktis bis zur Antarktis zurücklegt. Das bedeutet, diese kleinen Meeresvögel müssen 8 Mona-

Die wohl bekannteste Tierart mit Wandertrieb sind die Zugvögel, wie die Schnee- und Blaugänse (oben), die jedes Jahr von ihrem Brutplatz in Nordkanada in das Gebiet des Mississippi fliegen. Aber auch andere Tiere wandern; Königsschmetterlinge (links) ziehen im Winter in den Süden. Die riesigen Scharen bedecken oft ganze Landstriche, wenn sie sich zur Rast niederlassen.
Auch Lachse (rechts) ziehen vom Meer, wo sie den Großteil des Jahres verbringen, in die Flüsse zum Laichen. Die Karte (ganz links) zeigt jene enormen Strecken auf, welche die Vögel, Säugetiere, Fische und Insekten jedes Jahr zurücklegen.

te im Jahr 24 Stunden am Tag fliegen, um diese gigantische Strecke bewältigen zu können.

Viele andere Vögel überwinden ähnlich weite Strecken. Aber auch Meerestiere nehmen enorme Strapazen auf sich. So wandern Aale zum Beispiel von ihrem Brutplatz im Sargossa-See zu verschiedenen Flüssen und Strömen in Europa. Aber auch größere Tiere, wie etwa der Buckelwal, schwimmen regelmäßig 8000 Kilometer, um im Frühling und im Herbst aus den Tropen ins südliche Polarmeer zu gelangen.

Wenn auch nicht tausend, so legen auch Tiere oft Hunderte von Kilometern zurück, um von einem Ort zum anderen zu kommen. Rentiere zum Beispiel durchqueren so regelmäßig 1000 Kilometer der verschneiten Weiten Kanadas – in stets gleich großen Herden und auf stets derselben Route –, daß sie schon richtige Pfade in den Felsen ausgetreten haben.

Ein weiterer erstaunlicher Aspekt des Wandertriebes ist die Masse an Tieren, die gleichzeitig unterwegs ist. So wurde in Amerika einmal ein Schwarm von Monarchschmetterlingen beobachtet, der eine Fläche von 400 Quadratkilometern bedeckte und ein anderes Mal verfinsterte ein Schwarm Wandertauben, wie es auch Heuschreckenschwärme vermögen, gar die Mittagssonne.

Auch aus Europa gibt es zahlreiche Meldungen über Massenwanderungen verschiedener Tierarten. In Norwegen fuhr ein Dampfer 15 Minuten lang durch Lemminge, die sich ins Meer gestürzt hatten. In Ungarn kam ein Zug auf einer Armee von unzähligen Tausendfüßlern fast zum Entgleisen. Schockierend war auch eine Entdeckung in Südafrika, wo auf einer Länge von 50 Kilometern die Küste mit toten Springböcken übersät war, die auf ihrer Wanderung abgestürzt waren. Diese erschütternden Episoden werfen einige wichtige Fragen auf.

Der Wandertrieb selbst gehört zu den am wenigsten untersuchten Gebieten der Naturwissenschaft. Warum ziehen Tiere in so großer Zahl von einem Ort zum anderen? Wie finden sie ihre Route? Warum sind die Strecken so lang? Wie begann der Wandertrieb der Tiere?

Die Wissenschaftler von heute sind bemüht, Antworten auf diese Fragen zu finden. Dazu bedarf es nicht nur schwieriger Analysen, sondern auch komplizierter technischer Geräte. Da Biologen bei weitem nicht so beweglich sind wie die Tiere, die sie beobachten, brauchen sie Radar, Fernrohre und Flugzeuge, um ihr Studienobjekt im Auge behalten zu können. Sie helfen sich mit Funksignalen, Ohr-

Der Instinkt führt sie wieder nach Hause

Ein überaus seltener Anblick: Eine Brieftaube ist gelandet, weil sie die Orientierung verloren hat. Immer wieder hat man den Instinkt der Tauben studiert, der sie wieder nach Hause führt. Dieser Instinkt ist weder auf den Geruchssinn noch auf ein geographisches Gedächtnis zurückzuführen. Bis vor kurzem vertraten Wissenschaftler die Theorie, die Vögel richten sich bei Tag

Unten:
Als die Europäer zum ersten Mal nach Nordamerika kamen, zogen noch Millionen von Büffeln über die weiten Ebenen des Landes. Sie wanderten im Winter in den Süden und im Sommer gen Norden.

nach der Sonne und bei Nacht nach den Sternen, wie die Seeleute. Diese Annahme wurde aber oft verworfen, nachdem man vergebens versucht hatte, mit künstlichem Licht und künstlicher Verdunkelung den Zeitsinn der Tauben durcheinanderzubringen. Um sich nach der Sonne orientieren zu können, muß man die genaue Zeit wissen, doch die Tauben fanden den Weg nach Hause auch, wenn man ihre innere Uhr verunsicherte.

Da all diese Theorien sich als unhaltbar erwiesen, sollte der Erdmagnetismus das Rätsel lösen. Doch auch das scheint nicht zu funktionieren; denn wenn man versucht, mittels kleiner Magnete die Orientierung der Tiere zu stören, sind diese anfangs zwar verwirrt, finden sich aber bald zurecht und fliegen mühelos nach Hause.

Die Orientierung dieser Vögel ist wahrscheinlich durch ein Zusammenspiel mehrerer Sinnesorgane gewährleistet. So richten sich die einen nach der Sonne, die anderen nach dem Mond und den Sternen. Manche haben einen ausgezeichneten Geruchsinn. Doch nach Ansicht der Wissenschaftler sind diese bekannten Sinne nicht allein ausschlaggebend für den Orientierungssinn der Vögel; es muß einen sechsten Sinn geben, der bislang noch unbekannt ist.

klemmen oder Leuchtfarben. Es gibt eigene Kanonen, die Netze über Wasservögel auswerfen, Tauben wurden mit dunkel eingefärbten Kontaktlinsen versehen, um festzustellen, ob sie ihre Route auch blind finden. (Sie erreichten auch so ihr Ziel problemlos.) Außerdem wurden Planetarien gebaut, in denen die klimatischen Bedingungen künstlich modifiziert und das Verhalten der Versuchsvögel studiert wird.

Die wichtigste Frage ist, warum Tiere überhaupt wandern. Das Wandern ist doch mit vielen Gefahren verbunden; sobald ein Tier seinen gewohnten Lebensraum verläßt, wird es zur leichten Beute für seine Feinde.

Seit Charles Darwin zum ersten Male seine Theorie von der natürlichen Auslese aufstellte, wird allgemein anerkannt, daß Gewohnheiten und Eigenheiten einer Tierart ihr auch in irgendeiner Weise Vorteile bringen, sonst würde an ihnen nicht festgehalten. Aber kann die Wanderung immer als Vorteil betrachtet werden? Die Antwort ist in vielen Fällen positiv, aber es gibt auch bedeutsame Ausnahmen.

Ein Paradebeispiel ist wohl der Zugtrieb der Schwalben. Der Einbruch des Winters bedeutet für die Vögel verminderte Nahrung, also ziehen sie in wärmere Gegenden. Auf der Suche nach einer passenden Nahrungsquelle überqueren sie die Sahara, die viele Gefahren birgt. Umso rätselhafter ist es, daß sie die Wüste an der Stelle ihrer weitesten Ausdehnung überfliegen. Und weiter stellt sich die Frage, warum so viele Schwalben so weit in den Süden fliegen? Da sie ohnehin auf ihrer Reise nach Südafrika einige Male rasten, müßten sie doch bemerkt haben, daß es auch viel näher durchaus fruchtbare und klimatisch geeignete Gegenden zum Überwintern gibt. Manche Vögel bleiben zurück, aber die meisten Schwalben fliegen weiter. Sind die Vorteile, die sie an ihrem Ziel erwarten, diese Strapazen wirklich wert, oder folgen sie einfach nur einer stupiden Gewohnheit?

Die meisten Biologen neigen dazu, die Zuggewohnheiten der Schwalben mit eher umständlichen Argumenten zu rechtfertigen. Da die Zahl der Schwalben in Europa stets konstant blieb, ist die hohe Sterblichkeit von 50 Prozent der Vögel während der Wanderung nicht bedrohlich für die Art, um das biologische Gleichgewicht zu gewährleisten. Die Biologen sind überzeugt, die Wanderung sei ein Mittel, die Zahl der Schwalben stets auf einem für Europa erträglichen Niveau zu halten.

Diese Wissenschaftler haben für die Verhaltensweisen der Tiere wie Lemming oder Sperling dieselbe Begründung. Wir haben gesehen, daß so viele Tiere während der Wanderung verenden, daß es schwer ist, einen Vorteil in dieser Gewohnheit auszumachen. Experten meinen, Mutter Natur wisse, was sie damit bezwecke. Vor der Wanderung werden Lemminge besonders fruchtbar und können ihre Jungen sehr gut ernähren. Das heißt, sie vermehren sich in dieser Zeit stärker. Würden die Lemminge auf ihrem Zug nicht ins Meer stürzen, müßten noch mehr verhungern.

So einleuchtend diese Erklärung ist, scheint sie doch bei näherer Betrachtung falsch zu sein. Vielleicht dient die Wanderung nicht der Selektion der Stärksten, sondern bringt Vorteile, die auf den ersten Blick nicht erkennbar ist?

Eine Herde ziehender Karibus. Diese Tiere halten sich Jahr für Jahr so stark an ihre Route, daß die Pfade schon regelrecht ausgetreten sind.

Links:
Das Denkmal von „Greyfriars Bobby“ in Edingburgh, dessen Treue zu seinem Herrn ihn berühmt machte.

Unten:
Die Arbeitsbiene verteidigt mit ihrem Stachel das Netz. Doch jeder Stich ist für die Bienen ein Todesurteil.

Rechts:
Ein afrikanischer Ochsenfrosch frißt einen Artgenossen. Kannibalismus unter den Tieren ist keine Seltenheit.

Unten rechts:
Der Regenpfeifer täuscht eine Verletzung vor, um den Feind von seinen Jungen wegzulocken, die ihm hilflos im Nest ausgeliefert wären.

Ganz unten rechts:
Löwin mit Jungen. Sie verteidigt ihre Jungen mit außergewöhnlicher Aggressivität, ohne Rücksicht auf ihr eigenes Leben.

Können Tiere selbstlos sein?

Fallstudien über das Sozialverhalten von Tieren ergaben, daß diese sehr wohl selbstloses Verhalten zeigen können. Ist die Selbstlosigkeit rein genetisch programmiert oder soll sie das Überleben der Art gewährleisten?

Mitten in Edinburgh steht ein Denkmal, das der Anhänglichkeit eines kleinen Sky-Terriers gewidmet ist. 14 Jahre lang hielt der treue Hund Wache am Grab seines Besitzers und weder Bitten noch Drohen konnten ihn bewegen, seinen Platz zu verlassen.

„Greyfriars Bobby“, so der Name des Hundes, wurde zur Berühmtheit, seine Geschichte wurde oft verfilmt und niedergeschrieben. Es gibt Hunderte ähnlicher Erzählungen. Sie gehen durch die Weltpresse, Bücher erscheinen über sie, Filme entstehen.

In Südafrika errang zum Beispiel ein mutiger Terrier in dem Buch *Jock vom Bushveld* ewigen Ruhm; in Italien rettete der berühmte Polizeihund „Dox“ seinem Herrn das Leben, und in Wales verteidigte „Beddgelert“, nach dem auch ein Dorf benannt wurde, ein Kleinkind vor einem reißenden Wolf.

Es gibt aber nicht nur berühmte Hunde, sondern auch Delphine, die Menschen vor dem Ertrinken gerettet haben. In Neuseeland kennt jeder die Geschichte vom Delphin „Pelorus Jack“, der regelmäßig Schiffe durch gefährliche Meeresengen lotste. Darüber hinaus existieren Erzählungen über Heldentaten von Pferden, Wölfen und zahmen Löwen.

Was aber veranlaßt Tiere in dieser harten Welt, ihr Leben für andere zu riskieren? Wie voreingenommen man von einem Tier auch sein mag, es ist nicht zu leugnen, daß sie neben ihren freundlichen und anschmiegsamen Wesen so manche brutale Eigenheit aufweisen. Wie der englische Dichter Tennyson treffend bemerkte, ist „die Natur eine blutrünstige Bestie“, denn das Tier zeigt sich öfter von seiner grausamen als von seiner loyalen Seite. Der Würger-Vogel spießt die Schmetterlinge an den Dornenbaum; Katzen treiben mit Mäusen ein grausames Spiel, bevor sie diese fressen, und Füchse töten Hühner aus purer Lust und nicht nur aus Hunger.

Die Tierwelt kennt keine Ehtik, Kannibalismus ist eine Selbstverständlichkeit. Die Larven der blauen Schmetterlinge verschlingen einander regelmäßig. Diese Gattung ist in England fast ausgestorben, aber nicht aufgrund ihrer kannibalischen Gewohnheit. Bestimmte Spinnen und Heuschrecken vertilgen ihre Partner noch während der Paarung, und das Männchen des afrikanischen Klauenfrosches umklammert das Weibchen, bis es zusammenbricht und er es in Ruhe verzehren kann.

Charles Darwin war der erste, der auf den ständigen Existenzkampf in der Tierwelt aufmerksam machte. Sein Kollege Herbert Spencer prägte den Leitsatz: „Nur der Stärkste überlebt, und die Schwachen gehen unter.“ Die harte Welt, die Darwin beschreibt, scheint für

Selbstlosigkeit kaum Platz zu lassen. Jede Minute, die man für die Unterstützung eines Artgenossen verbraucht, könnte man nützen, um selbst besser weiterzukommen und für Nachkommenschaft zu sorgen. Warum also gibt es trotzdem Fälle selbstlosen Handelns unter den Tieren? Oder ist es reine Berechnung?

Diese Frage wird besonders unter Biologen heftig diskutiert. Sie wollen nicht nur die Tierwelt dadurch besser verstehen lernen, sondern auch Rückschlüsse ziehen auf das menschliche Verhalten. Hat sich der Mensch tatsächlich aus dem Tierreich entwickelt, so wäre es doch interessant festzustellen, ob seine Ethik, seine selbstlosen Züge sich biologisch begründen lassen oder er sie sich lediglich viel später angeeignet hat und sie jederzeit wieder ablegen kann.

Zunächst einmal müssen sich die Wissenschaftler darüber einig werden, ob die Tiere nun tatsächlich selbstlos sein können oder ob diese Theorie nicht nur Illusion ist und von einer rein anthropomorphischen Perspektive ausgeht. Nehmen wir etwa den Fall der kannibalischen Larven. Zu einer ganz gewissen Zeit lassen sie sich von den Blättern des wilden Thymians zu Boden fallen. Hier sind sie vollkommen ungeschützt und leichte Beute für jeden Insektenfresser. Es sei denn, eine ganz bestimmte Ameisenart trägt die Larve rechtzeitig in ihr Nest.

Für den Schmetterling ist der Sammeleifer der Ameise also ganz offensichtlich von lebensrettendem Vorteil. Was aber sollte andererseits die Ameise dazu bewegen, den Nachwuchs einer ganz anderen Tiergattung zu retten? Diese Frage ist noch weitaus schwerer zu beantworten, zieht man in Betracht, daß diese Schmetterlingslarven sich im Nest der Ameise sofort über deren eigene Larven hermachen und sie dezimieren. Doch die Schmetterlingslarven sind quasi die „Milchkühe" der Ameisen. Sie pumpen den Larven Säfte aus bestimmten Drüsen und sind für diese bereit, viele ihrer Jungen zu opfern.

Ein Außenstehender könnte meinen, die Ameisen fallen hier nur auf einen plumpen Trick herein, der ihnen mehr schadet als nützt. Sie retten die Larven aber sicherlich nicht aus Edelmut. Alles hat seinen Preis, und die Ameisen machen das Beste aus dieser Situation. Es gibt noch zahlreiche andere Beispiele für die Zusammenarbeit verschiedener Tierarten, doch niemals steht Selbstlosigkeit im Vordergrund.

Gefährliche Tricks

Gibt es wirklich eine Art selbstloses Verhalten, wird es nicht nur zwischen ganz bestimmten Tierarten geübt werden. Selbstlosigkeit beginnt sicherlich gegenüber derselben Art. Otterweibchen zum Beispiel greifen ohne Furcht alles an, was ihre Jungen bedroht. Dieses selbstlose, instinktgeprägte Verhalten charakterisiert auch viele andere Muttertiere. Vögel wenden oft für sie selbst gefährliche Tricks an, um den Feind von den Jungen wegzulocken. Der bekannteste ist wohl der mit dem gebrochenen Flügel. Darüber hinaus können Muttertiere ihre Jungen stundenlang verwöhnen und umhegen, bis diese hilflosen Wesen auf eigenen Füßen stehen können. Versteht man unter Selbstlosigkeit ein Verhalten, das unter Mißachtung des eigenen Vorteils dem Wohle der anderen dient, kann diese Einstellung der Muttertiere zweifellos als selbstlos bezeichnet werden.

Die Biologen sind da anderer Meinung. Die Natur – so sagen sie – wird von ganz anderen Regeln bestimmt. Die natürliche Selektion begünstigt jene Arten, die sich am stärksten vermehren, so steht jedes Weibchen unter dem ständigen Konkurrenzkampf, in dem nur die Menge der Jungen zählt, die sie aufzieht. Zugegeben, es mutet gefühllos an, Mutterliebe als reinen Instinkt zur Erhaltung der Art zu erklären; denn genau das tun die Biologen. In seinem Buch „Die Abstammung des Menschen" schreibt Charles Darwin. „Es gibt keinen Instinkt von dem erwiesen ist, daß er auf das Wohl der anderen Rücksicht nimmt." Und auch die Mutterliebe scheint keine Ausnahme zu sein. Überleben ist der oberste Grundsatz aller Tierarten.

Wie dem auch sei, was ist dann von all den anderen Beispielen zu halten, demzufolge Muttertiere die Jungen anderer betreuen? Füchse zum Beispiel leben in Rudeln, wobei ein Männchen mehrere Weibchen hat. Nur eines dieser Weibchen aber bekommt Junge. Die anderen scheinen eine Art psychologische Geburt mitzumachen und werden so nicht trächtig.

Die anderen Weibchen helfen aber pflichtbewußt beim Aufziehen der Jungen, spielen mit ihnen und bringen ihnen Futter. Dasselbe

Ein Kampf auf Leben und Tod

1

2

3

4

5

6

7

8

9

10

Ist der Tod des einzelnen nichts als eine kurze Störung des Lebens der Herde? Diese außergewöhnliche Fotoreihe, aufgenommen von Horst Munzig und Dr. Harvey Croze im Serengeti Nationalpark von Tansania, zeigt, daß der Tod eines Elefanten sehr wohl Emotionen bei den Artgenossen auslöst.

1–3
In den frühen Morgenstunden entfernt sich eine zum Tode geweihte, an einer Virusinfektion erkrankte Elefantenkuh von der Herde. Plötzlich bricht sie zusammen, worauf sich die gesamte Herde, sichtlich bestürzt, um sie versammelt. Ihr Gefährte, ein riesiger Bulle, eilt wild trompetend an ihre Seite. Die Herde bildet einen Kreis um sie und schwankt in deutlicher Verzweiflung hin und her.

4–6
Der Bulle drängt sich zu ihr vor und versucht, sie wieder auf die Beine zu stellen, indem er sich gegen ihren Körper stemmt. Als sie nicht reagiert, bemüht er sich vergeblich, sie mit Wurzeln zu füttern. Elfmal will er sie besteigen, um sie mit dem Deckungsritus wieder zum Leben zu erwecken. Ein etwa zweijähriges Elefantenkalb – vermutlich ihr eigenes – umkost sie mit dem Rüssel und versucht, sie zum Aufstehen zu bewegen – wieder ohne Erfolg.

7–10
Die Elefantenkuh sinkt im Todeskampf endgültig in sich zusammen, und die Herde entfernt sich. Nur der Bulle bleibt an ihrer Seite. Gegen Abend kehrt die Familie zurück und fährt mit dem Rüssel über den binnen zwei Stunden erbleichten Körper. Sie umkreisen den Kadaver und verfallen in wildes Trompeten, bevor sie sich wieder entfernen. Der Bulle bleibt als Totenwächter zurück, bis die Nacht hereinbricht. Dann entfernt auch er sich und überläßt den Kadaver Luft und Erde.

Verhalten konnte bei Schakalen beobachtet werden, während Bienen und Ameisen sich um die Nachkommenschaft der Königin kümmern. Diese Weibchen sind, obwohl sie die Jungen nicht geboren haben, oft auch bereit, für sie zu sterben. Die Arbeitsbienen verfügen bekanntlich über einen Giftstachel, der als Waffe dient. Doch ein Stich kostet ihr meist das Leben, weil dadurch der gesamte Hinterteil des Insektes herausgerissen wird. Ist diese Kamikaze-Aktion eine selbstlose Reaktion zur Verteidigung des Nestes? Warum sollte es in dieser Natur, in der es nur darum geht, dem anderen überlegen zu sein, ein solches Verhalten geben?

Es gibt zwei Meinungen zu dieser Frage. Die einen behaupten, der einzelne sei weitaus nicht so bedeutsam wie die Gesamtheit, und nur das Wohl der Gruppe oder der Art bestimme den Lauf der Evolution. Ein Verfechter dieser Theorie ist Prof. V. C. Wynne Edwardes von der Universität Aberdeen. Die These klingt ganz einleuchtend. Es ist offensichtlich von Vorteil, wenn die unfruchtbaren Weibchen dem Muttertier helfen, ihre Jungen aufzuziehen. Ähnlich profitiert die Honigbiene von dem Verteidigungssystem der Arbeitsbiene.

In der Praxis hingegen sieht nicht alles so rosig aus. Gemeinwohl ist den Tieren unbekannt, und außerdem beginnt die natürliche Selektion doch unweigerlich beim einzelnen und nicht bei der Gruppe. Wie viele andere Merkmale, ist auch der Stachel vererbt und obgleich er zweifellos von Vorteil ist für die Gruppe, gehen die Gene, die ihn hervorbringen, zusammen mit der Biene zugrunde, sobald er benutzt wird. Warum also vererben sich solche Eigenschaften in der Natur? Eine Frage auf die bislang auch Prof. Wynne Edwardes keine Antwort weiß. Das Phänomen der Selbstlosigkeit in der Tierwelt ist weiterhin ein Rästel.

Was bleibt, ist die Tatsache, daß Arbeitsbienen stechen können und Fuchsweibchen die Jungen der anderen aufziehen. Die Theorie der „biologischen Gemeinschaft“ von Prof. Edwardes scheint also keine befriedigende Antwort auf die Frage zu sein. Die zweite Meinung, die hier vertreten wird, lehnt sich mehr an den Darwinismus an. Die radikalen Verfechter dieser Theorie meinen, nicht die natürliche Selektion, sondern die Gene, die Erbmasse, seien bestimmend für den einzelnen.

Unten:
Der Madenpicker auf dem Kopf eines Nashorns, wo er die Insekten vertilgt, die sich auf dem Dickhäuter niederlassen. Es ist dies ein Beispiel perfekter Zusammenarbeit zwischen den Tiergattungen. Der Vogel vertilgt die Parasiten, die dem Tier sonst lästig wären.

Ganz unten:
Schakale, Geier und Hyänen verzehren die Überreste eines von einem Löwen gerissenen Beutetiers. Zusammenarbeit oder Opportunismus?

Nach Richard Dawkins sind unsere Körper nur eine Hülle für unseren genetischen Code. Seiner Meinung nach ist jeder einzelne bestrebt, der nächsten Generation so viele Gene wie möglich zu vererben und das jedes Gen wiederum so viele Kopien wie möglich hinterlassen will.

Verstärktes Selbstinteresse

Dasselbe gilt auch für die unfruchtbaren Fuchsweibchen. Auch sie haben den Wunsch, sich zu vermehren, selbst wenn sie keinen Nachwuchs bekommen, können sie diesem Instinkt folgen, indem sie fremde Jungen aufziehen. Es entwickelt sich, wie bei den Arbeiterbienen, ein Nahverhältnis, durch das sie ihre Verhaltensweisen und Anlagen an die Jungen weitergeben. Darüber hinaus läßt sich das Verhältnis der Gene, die sie mit dem Muttertier und den Jungen gemeinsam haben, berechnen. Normalerweise besitzt ihre Nichte oder ihr Neffe etwa 25 Prozent ihrer Gene, während sie 50 Prozent ihren leiblichen Kindern vererben. Das bedeutet, wenn sie doppelt so viele Nichten und Neffen haben, brauchen sie im Prinzip keine eigenen Kinder mehr, um identische Gene der Nachwelt zu erhalten. Dasselbe Resultat erreicht man auch auf anderem Wege. Bei den Hautflüglern (Ameisen, Bienen und Wespen) haben die Männchen durch eine besondere Bestimmung des Geschlechtes nur halb so viele Gene wie die Weibchen. Daher untersuchen Fachleute das Phänomen der Selbstlosigkeit vor allem bei dieser Tierart.

Zieht man all diese Erwägungen in Betracht, so scheint es, daß auch die Fuchsweibchen und die Arbeitsbienen von reinem Selbstinteresse geleitet werden. Sie vererben ihre Gene, ohne dafür Junge bekommen zu müssen. Eine recht desillusionierende Betrachtung für so manchen Romantiker. Wie hieb- und stichfest ist diese Genetheorie aber tatsächlich? Sie erklärt etwa noch lange nicht die Loyalität und aufopfernde Treue des kleinen Terriers „Greyfriars Bobby“. Darüber hinaus erweckt sie den Eindruck, Tiere seien nichts anderes als komplizierte Maschinen, und ihr vererbtes Verhalten sei von den Genen „vorprogrammiert“. Was aber „programmiert“ die Gene? Der reine Zufall, wie herkömmliche Theorien besagen? Descartes, ein Philosoph des 17. Jahrhunderts, meinte, Tiere seien seelenlose Maschinen. Sind die Biologen von heute ebenso weit entfernt von der Antwort, wenn sie meinen, „die Natur sei nichts anderes als ein unsichtbares Billardspiel, in dem der Zufall regiert?“ Haben Tiere andere Sinnesorgane als wir Menschen? (Siehe Seite 136)

Links:
Zwergfledermaus: Fledermäuse jagen bei Nacht und haben einen ausgezeichneten Orientierungssinn. Statt mit den Augen, lokalisieren sie ihre Beute mittels Echopeilung, welche ihnen ein akustisches Raumbild vermittelt.

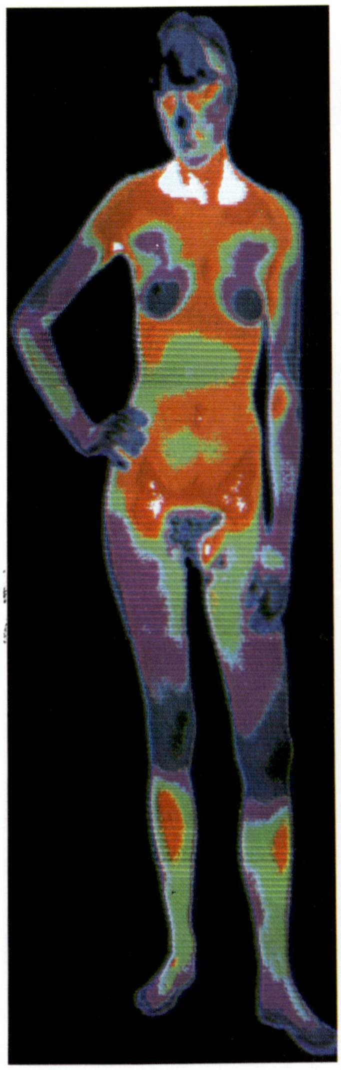

Der Instinkt zu überleben

Tiere haben, im Gegensatz zum Menschen, mehr als fünf Sinne: Fledermäuse „sehen" mit Hilfe von Schallwellen, Klapperschlangen durch Hitze, Stechrochen durch Elektrizität. Wie sieht die Welt dieser Wesen nun aus?

Wenn Sie einen Menschen beschreiben sollen, werden Sie wahrscheinlich versuchen, sein Aussehen detailliert wiederzugeben: braune Haare, blaue Augen, rote Wangen, aufrechter Gang usw. Vielleicht erwähnen Sie auch seine Stimme und Sprache, aber sicherlich nie seinen Geruch.

Sie sprechen auch sicherlich nicht von den Hitzewellen, die er ausstrahlt, oder die Art, wie Schallwellen von ihm abprallen, und erwähnen auch nicht die Elektrizität oder den Magnetismus, den er abgibt. Menschen registrieren solche Dinge gar nicht. Aber für eine Maus, eine Fledermaus oder eine Klapperschlange sind solche Details wichtig, um jemanden wiederzuerkennen.

All dies zeigt uns, wie begrenzt eigentlich unsere sinnliche Wahrnehmung ist: Wir sehen, hören und riechen, aber das ist oft auch schon alles, und wir nehmen an, daß dies bei Tieren ähnlich ist. Untersuchungen haben aber gezeigt, daß ihre Sinnesorgane weitaus vielfältiger sind als die der Menschen. Sie leben in einer ganz anderen Welt, und dadurch sind uns ihre Verhaltensweisen oft unverständlich.

Es ist uns ein Rätsel, wie der Lachs immer wieder zu seinem Laichplatz zurückfindet, warum die Brieftauben sich selbst im dichtesten Nebel nicht verfliegen, Fledermäuse sich im Dunkeln bestens zurechtfinden und Polizeihunde fast jede Witterung verfolgen können. Natürlich ist es schwer für uns, Sinnesorgane verstehen zu lernen, über die wir selbst nicht verfügen, und es ist nicht ungewöhnlich, daß der Zufall uns oft bei der Lösung eines solchen Problems zu Hilfe kam. 1956 zum Beispiel gab der amerikanische Physikprofessor Kenneth Roeder eine Gartenparty. Gegen Abend umschwärmten Scharen von Motten das Licht auf seiner Terrasse. In Gedanken versunken fuhr jemand mit einem Korken über den Rand seines Glases, worauf ein helles Quietschen ertönte und alle Motten zu Boden fielen.

Zunächst dachte jeder, das Geräusch sei identisch mit dem verstärkten Summen der Motten, und sie wären durch einen Schock gestorben, doch kurze Zeit später rappelten die Motten sich wieder hoch und umschwirrten erneut das Licht. Als man den Korken wieder über den feuchten Glasrand rieb, stürzten die Motten abermals zu Boden. Professor Roeder war fasziniert. Weshalb reagierten die Motten so merkwürdig auf diesen schrillen Ton? Seine Frage erinnerte an eine Entdeckung, die 1940 gemacht worden war. Damals demonstrierte der amerikanische Wissenschafter Donald Griffin zum ersten Mal, daß Fledermäuse sich im Dunkeln nach dem Prinzip der Echopeilung orientieren, indem sie hochfrequente Ultraschallwellen aussenden, und dem Tier so ein akustisches ausgemessenes Raumbild vermittelt wird. Damals, zu einer Zeit, da Sonar- und Radarsysteme noch wohlbehütete militärische Geheimnisse waren, begegnete man dieser revolutionären Demonstration noch mit Mißtrauen. Die Echopeilung der Fledermäuse ist so präzise, daß sie mit Leichtigkeit einen dunklen Raum durchfliegen können, der mit 0,2 Millimeter feinen Drähten durchspannt ist. Ebenso leicht machen sie Gegenstände aus, die nicht größer sind als eine Motte. Mit wildem Geschrei versuchen sie, quasi ständig auf dem laufenden zu bleiben und beenden ihre Jagd erfolgreich, indem sie die Beute mit dem Maul fangen oder mit ihren weiten Flügeln aus der Luft fischen.

Für viele Motten aber ist dieser Schrei der Fledermaus schon ein Alarmsignal, um sich in Sicherheit zu bringen. Gewisse schallempfindliche Zellen sind auf die Tonfrequenz der Fledermäuse programmiert, und sobald sie diesen Schrei vernehmen, stürzen die Motten zu Boden oder wirbeln durch die Luft und machen so eine Jagd auf sie unmöglich. Dies war also die Erklärung für das Verhalten der Motten auf der Party von Prof. Roeder. Der quietschende Korken war für die Motten nichts anderes als der Schrei einer beutesuchenden Fledermaus.

Dieses System der Orientierung via Ultraschall ist unter den Tieren allgemein verbreitet – besonders bei den Nagetieren. Mäusebabys, die aus dem Nest gefallen sind, stoßen für uns unhörbare schrille Schreie aus. Es sind dies für andere Mäuse durchaus deutlich vernehmbare SOS-Rufe. Jede Maus in der Nähe eilt den Kleinen sofort zu Hilfe und trägt sie ins Nest zurück.

Aber auch der Ölvogel, der Steatornis caripensis, der in Westindien in Höhlen lebt, orientiert sich mit Hilfe von Ultraschall ebenso wie viele Delphin- und Walarten. Alle diese Tiere haben gemeinsam, daß sie im Dunkeln leben, und die Finsternis scheint die Sinnesorgane besonders anzuregen. Doch die Tiere bewältigen schlechte Lichtverhältnisse nicht nur mit Ultraschall. Die Stechrochen zum Beispiel verfügen über höchstempfindliche Detektoren, mit denen sie ihre Beute durch deren elektrische Ausstrahlung loten. Klapperschlangen wiederum haben Vertiefungen links und rechts ihres Riechorgans, die wie Hitzedetektoren funktionieren, ähnlich wie die hitzeempfindlichen Zellen des Menschen, nur hat dieser drei solche Zellen pro Quadratzentimeter und die Klapperschlange 25 000. Dieses Sinnesorgan vermittelt der Schlange auch ein Raumbild, und sie kann so, selbst bei völliger Dunkelheit, jede Maus oder Ratte ausmachen. Wir wissen heute auch, daß Vögel sich bei Nacht am Mond und an den Sternen orientieren, bei Tag an der Sonne. Was aber, wenn der Himmel bevölkt ist? Nach Meinung zahlreicher Wissenschaftler orientieren sie sich in solchen Fällen am Erdmagnetismus. Während 1970 diese Theorie abgelehnt wurde, stützen sich heute immer mehr Ornithologen auf die Erklärung.

Zu dieser Auffassung gelangte man ausgehend von der Feststellung, die Erde selbst ist ein Magnet. Nicht sonderlich stark und nicht besonders stabil, aber immerhin ein Magnet. Darüber hinaus sind die Magnetpole an beiden Enden der Erde durch ein Magnetfeld verbunden, dessen Stärke sich konstant verändert. Theoretisch könnten sich Vögel anhand dieses

Unten:
Eine italienische Eidechse mit einem dritten Auge – einem Punkt auf dem Kopf, der besonders hitzeempfindlich ist. Dadurch erhält sie selbst in völliger Dunkelheit ein Raumbild, in dem sich die wärmere Beute von der kälteren Umgebung abhebt – genau wie bei einem Thermograph (links), bei dem heiße Bereiche weiß und kältere blauschwarz sind.

Oben rechts:
Der Ölvogel lebt in dunklen Höhlen in Westindien, genau wie die Fledermaus orientiert auch er sich mittels Echopeilung.

Das dritte Auge

Die Zirbeldrüse ist etwa erbsengroß und sitzt im unteren Teil des Gehirns. Obgleich ihre Funktion noch nicht gänzlich erforscht ist, wissen Mediziner, daß sie lebenswichtig ist. Tausende von Jahren hindurch dachten Hindus und Buddhisten, die Zirbeldrüse sei eine Art „drittes Auge". Viele Statuen und Bilder, wie dieses rechts von der Hindugöttin Kali, zeigen zwischen den zwei Augen ein drittes auf der Stirn. Die Buddhisten im Tibet glaubten, daß man mit diesem in die Seele blicken könnte.

In seinem Buch „Das dritte Auge" beschreibt Tuesday Lobsang Rampa eine

Operation, die er in seinem früheren Leben erlebt zu haben glaubte. Er beschreibt, wie tibetanische Mönche sein „Auge geöffnet" hatten, indem sie seine Stirn durchbohrten und einen Holzsplitter einführten, bis Rampa einen grellen Blitz spürte. Der Splitter blieb drei Wochen in seiner Stirn, und er mußte im Dunkeln ausharren bei Wasser und Brot. Als man ihn dann entfernte, konnte Rampa in die Seele der Menschen sehen und Krankheiten und Lügen erkennen.

Später erfuhr man, daß Rampa eigentlich Engländer war und zog seine Aussagen in Zweifel. Doch Rampa – eigentlich Henry Hoskin – behauptete, die Reinkarnation des tibetanischen Lama Tuesday Lobsang Rampa zu sein, und viele sind heute von seiner Geschichte überzeugt.

Magnetfeldes orientieren, aber tun sie es wirklich?

Wir Menschen brauchen einen Kompaß, um die Magnetfelder der Erde für unsere Orientierung nutzen zu können. Tiere müssen sich da anders behelfen, und es hat lange gedauert, bis bewiesen werden konnte, daß Tiere empfindlich sind gegenüber den relativ schwachen Magnetstrahlen der Erde.

Sperrt man Rotkehlchen in einen Käfig, kurz bevor sie in den Süden ziehen, drehen sie sich immer automatisch in die Richtung, in die sie fliegen würden. Normalerweise orientieren sie sich an den Landschaften, aber Wissenschaftler haben festgestellt, daß sie sich auch über vollkommen öden Gegenden nicht verfliegen. Würde man allerdings das Magnetfeld um sie herum zerstören, wären sie hoffnungslos verloren.

Große Aufmerksamkeit erregte 1976 auch eine Entdeckung bei Tauben. Man hatte festgestellt, daß diese nicht nur ohne weiteres wieder nach Hause finden, sondern auch noch sehr schnell ihr Ziel erreichen. Diese Vögel können an einem Tag gut 1000 Kilometer fliegen, und erfahrene Tiere finden selbst bei Nebel und mit aufgesetzten lichtundurchlässigen Kontaktlinsen schnellstens wieder nach Hause. Richten sie sich nach dem Erdmagnetismus, und wenn ja, wie machen sie das?

Des Rätsels Lösung liegt in einem winzigen Stück Gewebe zwischen den Augen der Taube. Analysen zufolge enthält es dieselben Mineralien, die Seeleute früher für ihre ersten Kompasse verwendet haben: ein permanent aufgeladenes, eisenhaltiges Mineral, den Magnetit. Dieses winzige Stück Gewebe enthält Millionen winziger rechteckiger Teilchen dieses Minerals, so daß die Taube problemlos auch die kleinste Veränderung im Magnetfeld der Erde ausmachen kann.

Es gibt aber noch keinen Beweis dafür, daß diese Magnetit-Teilchen tatsächlich als Kompaß benutzt werden. Es konnte noch keine

Der Zoologe Dr. Robin Baker geht der Hypothese nach, daß sogar Menschen sich anhand des Magnetfeldes der Erde orientieren können. Er verbindet den Versuchspersonen die Augen und bringt sie an einen unbekannten Ort (rechts). Dort sollen sie in die Richtung weisen, aus der sie ihrer Meinung nach gekommen sind (unten). Dann wiederholt er das Experiment, indem er Magnete und Kupferplatten an der Stirn befestigt. Nur die Versuchspersonen mit den Kupferplatten zeigten noch in die richtige Richtung.

Verbindung zu Nervenzellen gefunden werden, und wir wissen noch nicht, wie diese Detektoren funktionieren. Eines aber ist sicher: Mit Magneten an ihren Füßen verfliegen sich Tauben sofort, während nichtmagnetisierte Kupferringe ihre Orientierung in keiner Weise beeinträchtigen.

Auch Bienen haben diese Magnetteilchen in ihrem Körper, diese dienen aber anscheinend nicht der Orientierung. Sie fungieren vielmehr als eine Art biologische Uhr, die ihnen hilft, auch in den dunklen Bienenstöcken geregelte Zeitabläufe einzuhalten. Eben dieses präzise Zeitgefühl der Tiere läßt darauf schließen, daß dieser Magnetismus wohl doch weiter verbreitet ist, als man zunächst vermuten würde.

Selbst der Mensch ist gegenüber Magnetfeldern nicht ganz unempfindlich. Im Rahmen einer Untersuchung brachte Dr. Robin Bake, ein Zoologe der Universität Manchester, Versuchspersonen mit verbundenen Augen an einen geheimen Ort. Dann bat er sie, in die Richtung zu zeigen, aus der sie ihrer Meinung nach gekommen waren. Erstaunlicherweise machte niemand einen Fehler. Dann band er ihnen zum Teil Magnete oder Kupferplatten um die Stirn und fuhr sie woanders hin. Jene Versuchspersonen mit den Kupferplatten zeigten in die richtige Richtung, während die mit den Magneten ausgestatteten die Orientierung verloren hatten.

Magnetismus spielt wahrscheinlich bei Vögeln, die einen schwachen Geruchsinn haben, eine weitaus größere Rolle als bei Säugetieren. Dieser bei ihnen überaus ausgeprägte Sinn versetzt die Menschen immer wieder in Erstaunen. Einerseits sind Gerüche kaum meßbar oder identifizierbar, andererseits ist für den Menschen, der 90 Prozent seiner Information mit den Augen aufnimmt, die Nase derart zweitrangig, daß es ihm schwerfällt, diesem Sinnesorgan die nötige Bedeutung zuzumessen.

Dabei ist auch der menschliche Geruchsinn durchaus bemerkenswert. Ein geübter Kenner von Parfüms ist etwa in der Lage, 10000 verschiedene Duftnoten auseinanderzuhalten, und einmal gelang es einem Experten der Wasserwerke in einer Fernsehsendung, Wasser aus sieben verschiedenen Stellen der Themse nur anhand des Geruches örtlich einzuordnen. ten". Der Lachs findet seinen Laichplatz anhand gewisser Düfte, die seine Artgenossen hinterlassen haben. Sie nehmen diesen Geruch bereits in der Flußmündung auf und folgen ihm bis zum Laichplatz. Können sie dies aus irgendwelchen Gründen nicht, finden sie ihren Weg nie.

Die Markierungen können aber auch intimere Botschaften vermitteln. Besonders die Weibchen vermögen Männchen aus mehreren Kilometern Entfernung anzuziehen. So macht das Seidenraupenweibchen mit bestimmten Ausscheidungen auf sich aufmerksam. Der Rhesusaffe produziert eine Substanz, das sogenannte Kopulin, die das Männchen anlockt. Schimpansen- und Gorillaweibchen verbreiten ähnliche Substanzen. Und was ist mit dem Menschen? Ganz sicher reagieren wir unbewußt ebenfalls auf chemische Einflüsse.

Eine amerikanische Studie etwa hat gezeigt, daß Studentinnen in ein und demselben Schlafraum ihre Regel oft gleichzeitig bekommen. In einer anderen Studie nahmen Männer, Schwangere und Kinder den Duft bestimmter Pelzarten nicht auf, während Frauen den Geruch sofort erkannten. Frauen sind überhaupt weitaus geruchsempfindlicher, besonders zur Zeit ihres Eisprungs. Auch der männliche Urin produziert eine Substanz, die eigentlich dazu dienen soll, fruchtbare Frauen anzuziehen. Überhaupt ist die Beziehung zwischen chemischen Substanzen, die der Mensch produziert, und seiner Sexualität noch viel zuwenig erforscht, doch eines ist heute schon sicher: nicht nur die Tiere produzieren triebfördernde Mittel. Selbst die Achsel- und Schamhaare sollen dazu dienen, durch die Ausdünstungen des Körpers gewisse Informationen weiterzuleiten.

Unten:
Ein australischer Stechling, der außerordentlich stromempfindliche Fühler hat.

Oben links:
Motten bei der Paarung. Paarungswillige Weibchen sondern ein Sekret ab, das die Männchen oft aus mehreren Kilometern Entfernung anzieht.

Auch wenn wir den Geruch eines Menschen bei seiner Beschreibung unbeachtet lassen, hilft er uns doch, den einen oder anderen wiederzuerkennen, und mache Gerüche rufen oft lebhafte Erinnerungen in uns wach. Ein Beispiel ist die berühmte Szene aus dem Roman „Auf der Suche nach der verlorenen Zeit" von Marcel Proust, in der der Geruch eines Gebäcks die Erinnerung einer ganzen Kindheit wach ruft.

Trotzdem ist der Geruchsinn für den Menschen nicht annähernd so wichtig wie für die Tiere. Hunde zum Beispiel orientieren sich zu 50 Prozent nach ihrem Geruchssinn, der tausend- und wenn nicht millionenmal empfindlicher ist als der des Menschen. Da Gerüche kaum meßbar sind, müssen wir den Geruchsinn im Zusammenhang mit dem Verhalten der Tiere studieren. Dachse grenzen ihr Gebiet mit Duftmarkierungen ab, die andere fernzuhalten sollen. Flußpferde verreiben ihren Kot mit ihrem Schwanz, so daß dieser provokativ die Nasen der anderen Tiere reizt und sie auf Distanz hält. Hunde markieren Laternenpfähle. Ottern hinterlassen ihren Kot an bestimmten Markierungspunkten.

Tiere derselben Rasse reagieren besonders empfindlich auf solche „chemische Botschaf-

Je mehr Wissenschafter versuchen, die Sinnesorgane der Tiere verstehen zu lernen, umso mehr wird ihnen bewußt, wie geheimnisvoll diese Einrichtung der Natur ist. So wurden etwa Pigmentflecken im Auge des Huhns entdeckt, die empfindlich sind gegen ultraviolette Strahlen, doch ihre Funktion ist allen ein Rätsel. Amphibien und Reptilien haben ein hitzeempfindliches drittes Auge – aber wozu? Was für ein Sinnesorgan entdecken wir als nächstes? Können wir lernen, unsere vernachlässigten und bislang unerkannten Sinne zu benutzen?

Immer einen Sprung voraus

Känguruhs stellen in Australien einen gewohnten Anblick dar. Erstaunte Amerikaner berichten nicht selten von Beuteltieren, die selbst über die Straßen der Vorstädte hüpfen. Kurioserweise gelingt es aber fast nie, ein Känguruh einzufangen.

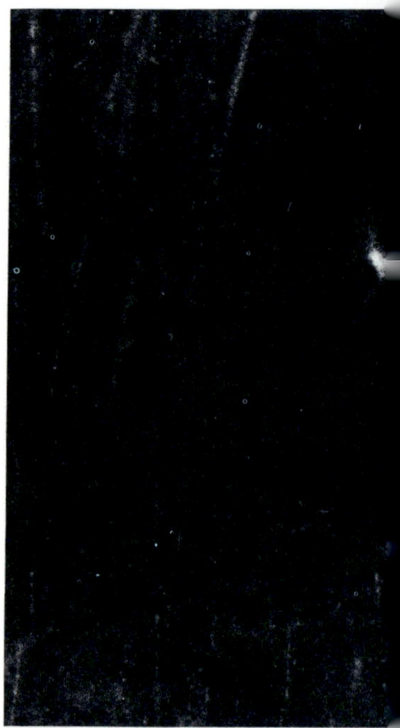

Am Morgen des 18. Oktobers 1974 wurden zwei Chicagoer Polizisten in einen Hinterhof gerufen, wo ein Känguruh sich schlagkräftig dagegen wehrte, sich einfangen zu lassen. Die beiden Beamten, Leonard Ciagi und Michael Byrne, wurden in der Tat nicht sehr freundlich von dem Beuteltier empfangen. Nachdem sich das Tier als recht widerspenstig und seine Schläge und Tritte als äußerst schmerzhaft erwiesen, beschlossen die Polizisten, den Rückzug anzutreten und Verstärkung anzufordern, doch inzwischen war das Känguruh über einen hohen Zaun gesprungen und hatte das Weite gesucht. Für die Zeitungen war diese Begebenheit natürlich ein gefundenes Fressen, sie brachten die Geschichte unter der Schlagzeile „Känguruh unserer Polizei immer einen Sprung voraus“ groß auf die Titelseite. Dieses seltsame Beuteltier wurde in den folgenden Tagen noch öfter gesehen. Meist in den frühen Morgenstunden hüpfte es durch die noch menschenleere Straßen der Vororte Chicagos und stöberte in den Abfalltonnen nach Nahrung.

Ein Skeptiker meinte, die Geschichte sei ein gelungener Scherz der Polizei von Chicago und würde nun in eine Massenhysterie ausarten. Solche Gerüchte werden oft rasch verbreitet, wobei jeder die Geschichte noch etwas ausschmückt und das Endprodukt mit den ursprünglichen Ereignissen nicht mehr das geringste gemein hat. In diesem Fall ist das Phantom-Känguruh aber im Stadtgebiet von Chicago allgemein bekannt, ja sogar in ganz Nordamerika.

Ende Oktober 1974 tauchte der „Chicago-Hüpfer“ im Nachbarstaat Indiana auf. Aufgrund der großen Entfernung zwischen Chicago und Indiana war es unwahrscheinlich, daß es sich um dasselbe Känguruh handelte. Es mußten also mindestens zwei von ihnen frei herumhüpfen. Das bewies auch die Tatsache, daß am 2. November drei Jugendliche in Plano, Indiana, eines sahen und eine halbe Stunde später, 80 Kilometer entfernt außerhalb Chicago, noch ein anderes beobachtet wurde. Bis zum 25. November sah man Känguruhs ebenfalls in Indiana und Illinois, doch dann brach diese Serie von Beobachtungen plötzlich ab, ohne daß man dem Rätsel auf die Spur gekommen wäre, woher die Tiere gekommen waren und wohin sie verschwunden sind.

Sonderlinge in der Tierwelt

Zwei Amerikaner, David Fideler und Loren Coleman, beide Kenner der erstaunlichen Welt der Sonderlinge in der Tierwelt, waren

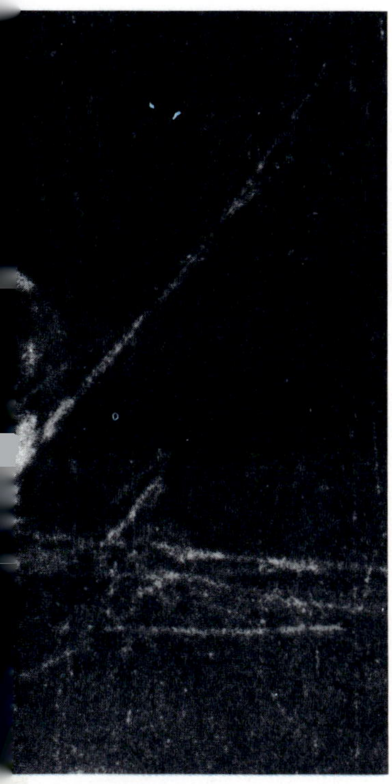

Unten links:
Känguruhs in ihrem angestammten Lebensbereich: der australischen Wildnis. Sie wurden aber auch schon in Amerika gesehen und fotografiert, wie z. B. in Waukesha, Wisconsin, im April 1978 (oben). In Brookfield wurden Fußabdrücke von Beuteltieren gefunden (links). Auch in Großbritannien sollen sich kleinere Känguruhs in den Midlands niedergelassen haben (rechts). Woher aber sind sie gekommen?

Gehüpft ist nicht gleich gesprungen

Berichte von Känguruhs in den USA hielt man für reine Halluzinationen, bis David Fideler und Loren Coleman der Sache nachgingen und auf ein unerklärliches Phänomen stießen. 1900 berichtete eine Historikerin zum ersten Male von Känguruhs in Amerika, als ein Tornado in New Richmond, Wisconsin, alles zerstört hatte, unter anderem auch einen kleinen Wanderzirkus. Logischerweise folgerte sie, die Känguruhs seien aus dem Zirkus entkommen, doch meinte Robert H. Gollmar, der Sohn eines Zirkusbesitzers, er kenne keinen Zirkus, der jemals Känguruhs besessen hätte. 1949 sah ein Busfahrer vor Grove City, Ohio, ein Känguruh im Scheinwerferlicht seines Wagens. Es war 1,5 Meter hoch, braun und sprang – seltsamerweise auf allen vieren.

In den Wäldern von Coon Rapids, Minnesota, wurden 1957 und 1967 des öfteren Känguruhs gesehen und 1965 in den Städten Abilene und Wakefield, Kansas. 1967 bemerkte man ein großes, braun-graues Känguruh bei Puyallup, Washington, und 1971 in der Nähe der Universität von Evanston bei Chicago. 1975 in Dalton City, Illinois, und 1976 in Rock Island, Illinois, und Golden, Colorado. Und auch heute noch gibt es zahlreiche Meldungen, aber keinen einzigen Fang.

fasziniert von den Berichten über die Känguruhs und beschlossen, der Sache nachzugehen. Wie sie fast erwartet hatten, war das Ereignis in Chicago keinesfalls ein Einzelfall, und bald berichteten sie über zahlreiche Beobachtungen, die in einer Reihe von anderen Staaten vor und nach 1974 gemacht worden waren.

Im April 1978 hatte man angeblich in Waukesha, Wisconsin, öfters ein Känguruh gesehen. Fidelers und Colemans Bericht hatte zu einer Massenhysterie geführt, jeder wollte plötzlich überall Känguruhs bemerkt haben. Coleman und sein Freund, der zoologisch gebildete Mark Hall, untersuchten jeden Bericht gewissenhaft, und alle Beweise sprachen eindeutig für die Existenz einer wildlebenden amerikanischen Känguruhart. Hall nahm Gipsabdrücke von den Fährten ab, und am 23. April 1978 berichteten Lance Nero und seine Familie in Brookfield, nahe Waukesha, einem Känguruh begegnet zu sein. Am folgenden Tag gelang es zwei unbekannten Männern, ein Beuteltier zu fotografieren, das sie im Dickicht in der Nähe der Menominee-Wasserfälle entdeckt hatten.

Die wohl haarsträubendste Geschichte kam 1981 aus Tulsa, Oklahoma: Ein Mann stürzte in ein Cafe und erzählte, er hätte plötzlich seinen Wagen herumreißen müssen, um nicht ein Känguruh zu überfahren, das über die Straße hüpfte. Dabei aber hätte er ein zweites erfaßt und getötet. Als Beweis zeigte er den Anwesenden das tote Tier im Fond seines Wagens, doch bevor die Polizei eingetroffen war, um die Einzelheiten zu protokollieren, war der Mann mit seinem „Beweisstück“ verschwunden. Einer der Zeugen meinte damals: „Ich wünschte, ich hätte es schnell fotografiert.“ Eine Woche später berichtete eine Familie aus Owasso, die frühmorgens Zeitungen austrug, sie hätte ein ganzes Rudel Känguruhs gesehen.

Solche Berichte sind natürlich meist glatter Schwindel – andere wiederum lassen darauf schließen, daß tatsächlich irgendwo in Amerika eine Art „kleinere Känguruhs“ leben könnten. Die unberührten Landschaften in manchen Teilen Nordamerikas wären ein idealer Lebensraum für Beuteltiere, insbesondere für kleine. Vielleicht handelt es sich bei den känguruhartigen Wesen auch um vereinzelte Nachfahren einer einheimischen Beuteltierart. Die einzigen Beweise für die Existenz prähistorischer Beuteltiere wurden aber nur in Südamerika gefunden. Es gibt aber auch noch zwei andere Theorien: Entweder handelt es sich gar nicht um Känguruhs, sondern um durchaus herkömmliche Tierarten, die sich nur verlaufen haben oder es sind Ausreißer aus einem Zoo beziehungsweise deren Nachkommen, wobei aber nur zwei Ausbrüche aus Tiergärten bekannt sind, beide aus dem Jahre 1968. Einmal entkam ein kleines Känguruh aus einem Veterinärmedizinischen Institut in Michigan – wobei tatsächlich 1974 ein känguruhartiges Wesen bei Lansing gesehen wurde. Das zweite war aus Hope's Zirkus, in der Nähe von Monroe, Louisiana, ausge-

immer wieder von UFOs und auch von fremden Wesen heimgesucht. So gibt es etwa Berichte über gerissene Rinder und andere Tiere, ähnlich wie in Hamburg, Arkansas, auch aus anderen Gebieten, in denen dieses seltsame Känguruh aufgetaucht war.

Die meisten dieser Orte waren schon zuvor Schauplatz seltsamer Erscheinungen, wie UFOs, dem Bigfoot oder merkwürdiger Himmelskörper, gewesen. Auch habe man hier in der Tat bis dahin unbekannte Tierarten gefunden. Loren Coleman berichtete, daß 1981 während der großen Känguruh-Hysterie das bis dahin unbekannte patagonische Meerschweinchen entdeckt wurde. 1974 versuchte man den Chicago-Hüpfer als kleinen südamerikanischen Kinkayo (eine Art Waschbär) zu erklären. Zieht man alle bedeutsamen Zufälle im Zusammenhang mit verirrten Tieren in ungewöhnlichem Lebensraum in Betracht, werden immer mehr Fragen aufgeworfen. Der wohl wichtigste Beitrag zur Lösung dieser Fragen stammt wohl von Loren Coleman, der als erster das Känguruh der Spezie der Maropoden zuordnete, zu deutsch „Großfüßler".

brochen. Beide Tiere wurden nie wieder gesehen.

Jedesmal, wenn ein Bericht über Begegnungen mit Känguruhs erscheint, überprüft die Polizei sofort alle Zoos, Wildparks und Besitzer exotischer Tiere, doch meist stellt sich eine Fehlanzeige heraus. Es gibt auch Spaßvögel, die sich ein exotisches Tier besorgen und in freier Wildbahn wieder aussetzen, aber bei Känguruhs ist das wohl eher unwahrscheinlich. Eine beliebte Theorie ist, daß Känguruhs aus Wanderzirkussen entkommen, doch fehlt es auch hierfür an stichfesten Beweisen. Am glaubwürdigsten ist wohl doch die Annahme, es handle sich um eine bislang unentdeckte Beuteltierart oder um einen außerordentlichen Fall von Sinnestäuschung.

Ein Killer-Känguruh?

Die folgende Geschichte soll die Theorie von der unentdeckten Tierart untermauern: Im Januar 1934 wurden die Bewohner von Hamburg, Arkansas, von einem Tier terrorisiert, das niemand zu identifizieren vermochte, das aber einem Känguruh ähnlich war. Pfarrer W. J. Hancock, der das Wesen gesehen hatte, sagte aus: „Es war schnell wie der Blitz und sah aus wie ein riesiges Känguruh, wie es so über die Felder hüpfte." In den folgenden Nächten wurden Hunde, Enten und Gänse gerissen. Trotz dieses für ein Känguruh ungewöhnlichen Verhaltens schrieb man diese Taten dem mysteriösen Tier zu. Suchtrupps verfolgten es bis in die Berge, wo sie dann seine Spuren verloren.

Je näher man solche Begebenheiten untersucht, umso weniger kommt man umhin, Parallelen zu anderen unerklärlichen Phänomenen zuzugeben. Die einen meinen, gewisse Orte werden aus uns unerklärlichen Gründen

Oben:
Das Patagonische Meerschweinchen wurde erst aufgrund der „Känguruh-Hysterie" in Tulsa 1981 entdeckt, ähnlich wie das amerikanische Kinkayu (rechts) bei Chicago 1974. Beobachten die Menschen durch solche Meldungen ihre Umgebung aufmerksamer und werden so unbekannte Tiere entdeckt, oder kommen diese Tiere wirklich erst in jüngster Zeit von irgendwoher?

Exotische Katzen

Aversionen gegen Katzen sind weitverbreitet, denn einmal sind diese Tiere schnell, sie gelten auch als hinterhältig und falsch, dazu können sie im Dunkeln gut sehen. Das gilt für den gefürchteten Puma wie für Hauskatzen. Als in England in freier Wildbahn Spuren von Großkatzen entdeckt wurden, reagierte die Öffentlichkeit fast hysterisch.

Auf den Spuren des Pumas von Surrey

Surrey ist eine typische Landschaft Englands: weites fruchtbares Land, unterbrochen von kleineren Stadtgebieten. Diese idyllische Gegend erregte in den sechziger Jahren große Aufmerksamkeit, als eine riesige amerikanische Wildkatze die Bevölkerung in Angst und Schrecken versetzte.

Jenen Morgen am Montag, dem 16. Juli 1962, wird Ernest Jellett wohl nicht so bald vergessen. Er arbeitete für die Mid-Wessex-Wasserbehörde und sollte das Heathy Park Reservoir nahe Fanham kontrollieren, das nur durch dichtbewachsenes Gebiet zu erreichen war. Jellett kannte die Gegend und ihre Tierwelt sehr gut. Es war auch nicht das Kaninchen, das am Wegesrand an ihm vorbeilief, das ihn erstaunte, sondern die riesige Katze, die ihm dicht auf den Fersen war.

Es geschah alles blitzschnell. Das Kaninchen entdeckte Jellett, machte kehrt und lief direkt auf die Katze zu, die sofort die Situation erfaßte und zuschnappte. Sie verfehlte aber ihr Ziel, wendete ebenfalls und hechtete seiner Beute nach. Als beide Tiere abermals auf Jellett zuliefen, gelang es ihm, sie durch lautes Schreien zu verjagen.

Er beschrieb die Katze als beigefarben, ähnlich einem kleinen Löwen. Sie hatte ein rundes Gesicht und einen langen, dicken, aber nicht buschigen Schwanz.

Als die Polizei später das Gebiet durchkämmte, fand sie nur niedergedrücktes Gras, auf dem ein „scheinbar großes Tier" gelegen haben mußte. Wenige Tage später war das Vieh auf einer nahegelegenen Weide auffallend unruhig. Dann sah eine Frau in der Nähe des Dorfes Crondall auf einem Feld ein Tier, das sie später anhand eines Tierbuches als einen südamerikanischen Jaguar identifizierte. So entstand im Laufe der Zeit und nach einer Serie von ähnlichen Vorfällen die Legende vom Puma von Surrey.

Die erste Beobachtung machte William Cobbet im 18. Jahrhundert, der in einer Zeitschrift von einem seltsamen, katzenähnlichen Tier in Surrey berichtete. Er behauptete, es um 1770 als Kind in einem Baum in der Nähe von Waverley gesehen zu haben. Seine Beschreibung hätte aber auch auf eine Wildkatze gepaßt, die es bis 1920 in Surrey noch gab. Andere Gesichtspunkte brachten Berichte aus den fünfziger Jahren, die mit einer Puma-Legende im Zusammenhang stehen könnten. Die detaillierteste Beschreibung stammt aus dem Jahre 1959 aus Preston Candovers, 8 Kilometer nordöstlich von Winchester.

Ein anderer Ortsansässiger, A. Burningham, beobachtete, als er des Abends die Landstraße entlang fuhr, eine „riesige Katze", die etwa 40 Meter vor ihm die Straße überquerte. Sie war etwas größer als ein Labrador, nur war der Gang weitaus geschmeidiger. Er hielt an und beobachtete das Tier, wie es sich im Schutz der Bäume an eine Schafherde heranpirschte. Er traute sich jedoch nicht auszusteigen und näher heranzugehen. Einen Reim auf seine Beobachtung konnte er sich erst machen, als er Jelletts Bericht in der Zeitung las.

Eine Lawine wurde ins Rollen gebracht, als im Sommer 1964 bei Farnham seltsame katzenartige Tiere gesehen wurden. Furchterregendes Geheul raubte den Anrainern die

Ganz unten:
Lebte in den sechziger Jahren in den Wäldern von Surrey eine große Katze? Ein pumaähnliches Tier, das sich leicht an das britische Klima hätte gewöhnen können, wurde hier des öfteren gesehen.

Unten:
A. Burningham sah Ende August 1959 auf dem Weg nach Godsfield Copse, südlich von Preston Candover, eine „riesige Katze". Sie hatte einen Kopf wie eine Katze, spitze Ohren, einen aufgestellten Schwanz und ein recht schmutziges Fell – vermutlich war es ein Puma.

Nachtruhe. „Es klang“, meinten sie, „als würden Hunderte von Katzen gequält werden.“ Zwei knapp aufeinanderfolgende Ereignisse sorgten für nationales Aufsehen.

Der Vorarbeiter der Bushylease Farm in Crondall, Edward Blanks, sah und hörte zwei Jahre lang von Zeit zu Zeit ein seltsames katzenähnliches Wesen, das er nicht einordnen konnte. Dann, im August 1964, ging eine Rinderherde durch, die offensichtlich erschreckt worden war. Eines der Tiere wurde dann gerissen im angrenzenden Wald gefunden. Ein Tierarzt, der den Kadaver untersuchte, konnte die Bißwunden keinem bekannten Tier zuordnen.

Ende August führten bewaffnete Farmer in den Wäldern der Umgebung regelrechte Suchaktionen nach dem „Crondall-Puma“ durch. Ihnen schloß sich Billy Davidson an, ein kanadischer Ranger und erfahrener Pumajäger, der zufällig seinen Urlaub in England verbrachte. Es gelang ihm zwar nicht, den Puma von Surrey zu fangen, doch fand er Spuren und einen Schlupfwinkel, die eindeutig von einer großen Katze herrührten.

Anfang September häuften sich die Beobachtungen so sehr, daß man schon an einem Massenausbruch aus einem Zoo glaubte. Man sah Pumas in Crondall und auf Farnham Common, und nachts brach das Geheule nicht ab. Die nächste Katze sah George Wisdom, der seine Mittagspause nützen wollte, einige Heidelbeeren in Munstead Heath zu sammeln. Als aus einem Gebüsch ein Tier auftauchte und ihn wild anfauchte, verzichtete er darauf und suchte das Weite.

Seine Beschreibung von dem Puma war die erste, die veröffentlicht wurde. Drei Tage später fand man auf der frischen Sandstrecke einer Trabrennbahn auf einer Länge von 800 Metern Fußspuren von 15 Zentimeter Durchmesser, die von Londoner Zoologen als Pumaspuren identifiziert wurden. Gerade Fährten sind wohl der beste Beweis, um ein Tier zu identifizieren. Doch entweder erweisen sie sich als Pfotenabdrücke von Hunden oder Füchsen oder sind zu undeutlich und somit unbrauchbar. Nur zwei wurden bislang eindeutig als Pumaspuren identifiziert: eine bei Hurtwood Common und die bei Munstead.

Die meisten Experten waren sich einig, daß die Spuren von Munstead von einer großen Katze stammen, vermutlich von einem Puma. Der Naturwissenschaftler Dr. Maurice Burton, der ganz in der Nähe lebt und somit direkt mit der Geschichte konfrontiert war

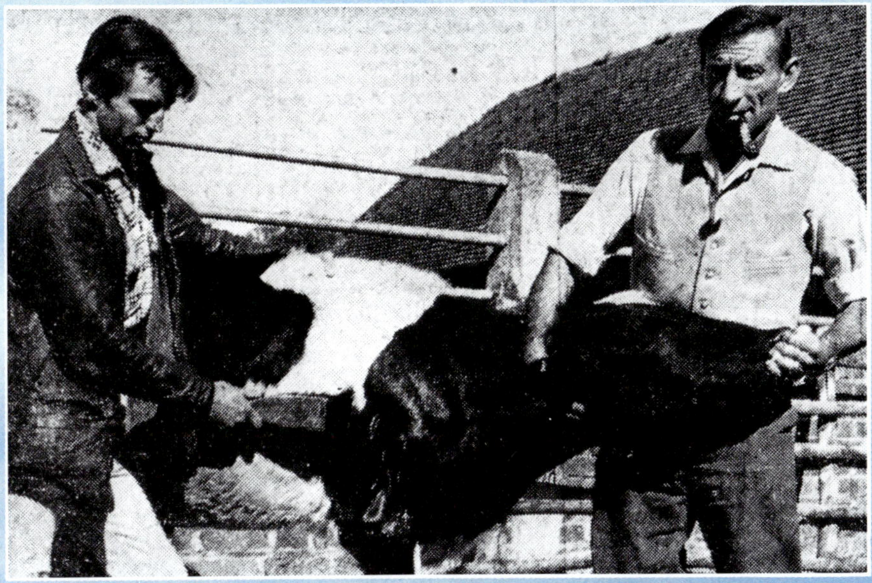

Oben:
Edward Blanks und sein Sohn (links) zeigen einen Ochsen, der im August 1964 offensichtlich von einem Puma angefallen wurde. E. Blanks erzählte, das Raubtier hätte sich sieben Jahre lang in dieser Gegend herumgetrieben und immer im März seine Farm heimgesucht. Die Familie gewöhnte sich mit der Zeit daran, außerdem richtete der Puma kaum Schaden an und tötete nur wenige Tiere, die er als Nahrung brauchte. Dieser Ochse hatte sich bald von seinen Verletzungen erholt.

(und sie in Zweifel zog), meinte, auch große Hunde hinterließen unter gewissen Umständen ähnliche Abdrücke. So war in der Nacht, in der die Spuren gefunden wurden, ein Bernhardiner entlaufen, außerdem gab es auch zahlreiche Bluthunde in der Umgebung.

Manche behaupteten in der Tat, die vermeintlichen Pumaspuren ähnelten mehr denen eines Bluthundes, aber es ist doch merkwürdig, daß ein Hund jemanden anfaucht, wie dies bei Wisdom der Fall war. Wisdom ging kurz darauf in den Zoo, um das Tier, das er gesehen hatte, zu suchen. Er wurde auch fündig: Er fand seinen „Hund" in einem Käfig mit der Aufschrift „Puma".

Von nun an trafen wöchentlich Meldungen von gesichteten Pumas ein. Die Polizei von Godalming stellte einen speziellen Käfig bereit und arbeitete einen Alarmplan aus, um das „Munstead Monster", wie sie es nannten, einzufangen. Die Öffentlichkeit wurde aufgerufen, zweckdienliche Hinweise sofort der Polizei zu melden, und man hielt ständigen Kontakt zu Zoologen und dem Tierschutzverein. Die Polizei führte genauestens Buch über Beobachtungen und unklare Verletzungen von Vieh. Bis 1968 wurden 362 Eintragungen gemacht, aber die Dunkelziffer liegt wohl weit höher.

Auf Safari in Surrey

1966 faßte man den Plan, den Puma zu fangen, und führte zahlreiche Safaris durch. Zu den Pumajägern gesellten sich erfahrene Großwildjäger und Sonntagsjäger, die für eine Spende für wohltätige Zwecke ihre „Jagderlaubnis" in den örtlichen Kneipen erhielten. Was all diese Jäger gemeinsam hatten, war der Mißerfolg, der ihnen beschert war. 1968 riß die Puma-Hysterie endgültig ab, als das Gerücht umging, ein Farmer habe den Puma erschossen, obgleich es keine Beweise dafür gibt, da weder Fell noch Kadaver des Tieres jemals aufgetaucht sind.

Die Legende aber lebt weiter; man ist überzeugt, den Puma gesehen zu haben, und auch heute noch treffen aus Südostengland Berichte über Großkatzen ein, die dort ihr Unwesen treiben sollen; wie etwa aus Guildfort im September oder aus Hastings im Dezember 1980. Auch wenn sich so manches zum Schluß als Gerücht herausstellt, ist doch nicht eindeutig widerlegt, daß in Surrey nicht doch ein Puma lebt. Es ist vielleicht unwahrscheinlich, aber keinesfalls unmöglich. Die klimatischen Verhältnisse sind hier für einen Puma günstiger als in seinem eigentlichen Lebensraum in Amerika. Es herrscht kein Mangel an Nahrung. Einem Puma genügen 10 Kaninchen pro Tag, und hier gibt es sie zu Tausenden. Surrey gehört zu den dichtest bewaldeten Gebieten Englands, so daß Nachttiere wochenlang herumstreunen können, ohne jemals gesehen zu werden.

Aber wo mag dieser Puma hergekommen sein? 1964 existierten offiziell nur 23 Pumas in Großbritannien, alle in sicherer Verwahrung. Der Puma von Surrey muß daher vielleicht illegal importiert worden, dann entkommen oder freigelassen worden sein. Sollte dies zutreffen, muß er um 1958 herum als Junges nach England geschmuggelt worden sein.

Für diese Theorie sprechen Beobachtungen vom August 1959, Juli 1962 oder Januar 1963, die alle von einem jungen Puma, einem jungen Jaguar oder Luchs sprechen. Doch gibt es auch andererseits eine Meldung von einen riesigen Löwen bei Fleet 1959. Bei einer Puma-Ausstellung erzählte ein Junge, er kenne eine Familie, die drei Pumajunge freigelassen hätte. Er verschwand aber dann, bevor man ihn zu dieser Geschichte noch näher hätte befragen können. Wenn das kein Schwindel war, wäre das die Antwort auf alle Fragen – aber da wir nie erfahren werden, ob er die Wahrheit gesagt hat, müssen wir uns weiterhin an mühsam zusammengetragene, oft widersprüchliche Fakten halten.

Im September 1964 pflückte George Wisdom hier Beeren, als ihn ein großes, katzenartiges Tier anfauchte. Drei Tage später fand man in der Nähe seltsame Fußabdrücke, die von Experten eindeutig als die eines Pumas identifiziert wurden.

Unten:
1969 sicherte die Polizei diese Abdrücke eines „Pumas" in der Nähe des Bramley Golf-Clubs.

Der Puma, auch bekannt als Silber- oder Berglöwe, ist ein scheues Tier, das meist nachts seine Beute jagt. Seine Heimat ist Amerika, er gilt als überaus anpassungsfähig und lebt vorwiegend in Wäldern und in den Bergen. Ein ausgewachsener Puma erreicht eine Länge von 1,5 und eine Höhe von etwa 1 Meter. Sein Fell ist beige bis ocker.

Es mangelt zwar nicht an Meldungen über Pumas, doch sind die Beschreibungen ungenau. Außerdem ist es ziemlich unglaubwürdig, daß ein so scheues Nachttier sich am hellichten Tag in der Nähe von Städten aufhält. Die Tiere werden meist auch als viel zu klein für Pumas beschrieben. Nur die Farbe paßt eindeutig zu einem Berglöwen, doch werden viele dieser Katzen auch als schwarz beschrieben. Schwarze Pumas sind aber äußerst selten, also stehen wir zwei Möglichkeiten gegenüber, die zusammengenommen höchst unwahrscheinlich sind: Entweder leben zwei Pumas in Surrey, von denen einer der Farbe nach noch zu einem sehr seltenen Exemplar gehört, oder es handelt sich um einen Puma und einen Panther.

Viele Leute konnten das, was sie entdeckt haben, überhaupt nicht einwandfrei erkennen. Den Beschreibungen nach können es Hunde gewesen sein, Katzen, Füchse oder Wild, und viele haben mit Sicherheit keine Pumas gesehen. Andere bemerkten das Tier in weiter Entfernung oder bei Nacht. Viele Meldungen stammen von Städtern, die nicht viel Ahnung von der Tierwelt haben und deren Phantasie erst durch die Pumageschichten angeregt wird. Eben diese Leute sehen dann in der Nachbarskatze gleich einen ausgewachsenen Puma. So stellen sich drei Viertel aller Berichte als falsch heraus.

Mitte 1960 erreichten die Geschichten über den Puma von Surrey ihren Höhepunkt, und obgleich vielfach behauptet wird, er sei 1968 erlegt worden, gehen immer noch Meldungen ein, werden Abdrücke gefunden, wie diese hier, welche die 17jährige Gwen Fraser in ihrem Garten in Farnborough entdeckte.

Eine kamerascheue Katze

Leider gibt es sehr wenige Fotos, die Aufschluß geben könnten. Eine Aufnahme auf der ein Puma in einem Garten in Farnham zu sehen sein soll, ist unauffindbar. Eine Reihe von Fotos aus dem Jahre 1977 sind kaum identifizierbar. Das Tier auf den Bildern zweier ehemaliger Polizeifotografen ist eher einer größeren Hauskatze ähnlich, doch schloß ein Zoologe die Möglichkeit nicht aus, es handle sich um ein Pumaweibchen.

Auch wäre es ein hilfreicher Beweis, ein gerissenes Tier mit Bißwunden von einer Katze zu finden. Pumas bringen ihre Beute zu Fall, indem sie sich auf sie stürzen und dann Kehle und Brust zerbeißen. Manche Farmer sind geneigt, alle Angriffe auf Rinder in der Gegend dem Puma zuzuschreiben, was natürlich auf massiven Widerstand stößt. Rund 6000 Stück Vieh werden jährlich gerissen, meist von Hunden. Sie können enorme Verletzungen zufügen und oft ganze Körperteile abreißen. Im Fall eines gerissenen Wildes nahm man allgemein an, es sei das Werk eines Pumas gewesen. Tatsächlich stellte man ungewöhnliche Reißwunden an dem Kadaver fest.

Es gibt nur wenige und kaum informative Fotos des Pumas von Surrey. Dieses wurde 1966 in Worplesdon aufgenommen und soll den Puma zeigen, obgleich das Tier eher einer ganz normalen Hauskatze gleicht.

Und da ist noch dieses furchterregende Gejaule. Es könnte das Geschrei von Füchsen, von Dachsen oder von Eulen sein. Alle Untersuchungen sprechen für einen Fuchs: Der Ruf läufiger Füchsinnen kann oft durch Mark und Bein gehen. Bleiben noch die Meldungen der Bauern zu analysieren, die sicherlich mit den Lauten der Tierwelt bestens vertraut, von Geheule berichteten, daß sie beim besten Willen nicht einordnen konnten. Bis jetzt sind wir von der Annahme ausgegangen, es gäbe gar keinen Puma oder es handle sich um ein entsprungenes Exemplar. Es gibt aber auch andere Theorien dafür, wie ein Tier, das eigentlich nicht dorthin gehört, doch so oft gesehen werden kann.

Manche behaupteten, UFOs seien schuld, von denen schon viele über Surrey gesichtet worden sind, genau dort, wo der Puma sein Unwesen treiben soll. Andere bieten noch weitaus seltsamere Lösungen an. Sie sprechen von Zeitverschiebung, Gedankenübertragung, Bermudadreieck und ähnlichem. Theorien, die sich allesamt als zu weit hergeholt erweisen.

Es kann also nicht mit eindeutiger Sicherheit bewiesen werden, daß in den Bergen von Surrey einst ein Puma lebte. Es ist aber ziemlich wahrscheinlich, daß in den sechziger Jahren ein Exemplar sich dort niedergelassen hat, aber weder Mensch noch Tier bedrohte. Aber ob das nun der Wirklichkeit entspricht oder nicht – er wird weiterleben in den Überlieferungen der Region.

Der Fluch auf Killakee?

Von der Zeit, da der sogenannte Fegefeuerklub von Dublin zum ersten Male tagte, bis zu den Irlandunruhen von heute, liegt ein Fluch über Killakee, der Gewalt und Blutvergießen über das Haus bringt. Eine übernatürliche Bestie soll das Anwesen seit Jahrhunderten heimsuchen.

Edward Bulwer-Lyttons Geschichte (unten) schließt die Möglichkeit nicht aus, daß Geister von ihren „Opfern" heraufbeschworen werden. War dies auch der Fall im Haus von Killakee?

Eine berühmte Geschichte über Spuk und Spukgestalten stammt von E. Bulwer-Lytton, einem Schriftsteller aus der Zeit Königin Viktorias. Dieser Autor von Schauergeschichten stellte einen Zusammenhang zwischen einem Geisterhaus und den Menschen her, denen ein Geist in irgendeiner Weise erscheint. Es ist nach Meinung Bulwers kein Zufall, wenn ein Geist erscheint. Dies gilt im besonderen für die zahlreichen Poltergeist-Fälle. Vor allem Jugendlichen widerfahren solche Begegnungen, und Wissenschaftler behaupten, die Erscheinungen seien ein geistiges Produkt der Opfer beziehungsweise das Resultat eines Traums Jugendlicher. In anderen Fällen fungiert der „Besessene" quasi als Katalysator für einen anwesenden Geist und erweckt ihn durch seine eigene Anwesenheit zu Leben.

Eine Kombination all dieser Faktoren mag wohl den Hintergrund bilden, für die zahlreichen seltsamen Ereignisse im Haus von Killakee bei Dublin in den späten sechziger und frühen siebziger Jahren. Das Phänomen begann, als neue Besitzer in das Haus einzogen und endete schlagartig, als sie es wieder verließen.

Killakee liegt am Fuße des Wicklow-Gebirges über der Stadt Dublin und wurde im frühen 18. Jahrhundert erbaut, als Mitgift für die Familie Massey. Es ist ein festes Steinhaus mit einem kleinen Turm. Hinter dem Gebäude erhebt sich steil der Montpellier genannte Hügel, dessen Pfade heute von den zahlreichen Touristen, ausgetreten sind. Auf dem Gipfel steht eine ausgebrannte Jagdhütte, die der Earl of Rosse im 18. Jahrhundert erbauen ließ und als Hauptquartier für den Fegefeuerklub von Dublin diente.

Der Earl of Rosse hatte einen besonders makabren Humor und haßte schwarze Katzen. Er hielt des öfteren Gericht in der Eagle Taverne am Cork Hill in Dublin, und einmal versetzte er die Einwohner in Angst und Schrecken, indem er eine schwarze Katze anzündete und belustigt zusah, wie sie schreiend den Hügel hinunterrannte. Die Bewohner von Dublin glaubten, den leibhaftigen Teufel zu sehen.

Rosse tobte seine sadistischen und abnormen Neigungen in der Jagdhütte auf dem Hügel von Montpellier aus. Einmal – nach einer schwarzen Messe – ließ er eine schwarze Katze verehren, weil Satan ihm nicht erschienen war. Auch erzählte man sich, er und seine Anhänger hätten während einer solchen Messe einen kleinen mißgebildeten, zurückgebliebenen Zwerg erschlagen. Kurze Zeit später brannte die Jagdhütte nieder.

Rosse hatte stets viele Kumpane um sich, und Haus Killakee war oft Schauplatz grausamer Spiele. Es gab zahlreiche Duelle, die mindestens drei Todesopfer forderten.

Links:
Tom McAsseys Zeichnung von der schwarzen Katze von Killakee, die ihn und zwei Freunde in jener Nacht des Jahres 1968 zu Tode erschreckte. Das Bild hängt heute noch in dem Haus, in dem ein Künstlertreff eingerichtet wurde.

Unten:
Killakee steht am Fuße eines Hügels mit der ausgebrannten Ruine des Fegefeuerklubs. Bevor diese Gebäude errichtet wurden, befand sich auf dem Gipfel des Hügels ein prähistorisches Grab.

Die Gewalt reißt nicht ab

Eine Zeitlang herrschte Frieden im Haus, doch zu Beginn des 20. Jahrhunderts kam es wieder zu Blutvergießen. Das Haus gehörte damals der Gräfin Constance Markievicz, der „Roten Gräfin". Sie war befreundet mit William Butler Yeats, dem Verfasser zahlreicher mystischer Romane und wurde als erste Frau in das Unterhaus gewählt, wo sie ihr Mandat allerdings nie wahrnahm. Sie beteiligte sich an dem Aufstand von 1916 und fünf IRA-Kämpfer starben in ihrem Haus. Killakee und seine Umgebung haben wohl mehr Tod und Gewalt gesehen als irgendein anderes Spukhaus Englands.

Eine Weile war Killakee dann unbewohnt, bis Ende der sechziger Jahre Margaret O'Brien das Haus käuflich erwarb, um mit einigen Künstlerkollegen dort einzuziehen. Sie plante, hier Ausstellungen zu veranstalten und Ateliers einzurichten. Schon als sie 1968 einzog, hatte sie Geschichten gehört, von einer schwarzen Katze, so groß wie ein Hund, die hier spuken soll. „Spuken" war insofern ein überaus treffender Ausdruck, weil diese Katze schon über 50 Jahre in dem Haus leben soll. Diese Storys fielen ihr wieder ein, als sie ein großes, schwarzes Tier in ihrem Garten sah, das im Gebüsch verschwand. Sie dachte aber nicht mehr daran, bis zu jenem Abend, an dem Tom McAssey, ein Künstler aus Dublin, ein

furchterregendes Erlebnis widerfuhr. Sie renovierten gerade die Halle, die in einen großen Raum, den ehemaligen Ballsaal, führte:

„Ich hatte gerade die schwere Vordertür mit einem 15 Zentimeter dicken Bolzen verriegelt, als sie wieder aufging. Erstaunt schoben wir den Riegel wieder vor. Doch ehe wir die Halle erreicht hatten, flog die Tür wieder auf und draußen im Dunkeln sahen wir ein großes, schwarzes Tier. Wir dachten zuerst, jemand erlaubte sich einen Scherz mit uns und ich rief: ‚Komm rein, wir haben dich gesehen.' Eine tiefe, heisere Stimme antwortete: ‚Ihr könnt mich gar nicht sehen. Ihr dürft diese Tür niemals schließen!' Wir haben alle diese Stimme deutlich gehört. Meine beiden Helfer ergriffen sofort die Flucht. Ein langgezogenes Schnaufen ertönte aus der Dunkelheit. Ich schlug die schwere Tür ins Schloß und lief davon. Auf halbem Weg sah ich mich noch einmal um. Die Tür stand wieder weit offen, und eine riesige schwarze Katze schlich durch die Halle und fixierte mich mit ihren glutroten Augen."

Neben Killakee wohnte Val McGann in einem Wohnwagen. Der ehemalige Meister im Stabhochsprung war inzwischen Maler geworden und stellte seine Bilder in der Galerie von Killakee aus. McAsseys Geschichte überraschte ihn keineswegs, denn auch er hatte die große Katze schon des öfteren im Unterholz bemerkt: „Als ich sie das erste Mal sah, war ich starr vor Schreck, aber dann faszinierte mich eher die ungeheure Größe des Tieres. Es war so groß wie ein Hund und hatte furchterregende Augen. Ich habe ihm sogar schon einmal mit dem Gewehr aufgelauert, es ist mir aber noch nie gelungen, es zu erwischen."

Wenige Monate nach McAsseys Erlebnis erschien der Geist noch Arbeitern und Künstlern auf Killakee, meistens nachts. Zwei Männer dachten, es sei eine Nonne, die eines mittags mit dem Rücken zu ihnen im Ballsaal stand. Als sie näher kamen, verschwand sie und ward weder im Haus noch im Garten wieder gefunden.

Angeregt durch die Berichte in der Zeitung und im Rundfunk, überredeten einige bekannte Dubliner Showstars Margaret O'Brien zu einer Seance auf Killakee. Sie luden auch einen Illusionisten ein, der herausfinden sollte, ob es sich um irgendeinen Trick handelte. Es wurden Karten mit den Buchstaben des Alphabets auf einem Tisch im Kreis aufgelegt und ein umgestülptes Glas in der Mitte plaziert. Jeder Teilnehmer legte einen Finger auf dieses Glas. Bei längerer Konzentration beginnt es über den Tisch zu gleiten, von einem Buchstaben zum anderen und bildet so selbständig Wörter. Die Gruppe bat den Geist von Killakee zu erscheinen, doch die Antworten waren verworren. Zweimal allerdings wäre fast das Licht ausgegangen, obgleich die Sicherungen vollkommen in Ordnung waren.

Zwei Tage später spitzten sich die Ereignisse dramatisch zu. Man hörte Poltern und Klopfen, das Licht spielte verrückt.

Glockengeläute bei Nacht

Eine ganze Nacht lang hörten die Bewohner Killakees die Türklingel, obgleich sie schon vor Jahren abmontiert worden war. Wohl nicht so bedeutsam, aber doch seltsam war die Tatsache, daß keiner der sechs Bewohner nachts schlafen konnte, sie sich alle die ganze Nacht im Bett wälzten und erst nach Sonnenaufgang etwas Schlaf fanden.

Etwa vier Tage nach der Seance hörten alle einen dumpfen Knall. Sie gingen nachsehen, was geschehen war. Möbel, zum Teil aus verschlossenen Zimmern, lagen verstreut im ganzen Raum. Nur ein Tudorstuhl war fein säuberlich zerlegt, die Nägel in Reih und Glied daneben aufgereiht. Der zweite Sessel dieser Art war in kleine Stücke zerschlagen worden.

Nach dieser Nacht kehrte für einige Zeit Ruhe ein, bevor der Geist seine Vorliebe für die Kunstwerke, die in der Galerie ausgestellt waren, entdeckte. Keramiken lagen zertrümmert auf dem Boden, Ölgemälde wurden in Stücke gerissen. Margaret O'Brien wandte sich an einen Priester um Hilfe, der auf Killakee auch eine Teufelsaustreibung vornahm.

Frau O'Brien hatte das Haus noch nicht vollständig eingerichtet. Unter anderem fehlte ein Kühlschrank, und so bat sie den Milchmann, die Milch in einem kleinen Bach beim Haus abzustellen, wo sie kühl blieb. Nach der Teufelsaustreibung verschwanden alle Aluminiumdeckel von den Milchflaschen. Frau O'Brien glaubte zunächst, eine Elster habe sie gestohlen, und ließ eine Steinkiste mit einem schweren Steindeckel für die Milch in den

Links:
Gräfin Markievicz wohnte eine Zeitlang auf Killakee. Für ihre Teilnahme an dem Aufstand 1916 wurde sie zum Tode verurteilt, später zu lebenslanger Zwangsarbeit begnadigt und 1917 allerdings freigelassen. Sie spielte eine wichtige Rolle in der irischen Politik.

Unten:
Die berüchtigte Jagdhütte, die als Zentrum des Fegefeuerklubs diente. Sie wurde um 1725 erbaut und bietet einen wunderbaren Ausblick über die Berge und Wälder der Umgebung. Unter mysteriösen Umständen brannte sie aber nieder, vermutlich während einer der schwarzen Messen des Klubs.

Oben:
Die damals noch legalen Duelle forderten auf Killakee mehrere Todesopfer. Es diente als Ersatz für einen Prozeß, wobei der in seiner Ehre verletzte, seinen Gegner herausfordern konnte. Selbst nach dem offiziellen Duellverbot war diese Form der persönlichen Satisfaktion unter Militärangehörigen gang und gäbe und wurde erst Mitte des 19. Jahrhunderts endgültig abgeschafft.

Bach bauen. Es half nichts, die Aluminiumverschlüsse verschwanden trotzdem.

Der Humor der Geister

Die Geister hatten offensichtlich Sinn für Humor. Mit übersinnlichen Mitteln ließen sie Gegenstände erscheinen und sich wieder verflüchtigen. Während die Deckel der Milchflaschen im Garten verschwanden, tauchten sie überall im Haus wieder auf, aber in Form von Hütchen. Frau O'Brien hatte es sich inzwischen zur Gewohnheit gemacht, vor dem Schlafengehen alle Fenster und Türen zu verriegeln. Trotzdem fand sie die Deckel im ganzen Haus an den unmöglichsten Stellen: an Bilderhaken, hinter der Tür, im Rosenbeet.

Ende 1970 hörte der Spuk mit den Deckeln auf. Nur ein seltsames Klopfen war in der Nacht noch dann und wann zu hören. Wenige Monate später sollte eine grausige Entdeckung der ganzen Geistergeschichte von Killakee eine noch furchterregendere Wendung geben. Beim Auswechseln der Wasserrohre stießen die Arbeiter in der Küche auf ein Grab im Boden, das das Skelett eines mißgebildeten Zwerges mit einem großen Kopf barg. Dieser Fund rief jenes Gerücht wieder wach, das man sich vor so vielen Jahren vom Fegefeuerklub erzählt hatte. In dem Grab lag auch die Bronzefigur eines Teufels, der eine lange Nase zeigte.

Noch einmal wurde der Priester gerufen, diesmal um der armen Kreatur ein christliches Begräbnis zu geben. Sechs Jahre später – der Spuk war schon lange vorbei – verkaufte Margaret O'Brien das Anwesen.

War die schwarze Katze von Killakee, die Tom McAssey später in Öl malte, so wie er sie gesehen hatte, ein Geist, der im Haus wohnte, oder wurde er nur von seinen Bewohnern zum Leben erweckt? Waren die Stimmen, das Klingeln und die zerbrochenen Möbel eine Folge der Séance? Oder war es der Geist dieses armen erschlagenen Zwerges, der den ganzen Spuk verursachte, so wie es die Legende erzählte?

Die Antwort werden wir wohl nie erfahren, mit Sicherheit aber wissen wir, daß es in dem Haus seit 1977, als Joseph Frei ein Künstlerrestaurant auf Killakee eröffnete, kein einziges Mal gespukt hat. Er meinte dazu: „Die Vorbesitzer hatten wohl – sagen wir – etwas Pech mit diesem Haus, aber ich und meine Familie sind sehr glücklich hier. Vielleicht gefällt den Geistern was wir hier in ihrem Spukhaus machen und lassen uns deshalb in Ruhe."

Große Katzen, großartige Geschichten?

Tiere, die in der Nacht erscheinen, entpuppen sich meist als größere Hunde oder ähnliches. Schwieriger ist es da schon, Erklärungen für Berichte zu finden, wonach ein Puma am hellichten Tag gesehen wurde, wo also Irrtümer ziemlich ausgeschlossen sind. Hier greift man gerne zur Theorie vom ausgesetzten oder aus einem Zoo entlaufenen Tier, was aber sicherlich nicht alle Beobachtungen erklärt. Schon die Berichte aus Surrey behielten einen unaufgeklärten mysteriösen Rest.

Diese großen Katzen, die so schwer zu fassen sind, werden auch von jenen gesehen, die gezielt Jagd auf sie machen. Ein „Leopard" sprang im Juli 1963 über die Kühlerhaube eines Polizeiwagens. Das Tier wurde zuerst von dem LKW-Fahrer David Bach bemerkt, der bei Shooter Hills anhielt, um einem – wie er glaubte – verletzten Hund am Straßenrand zu helfen. Er berichtete später: „Es war 1.00 Uhr morgens. Ich ging auf das Tier zu, als es sich aufrichtete. Ich wußte sofort, es war kein Hund. Es hatte viel längere Beine und einen langen aufgestellten Schwanz. Es hatte die Beute noch im Maul und lief in den Wald. Als ein Polizeiwagen in dieser Gegend patroullierte, sprang der „Leopard" über die Kühlerhaube. Die Beamten forderten Verstärkung an und zum Schluß durchkämmten 126 Polizisten, 21 Hunde, 30 Soldaten und Tierschutzverein ein Gebiet von 340 Hektar. Sie fanden lediglich Fußabdrücke in einem schlammigen Flußbett.

Unten:
Shooters Hill, südöstlich von London, am 18. Juli 1963: Polizisten, Soldaten und Zivilisten, unter ihnen Schüler, auf der Jagd nach dem Leoparden, den ein LKW-Fahrer und Polizisten gesehen haben wollen. Die Meldung wurde ernst genommen, und die Jäger bewaffneten sich sogar mit Äxten und Hockeyschlägern.

Ganz oben:
Motorisierte Polizei beteiligt sich an der Jagd in Shooters Hill, für den Fall, daß man den Leoparden aufspürte, der immerhin eine Geschwindigkeit von 95 km/h erreichen kann.

Oben:
Die wenigsten Briten sind in der Lage, Großkatzen auf Anhieb zu identifizieren. Ihre Beschreibungen sind oft so vage, daß sie selbst Experten nicht weiterhelfen. Das Bild zeigt einen nordamerikanischen Puma (auch Berglöwe oder Silberlöwe genannt).

Auch ein Einsatz eine Woche später aufgrund einer Meldung von einem gesichteten Puma brachte keinen Erfolg.

Während der sechziger und siebziger Jahre wurden Pumas nicht nur in Surrey gesehen. Auch aus anderen Teilen Englands wurde von seltsamen Großkatzen, vor allem im ländlichen Gebiet von New Forest, Hamphire, berichtet. Im September 1972 tauchte ein Tier auf, dessen Beschreibung auf einen Puma paßte. Stuart Cron (12) und seine Brüder Andrew (10) und Donald (6) führten ihren Hund spazieren, als sie am Waldrand ein großes Tier umherstreunen sahen. Andrew pirschte sich am nächsten heran und berichtete später:

> „Es war größer als ein Schäferhund und sah aus wie eine Katze. Es hatte einen großen Kopf und aufstehende Ohren wie eine Katze und böse Augen. Sein Fell war hellbraun."

Andrew schlug die Hundeleine gegen das Tier, das aufsprang und weglief. Die Buben rannten erschrocken davon, dicht gefolgt von ihrem Schäferhund, der normalerweise allem nachjagte, was sich bewegte. Die Mutter der drei Jungen hatte früher schon einmal große Pfotenspuren ganz in der Nähe gesehen, wobei auch Krallen deutlich erkennbar waren, obwohl Wildkatzen im allgemeinen beim Laufen die Krallen einziehen. Was also ist dieses Tier? Eine Katze, ein Hund oder keines von beiden?

Alle Berichte über gesichtete Großkatzen in Großbritannien hier aufzuzählen, würde Bücher füllen. Konzentrieren wir uns vor allem auf Meldungen der späten siebziger Jahre, die ebenso interessant sind, wie die früheren.

Anfang 1974 erschien in Faversham im Südosten Englands ein schwarzer „Puma". Bekanntlich kommen diese äußerst seltenen schwarzen Pumas, auch Panther genannt, in den USA öfters vor. In Großbritannien soll es sie überhaupt nicht geben. Trotzdem ist Farmer Flood überzeugt, einen Panther gesehen zu haben. „Zuerst dachten alle, es sei eine gewöhnliche Hauskatze, aber es war ja viel größer." Die Pfotenabdrücke bei der Farm wurden als Hundespuren identifiziert, aber die Farmer waren von dieser offiziellen Erklärung nicht ganz überzeugt. Fast immer stellt sich die Frage, war es ein Hund oder eine Katze?

Eine Katze, so groß wie ein Pony

1979 wurden einige schwarze Katzen in Südengland gesehen. Colin Carter ging bei Eastbourne in Sussex spazieren, als eine schwarze Katze, so groß wie ein Pony, seinen Weg kreuzte und im Dickicht verschwand. 25 Kilometer weiter gingen Anfang September John und Frances Clarke durch den Tilgate-Wald bei Crawley in Sussex, als sie in etwa 70 bis 90 Meter Entfernung eine großes katzenartiges Tier bemerkten, das regungslos auf einer Anhöhe stand. John stieß einen Pfiff aus, worauf das Tier ins Unterholz flüchtete. Es war 60 bis 70 Zentimeter hoch, hatte einen kleinen Kopf, aufstehende Ohren und einen langen Schwanz. Sein Fell war dunkel, entweder dunkelbraun oder schwarz.

Zu Beginn der achtziger Jahre tauchte der Puma von Surrey wieder auf. Am 27. Juni 1980, als Vivien Wilkinson um 5 Uhr morgens aus dem Fenster blickte, sah sie eine braune Katze durch ihren Garten streunen. Als sie durch ein Loch in ihrem Zaun wieder verschwand, fiel ihr der dicke Schwanz auf, der bis zum Boden reichte. Das Tier war etwas größer als ein Setter.

Pumas wurden jedoch nicht nur im Süden Englands gesehen. Ende der achtziger Jahre kamen Meldungen aus Wolverhampton in den West Midlands. Den ersten sah ein Lehrer in der Nähe eines aufgegebenen Bahnhofs. Er konnte ihn aus einer Entfernung von etwa 50 Metern. 5 Minuten lang beobachten. Das Tier hatte ein braunes Fell, einen katzenähnlichen Kopf, hochstehende kleine Ohren, kurze, dikke Beine und einen dicken Schwanz. Es folgten weitere Berichte, wobei unter anderem ein Hund von diesem Tier angefallen worden sein soll. Mike Williams, der Inspektor des Dudley-Zoos, beschloß, der Sache nachzugehen und fuhr mit seinem Chauffeur an den Schauplatz, wo das Tier zum letzten Mal bemerkt worden sein soll. Sie hatten enormes Glück und bekamen das Wesen auch tatsächlich zu Gesicht, allerdings nur auf eine Entfernung von 250 Meter. Sie folgten dem Tier etwa 15 Minuten, bevor sie es aus den Augen verloren. Eine sofort eingeleitete Suchaktion der Polizei blieb ergebnislos.

Williams zögerte allerdings, das Tier mit eindeutiger Sicherheit als Puma zu identifizieren. Er berichtete:

> „Alan (der Chauffeur) und ich sind der Meinung, das Tier war eindeutig zu groß für einen Fuchs. Es hatte sehr viel mit einer Katze gemein, doch leider konnten wir nicht nahe genug heran, um es eindeutig identifizieren zu können. Wäre es ein gro-

Katzen, die in England gesehen worden sein sollen und solche, die wirklich dort leben. Der Luchs (oben) hat markante Ohren und abstehende Haarbüschel an den Seiten. Seine Heimat ist Nordeuropa und Nordamerika. Größe und Erscheinung der Wildkatze (ganz oben rechts) ähnelt der in Großbritannien heimischen Tigerkatze, nur ist sie wilder. Der Leopard (oben rechts) ist schlank und muskulös. Seine Heimat sind die weiten Ebenen Afrikas und Indiens. Sollte es Exemplare auch in England geben, könnten sie sicher nicht in offenen Gebieten leben.

ßer brauner Hund gewesen, hätte ihn die Polizei sicherlich schon gefunden."

Er meinte auch, es wäre ihm kein Fall eines illegal gehaltenen oder freigelassenen Pumas bekannt geworden. Es seien auch keine aus einem Zoo entlaufen. Ein ähnliches – oder vielleicht dasselbe Tier – wurde dann im März 1981 ganz in der Nähe beobachtet, als es ein Gerüst entlangkletterte und dann durch eine Fensteröffnung in einem Rohbau verschwand. Es war etwas über 1 Meter lang, dunkelbraun, mit einem Kopf und Ohren wie eine Katze und einem langen Schwanz.

Trotz seiner weiten, unbewohnten Gegenden, den Bergen, Sümpfen und einsamen Wäldern gibt es kaum Berichte über große Katzen aus Wales. Die gerissenen Schafe werden eher verwilderten Hunden angelastet als möglichen Wildkatzen. Im Oktober 1980 jedoch blickte ganz Großbritannien nach Wales, als die Meldung durch die Medien ging, ein Farmer aus Llangurig hätte eine große Katze in seinem Schuppen gefangen. Presse, Rundfunk und Polizei versammelten sich auf seiner Farm, doch das Tier blieb verschwunden. Ein Farmer meinte, die Polizei habe mit ihrer Hämmerei gegen die Scheunenwand das Tier verjagt. Es sei durch ein Loch in der Wand entkommen, um sich ein ruhigeres Plätzchen zu suchen. Zurück blieb eine leere Scheune und nasses, seltsam niedergedrücktes, mit Kot beschmutztes Stroh.

Rechts:
Zweifellos das Bild eines Pumas in England. Doch die acht Monate alte Sheba war ihrem Besitzer entkommen, der sie im Garten gehalten hatte. Sie wurde mit einem Betäubungsgewehr eingefangen und in den Zoo gebracht. Dieses Ereignis ging 1975 durch die Presse unter den Schlagzeilen „Safari im dunklen Hampshire"?

Rechts:
Dieser Bau im Stroh in einer Scheune von Llangurig, Wales, diente im Oktober 1980 einem nicht identifizierten Tier als Unterschlupf. Polizisten und Journalisten umstellten eine Nacht lang die Scheune, konnten aber keine große Katze entdecken.

Unten:
Ein seltsamer Pfotenabdruck nahe der Scheune. Experten tippten auf einen Hund, trotzdem trafen in den folgenden Monaten immer mehr Meldungen über große Katzen ein.

Es gibt einige rätselhafte Beweise für die Existenz des Tieres. So verlor der Farmer M. Nash in zehn Tagen vier Schafe, die alle auf für Hunde untypische Weise gerissen worden waren. Außerdem hörte er ein Fauchen aus dem Schuppen und fand im Hof riesige Pfotenabdrücke im Schlamm.

Aber diese Spuren müssen nicht unbedingt von einer großen Katze stammen. Die Schafe können durchaus von Hunden oder Füchsen gebissen worden sein; das Fauchen könnte auf Eulen zurückgeführt werden, der Kot kann ebenfalls von Eulen stammen, und die Pfotenabdrücke hat ein großer Hund hinterlassen. Ein Pfotenabdruck auf Nashs Farm wurde fotografiert. Er war 12,7 Zentimeter lang und 7,6 Zentimeter breit und wurde später von Zoologen als der eines Hundes identifiziert.

Aber auch diese plausiblen Erklärungen schließen noch lange nicht die Möglichkeit aus, daß es irgendwo im Wales große Katzen gibt. Erst drei Wochen vor den Ereignissen in Llangurig entdeckte eine Gemeindeschwester eine Art Luchs in der Nähe von Church Stoke, 50 Kilometer nordöstlich von Llangurig. Ein Monat später berichtete ein Farmer von einem seltsamen katzenähnlichen Tier, das mit großen Sprüngen über den Acker hechtete. Das Tier wurde in der Gegend noch öfter gesehen, konnte aber bis heute nicht identifiziert werden. Im Juni 1981 wurden bei Aberystwyth und im Moorland westlich von Llangurig gerissene Schafe gefunden. Ein Farmer sah ein schwarzes, etwa 75 Zentimeter hohes Tier. Polizei und Tierschutzverein sind überzeugt, daß es sich um einen Puma handelt. Sie haben Fallen ausgelegt, doch bis heute ohne Erfolg. Seither tauchte das Tier nie mehr auf. Waren wirklich Großkatzen dort, sind sie ebenso schnell verschwunden, wie sie gekommen sind.

Und sie sind nicht zu fassen

Es ist also noch nicht gelungen, eines dieser Tiere, die so oft für Pumas, Löwen oder andere exotische Großkatzen gehalten werden, einzufangen. Vielleicht sind sie nichts weiteres als geisterhafte Erscheinungen oder Reflexe der Einbildung.

Die kilometerlangen einsamen Gebirgsketten, Wälder und Sümpfe Schottlands könnten so mancher Wildkatze einen idealen Lebensraum bieten. Nach den zahlreichen Berichten zu schließen, scheinen sich einige dieser Tiere auch tatsächlich hier niedergelassen zu haben. Sie wurden bereits 1977 zum erstenmal gesehen, als Farmer bei Inverness gerissene Schafe und Ziegen zu beklagen hatten. Ein Farmer behauptete, ein „großes, wildes, beigefarbenes Tier" erlegt zu haben, dessen Rasse er nicht feststellen konnte. Später wurde ein zweites Tier geschossen und ein drittes gefangen. Eines identifizierten Zoologen als Luchs, der zwar in manchen Teilen Europas durchaus vorkommen kann, aber kaum noch in Großbritannien.

Seit den zwanziger Jahren gibt es aus vielen Teilen Schottlands, von der südlichen Grenze bis in den hohen Norden, Meldungen über seltsame „Katzen", so etwa im August 1979 über einen Puma in Ayrshire. Offiziell hieß es zwar, es handle sich um eine gewöhnliche Hauskatze, doch sind die Augenzeugen, unter anderem der Tierschutzinspektor Robert Dunbar, felsenfest davon überzeugt, einen Puma gesehen zu haben. Er meinte: „Es wies alle Merkmale eines Pumas auf. Es war zweifellos die größte Katze, die ich je gesehen habe ... Ihr Körper war etwa 1,2 Meter lang".

Im Sommer 1979 sah der LKW-Fahrer H. C. Mullin eine große Katze auf der Autobahn vor Glasgow. Er sagte später aus:

> „Es war ein Samstag, frühmorgens; der Himmel war klar und die Sicht sehr gut. Das Tier war gräulich-weiß durchzogen. Es bewegte sich geschmeidig auf seinen riesigen Pfoten. Es hatte einen sehr langen, gebogenen Schwanz. Ich dachte, es sei ein amerikanischer Jaguar oder ein Berglöwe, aber ich kenne mich nicht so gut aus. Ich hielt an und lief ihm nach, um zu sehen, wo er hinging. Dann sah ich, daß es eine große Katze war. Aus Angst, es könnte Appetit bekommen auf einen LKW-Fahrer, lief ich zurück und brachte mich im Führerhaus in Sicherheit."

Ende 1979 und Anfang 1980 sah man das Tier noch mehrere Male im Norden von Inverness. Ted Noble von Cannich war nur einer von vielen Farmern, die gerissene und halb gefressene Schafe auf ihrer Koppel fanden. Noble sah im Oktober 1979 die große Katze zum ersten Mal und dann noch einmal im August 1980. Da die Polizei nicht in der Lage war, sein

Links:
Die geheimnisvolle Katze in der Falle. Im Oktober 1980 gelang es dem schottischen Farmer Ted Noble, diesen Puma zu fangen. Ein Jahr lang hatte das Tier die Gegend unsicher gemacht und Vieh gerissen, wie diesen Hirsch, dessen Überreste hier zu sehen sind (unten). Ein Bewohner der Gegend gab später zu, zwei Pumajunge freigelassen zu haben, bevor er eine Haftstrafe antreten mußte.

Oben rechts:
Die größte Jagd in Großbritannien im Sommer 1976 galt einem Löwen, der in Nottinghamshire gesehen worden sein soll. Es wurden Hubschrauber und Hunderte von Polizisten eingesetzt. Trotz dieses Aufgebotes und trotz zahlreicher Hinweise blieb die Suche ergebnislos.

Rechts:
Manche Augenzeugen beharren darauf, einen Löwen gesehen zu haben – doch ist seine Existenz in Großbritannien mehr als unwahrscheinlich.

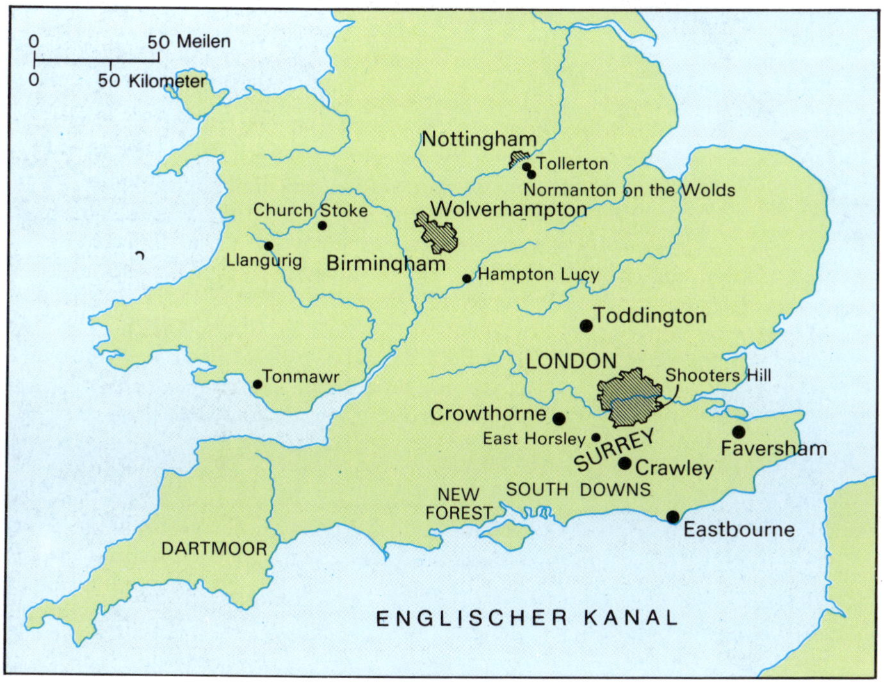

Unten:
Gebiete in England und Wales, wo Pumas gesehen worden sein sollen.

Vieh vor weiteren Angriffen zu schützen, stellte Noble eine Falle auf, mit einem Schafskopf als Köder. Am 29. Oktober, als sein Sohn und er nachsahen, hörten sie schon von weitem ein wildes Fauchen. Sie hatten tatsächlich einen lebenden Puma gefangen!

Noble triumphierte: „Die Leute dachten schon, ich sei verrückt mit meiner Idee, das Tier zu fangen." Das Rätsel war aber noch lange nicht gelöst. Der Puma wurde in einen Wildpark gebracht. Der Direktor, der nie daran geglaubt hatte, daß es in Großbritannien wildlebende Pumas geben könnte, meinte, das Tier sei viel zu zahm und hätte nicht lange in der Wildnis überlebt. Er vermutete, jemand habe das Tier kurz vorher freigelassen. Untersuchungen des Kotes ergaben jedoch, daß der Puma schon sehr lange in der Wildnis gelebt haben muß. Dr. Kruuk vom Institut für Ökologie fügte jedoch hinzu, daß das Tier früher einmal in Gefangenschaft gelebt haben muß, sonst wäre es nicht so zutraulich. Diese Aussage sollte sich kurze Zeit später bestätigen. Ein Ortsansässiger hatte vor seiner Verhaftung zwei Pumajunge freigelassen.

Aber auch nach diesem Fang rissen die Meldungen über weitere Pumas nicht ab. Am 7. Dezember stießen der pensionierte Reeder Duggan und seine Frau auf ein pumaähnliches Tier am Ufer des Enrick-Flusses zwischen Cannich und Loch Ness. Die Spuren wiesen ebenfalls auf einen Puma hin.

Auch in anderen Teilen Schottlands wurde die Wildkatze des öfteren gesehen. Unter anderem bei Halfway im April 1981. Zu den Augenzeugen gehörten einige Polizisten und Christopher und Gerrard Struth, die gerade auf der Jagd waren. „Es war etwa 50 Meter vor uns. Unserer Meinung nach mußte es entweder eine sehr große Wildkatze oder ein Puma sein." Im November und Dezember wurde das

John Chisholm den Löwen sah, der durch Chisholms Garten in Normanton on the Wolds zum Fluß schlich. Er, seine Frau und sein Sohn beobachteten das Tier aus dem Fenster im ersten Stock ihres Wohnhauses. Als jedoch die Polizei mit Blaulicht und Sirenen zum Ort des Geschehens kamen, war der Löwe verschwunden. Nach einer Woche intensiven Suchens und 65 Meldungen ließ das Interesse am Löwen nach, und er wurde auch nicht mehr gesehen. Das Tier mußte das Gebiet verlassen haben, denn wenige Tage später tauchte es 115 Kilometer entfernt in Yorkshire auf.

Adrian Grier aus Bedfordshire behauptete, Anfang Juni 1981 den Löwen bei Toddington

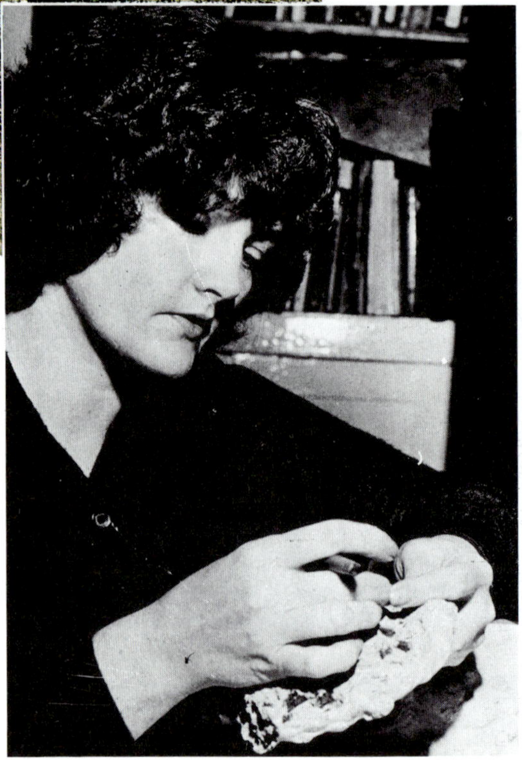

Tier dann mehrere Male in Südschottland gesehen.

Es ist schwer zu glauben, daß es in Großbritannien Pumas geben soll, ganz zu schweigen von Löwen. Trotzdem existieren Meldungen, wonach Löwen gesehen worden sein sollen, die nicht so ohne weiteres von der Hand zu weisen sind. Andererseits muß man bedenken, daß die wenigsten sich bei Wildkatzen auskennen. Zu leicht wird jedes größere katzenähnliche Tier gleich als Löwe bezeichnet, weil das vielleicht die einzige Großkatze ist, die man kennt. Im Juli und August 1976 brach eine regelrechte „Löwen-Hysterie" in Nottingham aus. Es begann am Morgen des 29. Juli, als zwei Milchmänner in Tollerton bei Nottingham zu Tode erschreckt wurden. David Crowther berichtete damals: „Wir sahen beide dieses Tier, das zweifellos ein Löwe war. Es stand etwa 45 Meter von uns entfernt, der Kopf war geneigt, und es hatte einen langen Schwanz mit einem buschigen Ende. Dann entfernte es sich langsam." David Bentley fügte hinzu:

> „Wäre ich alleine gewesen, hätte ich sicher niemanden etwas davon erzählt, weil mir sowieso niemand geglaubt hätte. Aber es war da, und wir haben es beide gesehen. Die Polizei nahm die Meldung ernst und riet der Bevölkerung, ihre Häuser nicht zu verlassen."

Umfangreiche Suchaktionen der Polizei mit Hunden und Hubschraubern führten aber zu keinem Ergebnis. Es gab auch keine Meldungen von entlaufenen Löwen aus den umliegenden Tiergärten. Trotzdem wurde das Tier achtzehnmal gesehen. Die Polizei stand vor einem Rätsel. Vier Tage dauerten die Suchaktionen, und man war schon nahe daran, die Flinte ins Korn zu werfen, als der Arzt Dr.

Leben katzenähnliche Tiere in Dartmoor (oben)? Es gibt über sie zahlreiche Berichte aus den dreißiger Jahren. Sie sollen etwa so groß sein wie ein Hund, aber aussehen wie ein Puma. Die Naturwissenschaftlerin Di Francis hat selbst so ein Tier gesehen und verbrachte unzählige Stunden am Moor, um vielleicht noch einige Exemplare beobachten zu können. Hier untersucht sie den Gipsabdruck eines dieser Katzen.

im Scheinwerferlicht seines Autos bemerkt zu haben. Zuerst dachte er, es sei eine Dogge, doch als er etwa 10 Meter von dem Tier entfernt war, wußte er, daß es sich um einen Löwen handelte. Die Polizei war skeptisch und meinte, es sei wohl ein großer Hund gewesen, ein Wild oder eine Kuh, doch Grier blieb bei seiner Aussage: „Es war mindestens 2 Meter lang, 1 Meter hoch, kräftig. mit beigem Fell. Es hatte verdammt große Pfoten und einen geschmeidigen Gang – also mit Sicherheit keine Kuh!" Auch hier meldeten die Tiergärten keinen entkommenen Löwen, und Suchaktionen der Polizei blieben erfolglos.

In den folgenden Wochen erschien das Tier noch zweimal, zuerst in der Nähe von Luton, wo ein Mann „den größten Hund seines Lebens" sah. Er meinte, er hätte Ähnlichkeit mit einem irischen Wolfshund. Es mußte wohl ein Hund sein, eine andere Erklärung gäbe es seiner Meinung nach kaum. Das Tier folgte ihm eine Weile, und er traute sich nicht davonzurennen, aus Furcht, es könnte ihn angreifen. Später fuhr eine Frau dieselbe Strecke, als ein seltsames Wesen die Straße vor ihr überquerte. „Es war groß, schlank und sehr schnell“, berichtete sie. War es ein Löwe, ein Puma oder ein Hund?

Die Katzen sind überall

Es gibt kaum eine Gegend in Großbritannien, in der die großen Katzen nicht aufgetaucht sind. 1981 und 1982 kamen die Meldungen aus Hampton Lucy im südlichen Warwickshire, wo Farmer gerissene Lämmer und Rehe fanden. Die Bißwunden rührten sicherlich von einem Tier her, das größer war als ein Schäferhund, was auch Beobachtungen eines großen, schwarzen Tieres mit katzenartigen Bewegungen bestätigten. Weiteres berichtete man über einen „schwarzen Panther“ aus Wellington College in Berkshire; von einer 2 Meter langen Katze in Tonmawr in Neatz Valle in Südwales und von mehreren großen Katzen bei Dartmoor in Devon. Di Frances, Naturwissenschaftlerin, die nach möglichen Erklärungen für diese Beobachtungen suchte, sammelte in 12 Monaten 370 Berichte. In vielen von ihnen spielte eine große, schwarze Katze eine wesentliche Rolle.

Auch wenn die Behörden den Berichten keinen Glauben schenken wollen, ist es heute doch nicht mehr zu leugnen, daß große Katzen in Großbritannien ihr Unwesen treiben könnten. Es gibt zu viele Darstellungen von zuverlässigen Augenzeugen, zu viele Tierkadaver, die eindeutig von nicht heimischen Tieren gerissen wurden, um diese Tatsache zu leugnen, ganz zu schweigen von den Fußspuren und Nobles großartigem Fang. Ob alle diese Großkatzen entlaufen oder freigelassen wurden, kann nicht gesagt werden. Auch wenn man von dieser Theorie ausgeht, bleiben noch viele Fragen offen. Wie ist es etwa möglich, daß diese Tiere sich quasi in Luft auflösen und nicht das geringste Haarbüschel oder die kleinste Fußspur zu finden ist, sobald man nach ihnen suchte? Ist ein Teil dieser Katzen vielleicht gar nicht wirklich? Das ist durchaus möglich, blickt Großbritannien doch zurück auf eine Tradition von geisterhaften Hunden, groß, schwarz und katzenartig. Da gibt es etwa die Berichte vom Geisterhund von Cheshire. Er wurde beschrieben als gelb oder beige und jagte auf den Feldern von Godley Green Rindern nach – ähnlich den großen Katzen! Einer dieser Hunde verfolgte einen Mann, lief, wenn dieser sich bewegte, und blieb stehen, wenn er verharrte. Der Mann versuchte ihn mit der Hand fortzujagen, schlug aber geradewegs durch ihn durch gegen einen Baum. Eine Frau sah ihn Ende des 19. Jahrhunderts bei einem zugefrorenen Teich. Sie dachte, es sei ein entsprungener Löwe, und brachte sich in einem nahegelegenen Haus in Sicherheit. Sie wußte nicht, daß in diesem Haus der Geist eines großen, gelben Hundes spukte. Die Tatsache, daß sie das Tier für einen Löwen hielt, führt unweigerlich zu dem Schluß, daß die Berichte über all die großen, gelben Katzen mit dem Geisterhund in engem Zusammenhang stehen.

Links und oben:
Stephen Joyce aus Tonmawr in Wales an dem Platz, wo er Anfang 1982 das pumaähnliche Tier gesehen haben will. Auch andere Dorfbewohner haben die Katze gesehen und beschrieben sie als kleinen Tiger, 1,8 m lang, mit aufgebogenem Schwanz und „überaus abscheulich“. Im Schnee fanden sich Pfotenabdrücke. Beamte des örtlichen Tierschutzvereins vermuteten, es könne sich um einen Ozelot handeln, der normalerweise in Nord- und Südamerika beheimatet ist.

Unten:
Gerne neigt man dazu, Hunde als plausible Erklärung für Berichte über „große Katzen“, die man gesehen haben will, heranzuziehen, wie etwa diese prachtvolle dänische Dogge, deren Größe und Gewicht durchaus dem einer Großkatze entsprechen würde.